rowohlt
POLARIS

MADITA OEMING

PORNO

Eine unverschämte Analyse

ROWOHLT POLARIS

2. Auflage 2023

Originalausgabe
Veröffentlicht im Rowohlt Taschenbuch Verlag,
Hamburg, September 2023

Covergestaltung HAUPTMANN & KOMPANIE Werbeagentur, Zürich
Satz aus der Bennet Text 1 bei Dörlemann Satz, Lemförde
Druck und Bindung GGP Media GmbH, Pößneck
ISBN 978-3-499-01233-4

Die Rowohlt Verlage haben sich zu einer nachhaltigen Buchproduktion verpflichtet. Gemeinsam mit unseren Partnern und Lieferanten setzen wir uns für eine klimaneutrale Buchproduktion ein, die den Erwerb von Klimazertifikaten zur Kompensation des CO_2-Ausstoßes einschließt.
www.klimaneutralerverlag.de

MIX
Papier | Fördert gute Waldnutzung
FSC® C014496
FSC www.fsc.org

**Für alle,
die sich noch schämen**

INHALT

AM ANFANG WAR MOBY DICK

Als ich 2014 an meiner Seminararbeit zu Herman Melvilles Literaturklassiker saß und die Weiten des Internets durchforstete, ahnte ich nicht, dass dies ein so wegweisender Moment werden sollte, dass ich fast zehn Jahre später mein eigenes Buch damit beginnen würde. Ich stolperte bei meiner Recherche immer wieder über Pornos. Klar, dachte ich, flaches Wortspiel halt, «*dick*» für «Penis», haha. Leicht amüsiert ignorierte ich diese Funde. Doch dann war da dieses eine Vorschaubild mit einer nackten Pornodarstellerin im Gartenstuhl, in ihrem Schoß: der Roman *Moby Dick*. Das machte mich neugierig. Ich klickte das Video an und BOOM! Obwohl es sich nur um ein herkömmliches Heiße-Nachhilfelehrerinnen-Szenario handelte, überschlugen sich in meinem Kopf sofort die Fragen: Sollte das lustig sein? Und war es dann nicht eher kontraproduktiv für die Erregung? Wer war das Zielpublikum, wenn angenommen wurde, dass es die kulturellen Referenzen verstand? Wer hatte diesen Film gemacht und mit welcher Intention? Es war das erste Mal, dass ich im wissenschaftlichen Analysemodus einen Porno sah. Schlagartig wurde mir bewusst, dass man alle Fragen, die ich im Rahmen meines Studiums der Literatur- und Kulturwissenschaften an Romane, Songs, Serien oder Hollywood-Filme richtete, natürlich auch an Pornos richten kann. Ich schaute zwar seit einem guten Jahrzehnt privat Pornos, hatte aber selbst als medienkritische und medienwissenschaftlich ausgebildete Person noch nie auch nur eine

Sekunde über sie als Medientexte nachgedacht. Bis jetzt! Ich sollte schnell herausfinden, dass es ein Forschungsfeld gibt, das sich dem Pornografischen geisteswissenschaftlich nähert, die sogenannten *Porn Studies*. 1989 legte die kalifornische Filmwissenschaftlerin Linda Williams hierfür mit *Hard Core* einen wichtigen Grundstein. Sie wollte dem hochgradig ideologisch aufgeladenen Kulturkampf eine möglichst wertfreie Analyse entgegensetzen. Statt zu fragen, *ob* es Pornografie geben sollte, wandte sie sich der Frage zu, *was* Pornografie eigentlich ist. Ganz in diesem Sinne widmet sich das Forschungsfeld der Geschichte der Pornografie, ihrer Produktion und ihrem Konsum, ihrer spezifischen Ästhetik und ihrem Platz in der Gesellschaft. Ich war umgehend angefixt und stürzte mich in die Recherche. Es war wie eine Schatzsuche: Ich fand in Pornos Zitate und Charaktere aus Melvilles Roman, animierte Schwulenpornos mit Matrosen-Ishmael, Clips mit walpenisförmigem Analstretchingdildo und, und, und. Jeder Fund warf neue Fragen auf, die mein Hirn vor Erkenntnisinteresse nur so kribbeln ließen. «Moby's Dick» lautete der Titel meiner Masterarbeit, und die Faszination Porno hatte mich fest im Griff. Ich konnte nicht fassen, was für ein vielschichtiges Thema sich hinter diesem als unterkomplex und verwerflich abgetanen Medium verbirgt, sobald man all die Scham und Wertung beiseitelegt und einmal *wirklich* hinschaut. Ich wünsche mir, dass dieses Buch für alle, die es lesen, ein ähnlich augenöffnender Pornoerweckungsmoment wird, wie ihn mir *Moby Dick* damals so unverhofft geschenkt hat. Bereit?

I

ALLE GUCKEN, KEINE*R SPRICHT

WIE WIR HEUTE MIT PORNOS UMGEHEN

An einem ganz gewöhnlichen Herbstsonntag im Oktober 2017 schlugen so viele Menschen in Deutschland online den Begriff B-U-K-K-A-K-E nach, dass sich das gesteigerte Interesse in den *Google Trends* in einem nie wieder erreichten Peak abzeichnete. Der Grund dafür? Der Münchner *Tatort*. Dieser hieß an jenem Abend «Hardcore», spielte an einem Pornoset und überforderte das Fernsehpublikum offenbar mit massenhaftem Pornofachjargon. Für alle, die nicht googeln wollen: Der Begriff «*Bukkake*» stammt aus dem Japanischen und beschreibt eine mittlerweile zum beliebten Pornogenre avancierte Gruppensexpraxis, bei der mehrere Penisse auf eine meist weiblich gelesene Person ejakulieren. «Wie viele Kids haben ihren Eltern beim gemeinsamen #tatort Abend wohl gerade Bukkake erklärt?», fragte schon um 20:22 Uhr ein *Twitter*-User. Ich zum Beispiel! Ich wurde dafür sogar extra angerufen. In meiner Familie ist das Thema Porno durch meine Arbeit überdurchschnittlich normalisiert, aber ich kann mir bildlich vorstellen, dass an diesem Abend auf vielen Sofas ein maximales Cringe-Level herrschte. Ein anderer Live-Tweet kommentierte: «Muss der #tatort so viel #porno enthalten? Es gibt hier treue Zuschauer, die das zusammen mit ihren Eltern schauen». Das dahinter platzierte Emoji von dem Affen, der sich die Augen zuhält, symbolisiert so wunderbar den Wunsch, sich vor der Situation zu verstecken. Dieser kleine Zwischenfall zur Primetime steht in vielerlei Hinsicht sinnbildlich für den aktuellen Umgang mit Pornos in Deutschland. Pornos sind einerseits so allgegenwärtig, dass sie als Thema selbst in einem öffentlich-rechtlichen Traditionsformat stattfinden (wenn auch bezeichnenderweise nur als Setting eines Verbrechens), sind aber andererseits so tabubehaftet, dass eine unerwartete Konfrontation damit in einer gemeinschaftlichen Situation Unbehagen auslöst, das dann entweder mit Humor überspielt oder in peinlich berührtem Schweigen ausgesessen wird. Gleichzeitig attestieren die etlichen Suchanfragen dieses Abends, dass es an Pornowissen fehlt, keineswegs jedoch an Pornowissbegierde. Das Besondere bei Kenntnissen über Porno ist ja, dass sie immer Vertrautheit suggerieren und somit den Verdacht aufwerfen, man wisse deshalb so gut Bescheid, weil man diese selbst guckt und womöglich sogar mag. Wenn man nicht gerade wie ich als Expertin über dieses Thema sprechen kann, wird jede kompetente Auskunft über Pornos potenziell als intimes Geständnis gelesen, weswegen sich Menschen auch gerne einmal ahnungslos stellen. Ich sehe förmlich vor mir, wie eingefleischte *Bukkake*-Fans an diesem Abend unschuldig mit den Schultern zuckten, wenn der*die Partner*in neben ihnen fragend den Kopf zu ihnen drehte: «Keine Ahnung, Schatz!» Gleichzeitig kann es in bestimmten Peergroups als peinlich gelten, etwas, was mit Sex zu tun hat, nicht zu wissen, weil es die unwissende Person als unerfahren oder «verklemmt» markiert. Darum wird im Zweifelsfall lieber heimlich *Google* gefragt, statt unangenehm aufzufallen. Und was dort gefunden wird, ist dann potenziell überfordernd. Entweder, weil uns das, was wir sehen, erregt und wir denken, dass wir uns ekeln sollten, oder weil es uns ekelt, aber wir denken, dass es uns erregen sollte. Vorsichtshalber reden wir wieder mit niemandem darüber, aus Angst, für unsere Zu- oder Abneigung bewertet zu werden. Dadurch kommt es uns vor, als hätten wir diese Bilder heimlich angesehen, was sich falsch anfühlt und aufregend zugleich, weswegen wir sie am liebsten ungesehen machen würden, aber irgendwas in uns es auch kaum abwarten kann, mehr zu sehen. Was bleibt, sind verwirrende Gefühle und Schweigen. Ich überzeichne dieses Mini-Szenario hier sicherlich etwas, aber Fakt ist: Wir haben bis heute weder als Gesellschaft noch als sexuelle Individuen einen Umgang mit Pornos gefunden.

Dabei sind Pornos längst Alltagskultur. Seitdem sie in den 1970er Jahren legalisiert worden sind, durch den Medienwandel von den Pornokinos in Form von VHS-Kassetten in die Wohnzimmer einzogen und schließlich im Internet angekommen sind, ist die Verbreitung von Pornos kontinuierlich gestiegen und mit den Umsonst-Porno-Tube-Sites schließlich explodiert: Pornos sind jetzt leicht zugänglich, kostenlos und anonym verfügbar. Heute besuchen in jeder Minute weltweit rund 100 000 Menschen die Seite *pornhub.com*[1], die als eine der ersten Pornoseiten unter den Top 10 der meistbesuchten Websites weltweit stand.[2] Auch im deutschen Ranking liegt *Pornhub* beispielsweise weit vor *Netflix*.[3] Hierzulande geben 96 % der Männer und 79 % der Frauen zwischen 18 und 75 Jahren an, schon einmal Pornos gesehen zu haben.[4] Zum Vergleich: 1988 gaben in der BRD nur 22 % der Männer und 19 % der Frauen an, etwa einmal im Monat Pornos zu nutzen.[5] Bei den heutigen Zahlen fällt auf, dass sich die Angaben der Männer generationenübergreifend nur geringfügig unterscheiden, während deutlich mehr Frauen in der Altersgruppe der 18- bis 30-Jährigen Pornos schauen als in den übrigen.▾ Geschlechterübergreifend gilt jedoch, dass sich

▾ Nicht-binäre Menschen sowie trans Personen werden in der «Cissenschaft», um Felicia Ewert zu zitieren, zum Thema Porno konsequent vernachlässigt. Aus diesem Grund sind meine Ausführungen zu den entsprechenden Forschungsergebnissen auf ein binäres Geschlechtersystem beschränkt.

das Alter vom Erstkontakt mit Pornos über die letzten Jahrzehnte verringert hat. Dieses liegt heute bei durchschnittlich 14 Jahren, Tendenz sinkend.[6] 60 % der 14- bis 17-jährigen Jugendlichen haben bereits gezielt nach Pornos im Internet gesucht.[7] Inzwischen beziehen alle Altersgruppen Pornos fast ausschließlich über den Computer oder das Smartphone. Das macht sich auch an den Zugriffszeiten bemerkbar: Neben der Porno-Traffic-Spitze gegen Mitternacht zeichnet sich auch ein Nachmittagshoch gegen 15:00 Uhr ab[8] – und das nicht erst seit viele im Homeoffice arbeiten. Die Coronapandemie mit Lockdown und Social Distancing hat die Pornonutzung in neue Höhen katapultiert[9], die Klickzahlen auf *Pornhub* stiegen zu Beginn der Maßnahmen um fast 30 % an, und auch Bezahlseiten verzeichneten mehr Zugriffe. Das Social-Media-Pornoseiten-Crossover *OnlyFans* konnte die Zahl der aktiven Nutzer*innen allein im ersten Pandemiejahr vervierfachen.[10] Kurzum: Es lässt sich nicht leugnen, dass Pornogucken längst kein Nischenphänomen mehr ist, sondern eine weit verbreitete, geschlechter- wie altersübergreifende Medienpraxis.

Trotzdem haben wir es irgendwie geschafft, dass Pornos ein Tabuthema geblieben sind. In Partnerschaften wird häufig ein Geheimnis daraus gemacht, und selbst zwischen Freund*innen ist die Scham oft zu groß für einen ehrlichen Austausch fernab von distanzierender Ironie oder Kicherei. Die Lieblingsband unserer engeren Mitmenschen kennen wir meist, die Lieblingspornodarsteller*innen eher nicht. In bestimmten Kontexten mag man zugeben, *dass* man Pornos schaut, aber welche, wie viele, auf welchen Seiten, geschweige denn mit welchen Sorgen, Fragen oder Sehnsüchten, das behalten die meisten Menschen für sich. Erwachsene haben so selbst keinen sicheren Umgang mit Pornos gefunden und sind dementsprechend überfordert, Kinder und Jugendliche dabei souverän zu begleiten. Auch Lehrpersonen haben oft Berührungsängste mit dem Thema, nicht zuletzt, weil es in der universitären Lehramts- und selbst in der Sexualpädagogik-Ausbildung vernachlässigt oder gänzlich ausgeklammert wird.[11] So werden Jugendliche, die immer früher mit Pornos in Kontakt kommen, damit allein gelassen. Nur 4 % von ihnen sprechen nach ihrem ersten Pornokontakt mit einer erwachsenen Person darüber.[12] Über alle Generationen hinweg fehlt es an einer Gesprächskultur über Pornos.[13] Das deckt sich mit meinen Erfahrungen der letzten Jahre. Denn egal in welchen Kontexten ich mich mit meiner Arbeit bewege, mir begegnet ein enormer Redebedarf. Ob privat oder beruflich, ob anonym via Social Media oder Auge in Auge im Freund*innenkreis, bei der Familienfeier, nach einer Podiumsdiskussion, selbst im Taxi: Menschen erzählen mir, ungefragt, von ihren Pornogewohnheiten. Manchmal sind diese Unterhaltungen schön, interessant, überraschend, lustig oder bewegend, manchmal sind sie übergriffig und unangenehm. Aus ihnen allen spricht aber die Tatsache, dass es auch in unserer vermeintlich aufgeklärten Gesellschaft an Räumen fehlt, wo wir offen und wertfrei über Pornos sprechen können.

In den Medien taucht das Thema derweil meist nur sensationslustig, skandalbehaftet oder panikbesetzt auf. Das Ergebnis: Es kursieren viele Fehlannahmen und Ängste rund um Pornos. Sie seien «ästhetisch unsäglich, sexualethisch bedenklich und geschlechterpolitisch unverantwortlich»[14], weil sie frauenfeindlich und gewaltverherrlichend seien, angeblich das Bild von Sex verzerren, das eigene Selbstbewusstsein sowie Beziehungen zerstören, impotent, sogar süchtig machen und die Jugend sexuell verwahrlosen lassen. Kein Wunder, dass mit diesem negativen Bild im Kopf nur 38 % der deutschen Erwachsenen es moralisch vertretbar finden, Pornos zu schauen.[15] 15 % finden sogar, dass niemand darauf

Zugriff haben sollte, sie mit anderen Worten wieder entlegalisiert gehören. Es nutzen also viel mehr Menschen Pornos, als sie es verantwortbar finden. Da ist das schlechte Gewissen quasi vorprogrammiert. Schuldgefühle und Scham, Selbstzweifel, Selbstkasteiung bis hin zur Selbstpathologisierung sind die Folge.

Doch das Problem der aktuellen Schieflage zwischen Verbreitung von und Verschwiegenheit über Pornos liegt nicht nur auf der individuellen, sondern auch der gesellschaftlichen Ebene. So führt der alarmistische Pornodiskurs zu fehlgeleiteter Politik und fragwürdigen Jugendschutzmaßnahmen. Beispielsweise wurde 2022 in Deutschland eine Netzsperre gegen das Pornoportal *xhamster* durchgesetzt, ein drastisches, wenn auch ineffektives, restriktives Mittel. Wenn es nach den «Jugendschützer*innen», der Kommission für Jugendmedienschutz und den Landesmedienanstalten ginge, würde niemand in Deutschland einen Porno im Internet anschauen können, ohne sich biometrisch scannen zu lassen oder den Personalausweis vorzulegen.▾ In Hinblick auf Netzneutralität und Datenschutz sind diese Vorgehensweisen in höchstem Maße problematisch, werden aber von dem Gros der Bevölkerung weitgehend protestlos hingenommen oder gar gelobt. Das gilt leider auch für viele Medienschaffende, die unkritisch über aktuelle Entwicklungen berichten. Besonders deutlich wurde das 2020, als eine Anti-Porno-Kampagne namens *TraffickingHub* der christlich fundamentalistischen Gruppe *Exodus Cry* ohne jede weitere

▾ Ein hervorragender Text dazu ist dieser: Bröckling, Marie (2020): «Was besser wäre, als Pornoseiten zu sperren» auf *netzpolitik.org* sowie die anderen darin verlinkten Beiträge. An dieser Stelle einmal DANKE an Netzpolitik für die beständig gut recherchierte und differenzierte Berichterstattung zu diesem und anderen Pornothemen, die ich immer gerne und nickend lese.

Einordnung in den Medien positiv besprochen wurde.▾ Fatale Auswirkungen hat all dies auch für Menschen, die in der Pornoindustrie tätig sind. Sexarbeiter*innen sind nicht nur einem durch Pornopanik befeuerten massiven gesellschaftlichen Stigma ausgesetzt, sondern ihre Lebensgrundlage ist über die finanzielle Diskriminierung durch Banken und Zahlungsdienstleister sowie die zunehmende Verdrängung von Online-Plattformen permanent gefährdet.

Die digitale Zensur trifft aber auch jene, die nur über Pornos aufklären wollen. Aktivist*innen, Mediziner*innen oder Sexualpädagog*innen sprechen in den sozialen Medien sicherheitshalber nur noch in *Algospeak* von «s3x» oder «seggs» – eine Art Geheimsprache, um den Content-Algorithmen und damit Löschungen, einer Sperrung oder einem *Shadowban*, der digitalen Unsichtbarmachung, zu entkommen. Auch meine Inhalte werden regelmäßig gelöscht, und ich musste Hunderte von Tweets entfernen sowie einen Jugendschutzbeauftragten engagieren, um einem Bußgeld der deutschen Aufsichtsbehörden zu entgehen, die mich weiterhin «unter Beobachtung» halten.[16] Ich blicke ernsthaft besorgt auf diese Entwicklungen, weil sie rückwärtsgewandt und von konservativen Ängsten und Normen statt von aktuellen Daten getrieben sind, weil sie unter dem Deckmantel von angeblichem Schutz verschiedener Gruppen in unsere Grundrechte und sexuelle Freiheit eingreifen und notwendigen Veränderungen wie einer Bildungsinitiative im Weg stehen.

Selbst in der Wissenschaft greift dieses Stigma. «Wollen Sie wirklich für immer den Pornostempel tragen?», fragte mich ein Professor besorgt, als ich mein Promotionsprojekt

▾ Hier ein nuancierter Beitrag zu diesem Thema: ZDF zoom (2020): «Pornhub abschalten?», *zdf.de*.

in diesem Bereich plante. «Damit verbauen Sie sich Ihre Karriere», wurde ich wiederholt gewarnt.▾ Ich weiß, dass sie nur mein Bestes wollten, aber es frustriert mich bis heute, dass ich als akademischer Nachwuchs nicht in einem innovativen Thema bestärkt, sondern ausgebremst wurde. Ich lernte schnell, dass die warnenden Stimmen nicht Unrecht hatten. Ich wurde von anderen Wissenschaftler*innen mal belächelt, mal sexualisiert, mal beides. Hinter meinem Rücken wurden Augen gerollt und gelästert, ins Gesicht wurde mir gesagt, dass ich meine Forschung doch «wenigstens leise machen» solle. Es war schwer, bei Vorträgen überhaupt je zu einem wirklichen Argument zu kommen, weil ich ständig nur im Rechtfertigungsmodus war. Wie emotional aufgeladen und hasserfüllt der Widerstand gegen Pornos ist, lernte ich schmerzlich, als mir Beatrix von Storch meinen ersten Shitstorm bescherte. Als ich 2019 mein Pornoseminar an der FU Berlin auf *Twitter* ankündigte, retweetete sie es mit den Worten: «Die Chinesen bilden Hunderte Millionen Ingenieure und Programmierer aus und an deutschen Unis schaut man Pornos. Das ist vorsätzliche Schädigung des Steuerzahlers und gezielte Verdoofung der ‹Akademiker› ». So lächerlich diese Worte klingen, so effektiv waren sie. Innerhalb von kürzester Zeit hatten Abertausende von Menschen meinen Tweet gesehen und mein Handy stand nicht mehr still vor Beleidigungen und Drohungen. Ich wurde als «gestört», «krank», «pervers» und «pädophil» bezeichnet,

▾ So berichtet auch der Medienwissenschaftler Werner Faulstich, dass er in den 1990ern Schwierigkeiten hatte, Kolleg*innen für sein Projekt mit Pornobezug zu gewinnen: Die Männer hatten Angst, als Pornofans «mit perversen persönlichen Interessen» dazustehen oder als «Porno-Prof in die Geschichte einzugehen», wohingegen die Frauen, die er fragte, fürchteten, durch diese Themenwahl als «sexuelles Freiwild» zu erscheinen (*Die Kultur der Pornographie*, 1994, S. 26).

von Männern wie Frauen verschiedenster Altersgruppen, von Rechten wie von selbsterklärten Feminist*innen. Als das Ganze in die neue Rechte der USA schwappte, wurden die Kommentare explizit antisemitisch: Man brauche «einen neuen Hitler», um die Welt von moralisch «Degenerierten» wie mir zu befreien.▼ So klar es mir rational auch war, dass ich hier nur als Projektionsfläche diente, so schwer war es doch, mich emotional davon abzugrenzen. Als die AfD im Bundestag fragte, «wie viele studierte Pornospezialisten sich ein Wirtschaftsstandort wie Deutschland denn leisten» könne, habe ich geweint. Dabei wäre eigentlich, insbesondere in dem Wissen um die ausbeuterische Bezahlung von Lehrbeauftragten, ein herzhaftes Lachen angemessen bei diesem Paradebeispiel irrationaler populistischer Angstmache. Genauso absurd war es, dass vor meinem Seminarraum in Berlin auf Empfehlung der Organisation *HateAid*, an die ich mich hilfesuchend gewandt hatte, dann allen Ernstes Ausweise kontrolliert wurden und Sicherheitspersonal wachte. Alles wegen Pornos. Wenn es heutzutage in Deutschland nicht einmal möglich ist, sich *wissenschaftlich* damit auseinanderzusetzen, ohne sich in Verruf oder gar in Gefahr zu bringen, dann sind wir in puncto sexueller Befreiung weniger weit, als wir wohl dachten.

Dieser momentan erneut aufflammenden gesellschaftlichen wie medialen Pornopanik will dieses Buch etwas entgegensetzen: einen differenzierten analytischen Blick, der

▼ Die Anfeindungen gegen mich wurden hier aufgearbeitet: Kerl, Kristoff, Bischoff, Sebastian und Augustin, Anna-Carolin (2021): Pornografie, Sexualität und Antisemitismus, *zeitgeschichte online*, und Lemke, Richard (2022): Ablehnen, Anprangern, Beleidigen: Sexualitätsbezogene Meinungsdynamiken im Internet, *Zeitschrift für Sexualforschung* 4. Es freut mich sehr, wenn diese schlechte Erfahrung wenigstens produktiv genutzt wird.

zu kritischer Reflexion, aber auch zu mehr Gelassenheit im Umgang mit Pornos einlädt. Ich werde Pornos weder heilig noch schuldig sprechen, sondern für Ambivalenz plädieren. Dazu werde ich gängige Ängste rund um Pornonutzung unter die Lupe nehmen: Inwiefern sind sie historisch gewachsen und zugleich spezifische Symptome unserer digitalen Zeit? Welche Akteure verbreiten und profitieren von Pornopanik? Und welche Gruppen werden zu potenziellen Opfern von Pornos gemacht? Wie berechtigt sind diese Ängste? Können sie empirisch be- oder widerlegt werden? Wo liegen Chancen und Grenzen der Pornoforschung? Von welchen tatsächlichen Problemen lenkt die Pornodebatte möglicherweise ab? Und was brauchen wir in Zukunft, um aus der aktuellen Misere herauszutreten und der Herausforderung Porno gerecht zu werden? Über diese Fragen eröffnet sich das Thema Porno als vielseitiges Medium und komplexes kulturelles Phänomen im Spannungsfeld von Freiheit und Zensur, Fortschritt und Rückschritt, Kirche und Staat, Feminismus und Patriarchat, Wissenschaft und Moral. Mein Ziel ist es, davon wegzukommen, Porno ausschließlich als soziales Problem, gar als Gefahr, zu denken, sondern als gängige Alltagspraxis, als Unterhaltungsmedium, als Inszenierung sexueller Fantasien und im besten Falle sogar als Inspirationsquelle und Hilfsmittel sexueller Befreiung.

Dass dieses Buch heißt, wie es heißt, ist ein politischer Akt. Das Wort Porno im Titel zu benutzen bedeutet, dass ich es bei *Instagram, Facebook* oder *TikTok* nicht beim Namen nennen kann, ohne Gefahr zu laufen, dass der Beitrag gelöscht wird. Es bedeutet, dass er bei *Google, Amazon* und in Suchmaschinen benachteiligt wird, er also kurzum in der digitalen Welt weniger sichtbar ist. Wir schreiben das Jahr 2023, und es ist nicht möglich, ein Buch über Pornos zu schreiben, ohne zensiert zu werden. Nicht etwa wegen Bildern oder Nacktheit, sondern wegen fünf Buchstaben, die aneinandergereiht gesellschaftlich so dermaßen aufgeladen sind, dass sie wie ein ungezähmtes Tier eingesperrt werden müssen: P-O-R-N-O. Das allein ist Motivation genug, dieses Buch zu schreiben und ebendiese Buchstaben das Cover sprengen zu lassen. Je mehr Menschen mir den Mund verboten haben, desto lauter bin ich geworden. Dieses Buch ist mein Megafon, um in die Welt zu rufen: Wir müssen endlich über Pornos sprechen. JETZT!

II
GEFÄHRLICHE BILDER
DIE ERFINDUNG DER PORNOGRAFIE

Ich höre oft den Satz: «Pornos gab's schon immer!» Aber das stimmt so nicht. Es gab schon immer Darstellungen von Sex, ja. Oder zumindest, seit Menschen irgendetwas dargestellt haben. Entsprechende Abbildungen sind aus allen Epochen und Kulturen überliefert. Die zehntausend Jahre alten ineinandergeschlungenen steinernen *Liebenden von Ain Sakhri* aus Bethlehem, die westchinesischen *Kangjiashimenji*-Felsbilder von queerem Gruppensex aus der Bronzezeit und die frühsteinzeitlichen kurvigen Frauenfigurinen wie die *Venus von Willendorf* gehören zu den frühesten Beispielen. Von der Höhlenmalerei über den Buchdruck bis hin zur Fotografie, dem bewegten und schließlich dem digitalen Bild – jedes Medium, das Menschen zur Verfügung stand, haben sie genutzt, um das Sexuelle abzubilden.▾ Als «Pornografie» verstehen wir solche Repräsentationen jedoch erst seit dem 19. Jahrhundert. Dieser Begriff, wie wir ihn heute für explizite, auf Erregung abzielende Darstellungen von Sex benutzen, ist eine Erfindung der Moderne. Wie kam es dazu? Inwiefern wirken die Wurzeln des Pornografiebegriffs in ihm fort? Und welche Rückschlüsse auf den Platz von Pornos in unserer Gesellschaft lässt er zu?

▾ Zur Gattungsgeschichte der Pornografie empfehle ich Müller, Anne-Janine (2012): Von der Höhlenzeichnung zum Smartphone, in: *Pornografisierung von Gesellschaft* oder Faulstich, Werner (1994): *Die Kultur der Pornographie*, S. 35–124.

Pseudogriechisch und doppeldeutig

Fangen wir ganz vorne an: Wo kommt der Begriff «Pornografie» ursprünglich her? Eine gängige Antwort darauf lautet, dass dieser aus dem Altgriechischen stamme. In der Tat setzt er sich aus *pórnē* (πόρνη) für Prostituierte (kommt von *pernanai* = verkaufen) und *gráphein* (γράφειν) für schreiben oder malen zusammen, bedeutet also eigentlich so viel wie «Darstellungen von Sexarbeiter*innen». Allerdings hätte man im alten Griechenland darunter etwas völlig anderes verstanden als wir heute bzw. höchstwahrscheinlich gar nichts. Denn es gibt nur eine einzige dokumentierte Verwendung eines verwandten Wortes in antiken Schriften. In Athenaios' *Gastmahl der Gelehrten* wird eine Gruppe von Malern als *pornographoi* (πορνογράφος) bezeichnet, die dafür bekannt waren, Sexarbeiterinnen zu malen. Warum er dabei zu der Bezeichnung für niedriger gestellte Prostituierte *(pórnē)* griff, obwohl es sich bei den Modellen eher um sozial anerkannte Hetären *(hetaira)* handelte, ist unklar. Grundsätzlich hatte Sexarbeit in der Antike aber einen anderen Stellenwert als heute, war verbreiteter und weniger stigmatisiert. Es gibt also keinen Grund anzunehmen, dass Athenaios den Begriff despektierlich meinte. Das grundlegend Abwertende wurde erst rückwirkend hineingelesen, was sich auch daran zeigt, dass es meist mit «Huren-Maler» übersetzt wird. Auch wird mit großer Selbstverständlichkeit eine weibliche Form angenommen, obwohl männliche Prostituierte, *pórnoi,* in der Antike weit verbreitet waren. Es ist bezeichnend, wie einheitlich der Wortursprung gegendert und so der Eindruck vermittelt wird, dass Pornografie zwangsläufig immer eine Darstellung von Frauen sei. Unabhängig von alledem beschrieb Athenaios mit seinem Begriff die Macher, nicht deren Werk. Das Kompositum

«Pornographie» taucht so in antiken griechischen Schriften kein einziges Mal auf. Die gängige Behauptung, dass dieses aus dem Altgriechischen komme, stimmt also nicht.[1]

Im modernen griechischen Wörterbuch findet sich als Wortherkunft deshalb auch das französische *pornographe*. Dieses tauchte 1769 erstmals in der gleichnamigen Abhandlung *Le Pornographe* auf – mit dem knackigen Untertitel *Ideen eines Herrn für ein Projekt zur Regulierung von Prostituierten, geeignet zur Verhütung des Unglücks aufgrund des öffentlichen Austausches von Frauen.*[2] Der Autor wählt «Pornograph» als Selbstbezeichnung für sich als eine Art Ethnograph. Diverse Wissenschaftler und Ärzte verstanden sich damals als Pornographen, weil sie Texte über Sexarbeit verfassten. Diese wurde zu jener Zeit zunehmend reguliert, was vor allem damit zu tun hatte, dass sich damals die Venerologie, die Lehre der sexuell übertragbaren Krankheiten, als neues Fachgebiet entwickelte. Dementsprechend findet sich eine der ersten lexikalischen Erwähnungen von «Pornographie» 1857 in einem Medizinwörterbuch, wo es als «die Beschreibung von Prostitution als Aspekt öffentlicher Hygiene» vermerkt ist. Die Pornografie wurde zu einer sexualhygienischen und anthropologischen Wissenschaft rund um Sexarbeit[3] und diente als neutraler, deskriptiver Begriff.

Etwa zeitgleich entwickelte sich aber eine zweite, moralisch aufgeladene Begriffsbedeutung, die als Ursprung des heutigen Pornografiebegriffs verstanden werden kann. Im *Catalogue Des Livres De Feu*, dem Nachschlagewerk der «zum Feuer verurteilten Bücher», von 1806 ist die Rede von literarischen Werken, die «*pornographique*» seien und damit so verwerflich und gefährlich, dass sie zensiert gehörten.[4] Hier zeichnet sich erstmals das Verständnis von Pornografie als sozial minderwertige und moralisch fragwürdige Darstellungen von Sex ab, die es zu klassifizieren und zu regulieren gilt. Nur wenig später, in den 1830er Jahren, wurde in der *Bibliothéque Nationale de France* die *Collection de l'Enfer*, eine Abteilung speziell für «anstößige Werke» eingerichtet. Darin fanden sich auch die *I Modi* (um 1525) von Pietro Aretino: Sonette, die er zu den Kupferstichen von 16 verschiedenen Sexstellungen schrieb. Sie werden heute gern als «Urtext aller modernen Pornografie» bezeichnet.[5] Mit Ausdrücken wie «ficken», «Arsch» oder «Fotze» waren sie in der Tat explizit. Es ist aber davon auszugehen, dass diese Vulgarität nicht, oder zumindest nicht vordergründig, der Erregung diente, sondern der satirischen Provokation.[6] Aretino entlarvte in burlesker Tradition die moralische Verkommenheit der Herrschenden.[7] Dass der Papst die Sonette im 16. Jahrhundert verbieten und verbrennen ließ, lag wohl eher an ihrer politischen Schlagkraft statt ihrer sexuellen Natur.[8] Erst 200 Jahre später, als das ungestörte Lesen im Privaten für die breite Bevölkerung umsetzbar wurde, verschob sich die primäre Funktion solcher expliziten Texte: weg von der subversiven Obrigkeitskritik, hin zu sexueller Stimulation.[9] Als Wendepunkt kann der Roman *Die 120 Tage von Sodom* des Marquis de Sade[10] (um 1722) gesehen werden, dessen erklärtes Ziel es war, den «Freund Leser» derart zu «entzücken», dass es ihn den «Samen kosten» würde.[11]

Wie diese parallel verlaufenden Entwicklungen und Mehrfachbedeutungen schon zeigen, ist die Begriffsgeschichte von Pornografie verworren und uneindeutig. Die Geburtsstunde des modernen Pornografiebegriffs wird jedoch oft im 19. Jahrhundert verortet und einem deutschen Archäologen namens Karl Otfried Müller zugeschrieben. Wie es dazu kam, ist eine schöne Geschichte.[12] Als im 18. Jahrhundert europäische Archäologen die beim Ausbruch des Vesuvs 79 nach Christus verschüttete Stadt Pompeji wiederentdeckten, stellten sie fest: Alles war voll mit Sex! Man fand Skulpturen mit überdimensionalen Penissen, explizite Fresken von verschiedensten Sexpraktiken, phallusförmige Gebrauchsgegenstände und vieles mehr.▼ Bilder sexueller Lust waren in der römischen Stadt etwas Alltägliches und fanden sich auch in repräsentativen Räumen wie Wohn- und Esszimmern.[13] Das lag insbesondere daran, dass es in der Antike die strikte Trennung zwischen privat und öffentlich, wie sie erst das erstarkende Christentum mit sich brachte, noch nicht gab. Zur Verdeutlichung: Damals saß man auch noch gemeinschaftlich auf dem Klo! Dementsprechend waren auch Sexualität und Öffentlichkeit nicht so selbstverständlich voneinander getrennt, wie sie es seit der Moderne und bis heute sind.

Das war denjenigen, die fast 2000 Jahre später diesen pompejanischen Schweinkram wieder ausgebuddelt haben, aber weder bewusst noch geheuer. Der Kulturclash zu viktorianisch zugeknöpften Zeiten, in denen allein der entblößte Knöchel einer Frau als anzüglich galt, hätte kaum größer sein können. Die Archäologen waren völlig überfordert. Sie konnten die antiken Funde ja schlecht zerstören, aber sie ausstellen? Unmöglich! Also sperrten sie die Artefakte 1821 kurzerhand in ein «Geheimes Kabinett», zu dem nur ausgewählte Personen, gebildete und wohlhabende Männer, Zutritt erhielten. Fun Fact: Öffentlich zugänglich ist das *Gabinetto Segreto*, heute im Archäologischen Nationalmuseum Neapel, erst seit dem Jahr 2000. Als Karl Otfried Müller die Sammlung 1830 im Handbuch der *Archäologie der Kunst* beschreibt, spricht er von «einer großen Anzahl obszöner Vorstellungen». Die Macher dieser Werke bezeichnet er, als eingefleischter Altphilologe,

▼ Im Bildband *Eros in Pompeji* (1975) können viele der Funde auf Fotos von Antonia Mulas samt kritischer Einordnung von Michael Grant bewundert werden.

in Anlehnung an Athenaios' antike «Huren-Maler», als «Pornographen».[14]

1850 wurde sein Buch ins Englische übersetzt, und *pornography* fand daraufhin 1864 Eingang ins *Webster's Dictionary* als «unzüchtige Gemälde» mit Verweis auf die Funde in Pompeji. Als kurz darauf der erste offizielle Katalog des Nationalmuseums Neapel veröffentlicht wurde, liefen die Funde dort unter dem Namen *Raccolta pornografica*: die pornografische Sammlung.[15] Das Konzept der Pornografie als separate sprachliche Kategorie für potenziell gefährliche und somit zensierungsbedürftige Darstellungen von Sex war geboren.

Der Geist ist willig, aber das Fleisch ist schwach

Dass die Pornografie als Kategorie zu ebenjener Zeit entstand, ist keineswegs ein Zufall. Vielmehr ist es die logische Konsequenz einer sich wandelnden Gesellschaft in der sogenannten westlichen Welt.[16] Ein komplexes Netz gesellschaftlicher Prozesse im 18. und 19. Jahrhundert – allen voran die Industrialisierung mit ihren technologischen Fortschritten sowie die Abwendung von Religion und Hinwendung zu den (Natur-)Wissenschaften – hat ihr den Weg bereitet. Diese als Moderne bezeichnete Phase war durch den Übergang von einer feudalistischen zu einer bürgerlichen Gesellschaftsform gekennzeichnet. Werte und Normen wurden neu ausgehandelt. So zählten etwa Ordentlichkeit und Fleiß zu den neuen bürgerlichen Tugenden. Selbstdisziplin wurde zum Ideal, die Fähigkeit, spontanen Impulsen nicht unbedacht nachzugeben. Das war nicht zuletzt Ergebnis der im 17. Jahrhundert einsetzenden geistigen Bewegung der Aufklärung. Sie machte die Vernunft zum Maßstab allen menschlichen

Handelns. Das brachte, so der Soziologe Norbert Elias, den triebregulierten Menschen hervor, der alle Emotionen, Aggressionen und sexuellen Triebe zu zügeln wissen muss.[17] Der Triumph des Geistes über den Körper wurde ein Grundpfeiler zivilisierter Gesellschaften. Er diente nicht nur zur Abgrenzung von vorherigen Gesellschaften, sondern auch von anderen Kulturräumen. Europa wurde als überlegen konstruiert, indem indigene Völker und Schwarze▼ Menschen zu animalischen, primitiven Triebwesen herabgewürdigt wurden. In dem Drang, die Welt ‹logisch› zu ordnen, schufen die Philosophen der Aufklärung eine «Rassenhierarchie» entlang der Fähigkeit zur Triebkontrolle.[18] Dass es Teil ihrer Klassifikationsmanie war, Darstellungen des Sexuellen als minderwertig und bedrohlich zu klassifizieren, überrascht daher keineswegs. Denn was könnte die Vernunft leichter ins Wanken bringen als die Erregung? Was, wenn die Impulse sich durchsetzten? Was, wenn der durch sexuelle Darstellungen animierte Sexualtrieb zum Kontrollverlust führen und für soziale Unordnung sorgen würde? Im Zelebrieren der Überlegenheit des Verstandes steckt gleichzeitig eine enorme Angst vor der Macht des Körpers. Besonders groß schätzte man dieses Risiko für «ungebildete» Menschen ein, was im Verständnis der Zeit bedeutete: Frauen, Kinder und die Arbeiter*innenklasse. Nur Gentlemen wüssten dem Obszönen zu widerstehen, alle anderen müssten dringend davon ferngehalten werden. Pornografie wurde erst dann als soziales Problem verstanden, als sexuelle Darstellungen für Bevölkerungsgruppen fernab der sozialen Elite zugänglich wurden. Die Erfindung von Pornografie als regulierende Kategorie

▼ Ich verwende hier bewusst die Großschreibung, um zu markieren, dass es sich um eine gesellschaftspolitische Zugehörigkeit statt eine (Haut-) Farbe handelt. Diese Schreibweise hat sich in Ablehnung kolonialrassistischer Bezeichnungen etabliert. Das gilt auch für die Schreibweise *weiß*.

war eine «Reaktion auf die als bedrohlich wahrgenommene Demokratisierung der Kultur»[19]. Der Klassenkampf ist so gewissermaßen in den Pornografiebegriff eingeschrieben. Hinter Zensur und Sanktionierungen von Darstellungen des Sexuellen stand weniger die christliche Angst vor moralischem Verfall als die bürgerliche Idee einer funktionierenden, «aufgeklärten» Gesellschaft.

Pornografie als Kategorie ist in vielfacher Hinsicht ein Kind der Moderne. Das verliert man schon mal aus den Augen, insbesondere dann, wenn der Rückgriff auf ein altgriechisches Wort das Gegenteil zu suggerieren versucht: dass Pornografie zeitlos und schon immer da gewesen sei. Mit der Wortwahl bzw. -schöpfung wurde eine Kontinuität hergestellt, wo keine ist. Diese Legendenbildung verschleiert, dass hier ein grundlegender gesellschaftlicher Umbruch passiert ist, der das Bedürfnis geweckt hat, Sex in Wort und Bild zu verstecken, was die Existenz von Pornografie überhaupt erst möglich oder nötig gemacht hat. Im Kern meint Pornografie weniger die Darstellung des Sexuellen als ein Darstellungsverbot des Sexuellen.[20] Die Idee, dass explizit sexuelle Darstellungen verwerflich oder sogar schädlich seien, ist vergleichsweise jung.[21] Pornografie ist eine historische Kategorie. Soweit wir das beurteilen können, haben die Menschen in Pompeji jene Artefakte, die fast 2000 Jahre später als solche klassifiziert und hinter Museumsmauern verschlossen wurden, nicht als pornografisch oder als bedrohlich verstanden. Ihnen wurde retrospektiv ein Label aufgedrückt, das zu jener Zeit nicht existierte und in dem ein Werturteil steckt, das jene Gesellschaften nicht teilten. Heutzutage würden wir diese antiken Stücke wiederum eher nicht mehr als Pornografie bezeichnen. Nicht, weil wir das Konzept wieder abgeschafft hätten, sondern weil sich die Kriterien dafür gewandelt haben. So gab es im 20. Jahrhundert etliche Werke – *Ulysses*, *Lolita* oder

Lady Chatterley sind nur einige Beispiele – , die als Pornografie bezeichnet und verboten wurden, aber heute als Weltliteratur kanonisiert sind. Pornografie ist ein kulturelles Konstrukt, das erst durch den jeweiligen zeitlichen Kontext und das vorherrschende Wertesystem zu ebendiesem wird. Es ist «ein chamäleonartiger Begriff»[22], der sich nicht nur mit der Zeit wandelt, sondern auch über Kulturräume hinweg.▾ Nichts ist an sich pornografisch, sondern wir machen es dazu. Gesellschaften entscheiden in einem fließenden Prozess darüber, was als pornografisch gilt. «Jede Gesellschaft, jede Untergruppe der Gesellschaft und eigentlich jeder Mensch hat seine eigene (deutliche oder verschwommene, ehrliche oder heuchlerische, kompetente oder inkompetente, tolerante oder intolerante) Vorstellung darüber, was Pornografie ist.»[23]

Seitdem das Konzept in der Welt ist, verschiebt sich die Grenze zum Pornografischen permanent. Auf der anderen Seite der Grenze liegt mal die Erotik, mal die Kunst, die Komik oder einfach nur das Akzeptable. Wie die Geschichte des Geheimen Museums zeigt, war das Pornografische in der westlichen Welt von Beginn an mit der Zensur verbunden. Allein die Angst vor den vermeintlich von ihr ausgehenden Gefahren und der damit verbundene Versuch, sie zu verstecken und zu regulieren, machte aus Darstellungen von Sex Pornografie. Das «Obszöne» bedeutet wortwörtlich: das nicht öffentlich Sichtbare. Die Zensur von Pornografie ist bis heute das einzige, was es überhaupt nötig macht, sie als solche zu benennen und zu definieren. Um eine Grenze zwischen dem Erlaubten und dem Verbotenen ziehen zu können.

▾ Zu Pornografien anderer Kulturräume empfehle ich: *Arab Porn* (2017) von Youssef Rakha, *Let's Talk About Sex, Habibi* (2022) von Mohamed Amjahid, das Heft *South Asian Pornographies* (2022) in: *Porn Studies* und *The Japanese Adult Video Industry* (2017) von Heung-Wah Wong & Hoi-yan Yau.

Obszöne Gesetze

Im 19. Jahrhundert setzte in der westlichen Welt die strafrechtliche Regulierung der neuen Kategorie «Pornografie» ein. Im *Obscene Publications Act* verbot das Parlament des Vereinigten Königreichs 1857 den Verkauf «obszöner» Inhalte, die damit zur Zerstörung freigegeben wurden. 1873 folgten die *Comstock Laws* in den USA und fast zeitgleich der Pornografie-Paragraf im Deutschen Reich. Die erste Fassung des § 184 im Strafgesetzbuch von 1871 besagt, dass die Verbreitung «unzüchtiger Schriften» mit einer «Geldstrafe bis zu einhundert Thalern oder mit Gefängniß bis zu sechs Monaten» bestraft wird.[24] Im Laufe der darauffolgenden fünfzig Jahre wurden auch Gegenstände hinzugefügt, «die zu unzüchtigem Gebrauche bestimmt sind», sprich Sex Toys, oder «zur Verhütung von Geschlechtskrankheiten dienen», sprich Kondome, und ihre Verbreitung oder Bewerbung unter Strafe gestellt. Hieraus wird erstens deutlich, dass der Paragraf nicht nur Medien, sondern auch gelebte Sexualität regulierte, und zweitens, wie die Gesellschaft in der ersten Hälfte des 20. Jahrhunderts ihre reproduktionsorientierte und lustfeindliche Sexualmoral juristisch festschrieb. Erst mit der sexuellen Liberalisierung in den 1960er Jahren setzte ein Umdenken in Bezug auf die Obszönitätsgesetze ein. Im Zuge der großen Strafrechtsreform verschwanden die «unzüchtigen Schriften» 1973 aus dem *StGB* und der Begriff «Pornographie» hielt Einzug in die deutsche Gesetzessprache. Die Neufassung hob das grundsätzliche Verbreitungsverbot auf und diente nun zwei Zielen: dem Jugendschutz und dem Schutz aller Menschen vor ungewollter Konfrontation mit Pornografie. Nach dem bis heute nur geringfügig angepassten § 184 macht sich strafbar, «wer einen pornographischen Inhalt ... einer Person unter achtzehn Jahren anbietet, überläßt oder zugänglich macht». Ganz unabhängig vom Alter ist es immer strafbar, wenn man pornografische Inhalte «an einen anderen gelangen läßt, ohne von diesem hierzu aufgefordert zu sein». Genau deshalb können wir übrigens auch unaufgefordert erhaltene Dick Pics anzeigen!▾

Was genau mit «pornografischen Inhalten» gemeint ist, ist allerdings bis heute juristisch nicht eindeutig definiert. Im berühmten *Fanny-Hill*-Urteil von 1969 begründete der Bundesgerichtshof die Freigabe des gleichnamigen Romans von John Cleland damit, dass eine Darstellung von Sex nur dann als pornografisch einzustufen sei, wenn diese «aufdringlich vergröbernd oder anreißerisch» ist und dadurch «Belange der Gemeinschaft stört oder ernsthaft gefährdet»[25]. In dem Urteil kommt die aufklärerische Sorge, dass Pornografie eine Gefahr für die soziale Ordnung darstellt, deutlich zum Ausdruck. Ein Urteil von 1974, das noch heute in der Rechtsprechung regelmäßig aufgegriffen wird, definiert pornografische Inhalte als: «grobe Darstellungen des Sexuellen, die in einer den Sexualtrieb aufstachelnden Weise den Menschen zum bloßen, auswechselbaren Objekt geschlechtlicher Begierde degradieren».[26] Nicht nur klingt darin der alte Gedanke der Triebkontrolle an, sondern es wird auch ein drastisches Bild von Sex gezeichnet. Insbesondere das letzte Wort, «degradieren», stellt eine unmittelbare Verbindung zwischen Sex und Abwertung her. 2014 macht der Bundesgerichtshof deutlich, worum es dabei genau geht, wenn er Pornografie definiert als die «Darstellung entpersönlichter sexueller Verhaltensweisen, die die geschlechtliche Betätigung von personalen und sozialen Sinnbezügen trennt»[27]. Mit anderen Worten: Wenn es NUR um Sex geht, ohne Beziehungsebene und ohne Emo-

▾ Dabei hilft die Seite *dickstinction.com*.

tionen, ist das pornografisch und somit problematisch. Darin zeigt sich der moralisierende Charakter juristischer Sichtweisen auf Pornografie, die auch immer mit einer Bewertung von Sex an sich verbunden sind.

Das deutsche Pornografiestrafrecht schreibt die im 19. Jahrhundert entstandene Idee von Porno als sozialer Gefahr trotz grundsätzlicher Legalisierung fort. Das wird insbesondere anhand der Vermischung legaler und illegaler Inhalte offensichtlich. Das Gesetz unterscheidet zwischen «einfacher» und «harter» Pornografie. Ersteres meint legale Inhalte, die, wie gerade erläutert, nach § 184 reguliert sind. Letzteres bezeichnet Inhalte, die «Gewalttätigkeiten» oder «sexuelle Handlungen von Menschen mit Tieren» zum Gegenstand haben sowie «kinder- und jugendpornographische» Inhalte. Für diese gilt nach § 184a-c ein generelles Verbreitungs-, teils sogar Besitzverbot. Diese Begrifflichkeiten halte ich für extrem problematisch und irreführend. Denn das, was als «harte Pornografie» bezeichnet wird, ist keinesfalls einfach nur die Steigerung einer «weichen» Variante, es ist etwas grundlegend anderes – nämlich Gewalt. Diese beiden fundamental verschiedenen Kategorien als Pole eines Spektrums zu behandeln, ist, als würden wir Vergewaltigungen «harten Sex» nennen. Es ist schlichtweg falsch! Diese Vermischung ist fatal, denn sie bagatellisiert tatsächliche Straf- und Gewalttaten, während sie eine einvernehmliche Praxis unter Erwachsenen bzw. eine Form der erwachsenen Mediennutzung unnötig dämonisiert. Das Beispiel der sogenannten Kinderpornografie macht das besonders deutlich. Dieser in die Alltagssprache eingegangene Fachbegriff klingt wie eine simple Porno-Genrebezeichnung: Fetisch-Pornos, MILF-Pornos, Kinder-Pornos. Damit verharmlosen wir sexualisierte Gewalt. Da Kinder, also Personen unter 14 Jahren, ihre Fähigkeit zur sexuellen Selbstbestimmung noch nicht entwickelt haben und deshalb nicht eigenständig in sexuelle Handlungen einwilligen können, sind ihnen gegenüber alle sexuellen Handlungen strafbar.[28] Das gilt auch für das Fotografieren oder Filmen zu Erregungszwecken: Es ist immer ein gewaltsamer Akt. Der Pornografiebegriff hat in diesem Zusammenhang nichts zu suchen. In diesem wachsenden Bewusstsein ist mittlerweile immer häufiger von «Missbrauchsdarstellungen»▾ die Rede, und es gibt Bestrebungen für eine entsprechende Begriffsänderung im Gesetzestext[29], der ich mich ausdrücklich anschließe. Ähnlich verhält es sich mit dem in den letzten Jahren präsenter gewordenen Begriff «*Revenge Porn*» oder «Racheporno». Dieser beschreibt das Phänomen, dass Personen – in allen mir bekannten Fällen sind es Männer – private, meist sexualbezogene Aufnahmen von einer anderen Person – häufig einer Ex-Partnerin – ohne deren Einverständnis auf Pornoseiten veröffentlichen. Dabei handelt es sich weder um Porno noch um Rache, sondern um die Verletzung von Persönlichkeitsrechten, um bildbasierte sexualisierte Gewalt. Genauso sollten wir es auch nennen. Das Gleiche gilt für unbefugte Aufnahmen aus Saunen, Umkleidekabinen oder Festivaltoiletten, die auf Pornoseiten landen: «Anknüpfungspunkt für die Strafbarkeit ist die Verletzung der Verfügungsbefugnis einer Person über Inhalte, die sie sexualbezogen wiedergeben».[30] Der Pornografiebegriff ist auch hier völlig fehl am Platz.

Es ist eigentlich ganz einfach: Wenn Sex nicht einvernehmlich passiert, ist es Gewalt. Wenn einvernehmlicher Sex nicht einvernehmlich gefilmt wird, ist das eine andere

▾ Im Englischen etabliert sich analog die Formulierung *CSAM* (*child sexual abuse material*). Auch am Missbrauchsbegriff gibt es berechtigte Kritik, denn er transportiert die absurde Idee, dass es einen korrekten Gebrauch von Kindern gäbe – dennoch halte ich diese Formulierung für eine deutlich bessere (Zwischen-)Lösung, bis wir eine präzisere gefunden haben.

Art von Gewalt, bleibt aber Gewalt. Und wenn einvernehmlich stattgefundener, einvernehmlich gefilmter Sex uneinvernehmlich veröffentlicht wird, ist auch das eine Form von Gewalt. Wir müssen aufhören, «Porno» zu sagen, wenn wir Gewalt meinen. Deshalb plädiere ich dafür, Einvernehmlichkeit in unserem Verständnis von Pornografie zu verankern. Wir sollten Pornografie daran genauso messen wie Sex. Nur so können wir eine öffentliche Unterhaltung führen, die Porno als Medium und Alltagspraxis verhandelt und nicht permanent als Gewaltakt und Straftat.

Ist das Kunst oder kann das weg?

Elementarer Bestandteil der Geschichte von Pornografie, ihrer Zensur und juristischen Regulierung ist auch die Frage nach der Grenze zur Kunst. War sie zunächst noch eine Art Sonderkategorie der Kunst, wie im Geheimen Museum, entwickelte sich die Pornografie bald zum vermeintlichen Gegenteil. Spätestens mit der Entstehung des Konzepts der Kunstfreiheit im 20. Jahrhundert wurde diese Unterscheidung relevant: Während alles, was als Pornografie gilt, besonders strengen Auflagen unterliegt, genießt alles, was als Kunst gilt, nahezu unbegrenzte Freiheiten. Kunst darf nach Artikel 5 des Grundgesetzes fast alles. Kein Wunder also, dass schon so oft versucht wurde, das Pornografische über den Notausgang der Kunstfreiheit vor der Zensur zu retten. In vielen wichtigen Urteilen ging es um die Frage: Ist das noch Kunst, und damit schützenswert, oder schon Porno, und somit sanktionierbar?

Lange galt die Exklusivitätsthese, laut der ein Werk nur *entweder* Kunst *oder* Porno sein könne. Das Obszöne wurde dem Ästhetischen diametral gegenübergestellt. Das bedeutete auch, dass es ausreichte, etwas zur Kunst zu erklären, um es vor Sanktionen zu feien. Erst 1990 erkannten der Bundesgerichtshof in einem Fall um einen Henry-Miller-Roman[31] sowie das Bundesverfassungsgericht in dem «Mutzenbacher-Urteil»▾ an, dass ein Werk sowohl Pornografie als auch Kunst sein kann.[32] Für den Kunstcharakter einer Schrift sei dabei «lediglich eine irgendwie geartete schöpferische Formgestaltung» erforderlich.[33] Der Kunstbegriff ist ebenso normativ wie der Pornografiebegriff und damit ebenfalls unmöglich nach objektiven Kriterien definierbar. Beide dienen als Werturteile: Etwas als pornografisch zu bezeichnen, bedeutet eine Abwertung, die Einordnung als Kunst eine Aufwertung. Beides ist willkürlich und gesellschaftlich konstruiert. So wie Pornografie «praktisch jede Diskussion oder Abbildung von Sex [meint], die derjenige, der das Wort benutzt, ablehnt»[34], dient das Kunstlabel als Synonym für «Das gefällt mir!». Das zeigt sich etwa in der Formulierung «Pornografie-Vorwurf». Diese legt nahe, ein Artefakt könne sich des Pornografischen schuldig machen und nur über seinen künstlerischen Charakter freigesprochen werden. Auch die Abgrenzung zur Erotik passiert nicht nur anhand des Grads an Explizitheit, sondern vor allem entlang ästhetischer Kriterien. So unterscheiden heute schon Jugendliche zwischen «schönen erotischen Bildern» und «nuttiger» Pornografie.[35] Hier können wir beobachten, wie das Bild der Bedrohlichkeit von Pornografie um jenes der Wertlosigkeit ergänzt wird. In den Worten des Obersten Gerichtshofs der USA: Pornografie ist das, was «keinerlei sozialen Wert» hat.[36]

▾ Fun Fact: Das Urteil kam zustande, nachdem der Rowohlt Verlag (!) eine Verfassungsbeschwerde wegen Verletzung der Kunstfreiheit erhoben hatte, weil er eine Neuauflage des Romans *Josefine Mutzenbacher oder Die Geschichte einer Wienerischen Dirne von ihr selbst erzählt* (1906) in sein Programm aufnehmen wollte, der aber auf der Liste der jugendgefährdenden Schriften stand.

Der lange Schatten der Moderne

Der historische Ballast von Pornografie in der westlichen Welt wiegt schwer. Er ist bis heute in unserer Sprache verankert, in unseren Gesetzestexten festgeschrieben und hat sich, ohne dass wir die konkreten Wurzeln kennen würden, in unser kollektives Bewusstsein eingebrannt. Wie sich im weiteren Verlauf zeigen wird, sind alle aktuellen Diskurse rund um Pornografie von den Ängsten des 19. Jahrhunderts geprägt. So werden Pornos bis heute medial, juristisch und politisch in erster Linie als soziale Gefahr verhandelt. Die sogenannte sexuelle Revolution führte zwar dazu, dass Pornografie in Europa legalisiert wurde, konnte aber dennoch kein grundlegendes Umdenken anstoßen. Ganz im Gegenteil kochten alte Sorgen durch die gesteigerte Sichtbarkeit von Pornografie in den 1970er Jahren und ihre durch den Medienwandel erleichterte Verbreitung in den 1980er Jahren erneut hoch. So wurde der in der Moderne einsetzende Schutzdiskurs weitergeführt. Seit dem Aufblühen der feministischen Bewegung gerieten dabei vor allem Frauen als Opfer von Pornografie in den Fokus. Mit dem digitalen Zeitalter und der breiteren Verfügbarkeit von Pornos rückten Jugendliche zunehmend als Risikogruppe in den Blick der besorgten Öffentlichkeit. Und in den letzten zehn Jahren lässt sich eine Verschiebung zu masturbierenden Männern als neue Opfergruppe beobachten. Welche Ängste stehen hierbei jeweils im Vordergrund? Wie berechtigt sind sie? Und was wären Lösungsansätze, um diesen 200 Jahre alten Gefahrendiskurs endlich zu überwinden? Darum soll es in den kommenden Kapiteln gehen.

III
NUR SEXOBJEKTE?
VON POR-NO BIS «FRAUENPORNOS»

Ist Pornografie für die Objektifizierung von Frauen verantwortlich? Für ihre Marginalisierung? Für sexualisierte Gewalt? Ja sagen sie, ja und nochmals ja!» – so schreibt die Philosophin Amia Srinivasan 2021 über die Studierenden in ihrem Seminar.[1] In deren Köpfen, wie in den Köpfen vieler Menschen, hat sich ein Bild von Pornos als wirkmächtiges Medium verfestigt, das besonders für Frauen eine Gefahr darstellt. Pornos sind, so die Annahme, zutiefst frauenfeindlich, weil sie sexistische Inhalte zeigen, die von frauenhassenden Männern gemacht werden, die schutzlose Frauen ausbeuten, um die frauenentwürdigenden Fantasien anderer frauenverachtender Männer zu bedienen. Wer Pornos guckt, macht sich demnach mitschuldig an diesem ekelhaften Kreislauf der Misogynie, in dem weibliche Lust nicht vorkommt und eine Frau keinen anderen Platz haben kann als den eines wertlosen Sexobjekts. Es passiert mir regelmäßig, dass Menschen, wenn ich von «feministischem Porno» spreche, anfangen zu lachen. Für sie ist Feminismus und Porno derart gegensätzlich, dass eine Verknüpfung der beiden Elemente nichts anderes als ein schlechter Scherz sein kann. Wie sind wir hier hingekommen?

Die wilden Siebziger

Wer das Spannungsfeld von Feminismus und Porno verstehen will, muss eine kleine Zeitreise in die 1960er Jahre unternehmen. Im Zuge der so betitelten sexuellen Revolution wandelte sich die gesellschaftliche Sexualmoral.[2] Die Antibabypille kam auf den Markt und erlaubte die Trennung von Sex und Fortpflanzung. Die 68er-Studierenden-Bewegung bäumte sich gegen den restriktiven Moralismus der 50er Jahre auf und propagierte freie Liebe. Die zweite Welle der Frauenbewegung wendete sich unter dem Leitsatz «Das Private ist politisch!» verstärkt Themen der sexuellen Autonomie wie dem Recht auf Abtreibung zu. Die zweite Schwulenbewegung formierte sich mit den Stonewall-Aufständen von 1969. Der *Kinsey*- und der *Hite-Report* waren im Umlauf und befeuerten die Sexualwissenschaft, man diskutierte über «Sexualerziehung», Oswalt-Kolle-Aufklärungsfilme liefen im Kino. Vieles war in Bewegung. Doch das Bild, das wir von dieser Zeit vor Augen haben, ist überzeichnet. Es romantisiert regelrecht, *wie* tiefgreifend der sexuelle Wertewandel dieser Zeit war. Sex war in den Medien zwar auf einmal allgegenwärtig, die darin vermittelten Werte und Geschlechterrollen aber deshalb noch lange nicht progressiv.[3] Der *Playboy* beispielsweise stand für eine neue Freizügigkeit, schrieb aber gleichzeitig ein altes Frauen-(und Männer-)Bild fort. Alternative Beziehungsformen, die Akzeptanz gegenüber verschiedenen sexuellen Orientierungen, eine generelle Lustfreundlichkeit oder schambefreite Selbsterfahrung kultivierte nur eine Minderheit, ohne dass ein gesamtgesellschaftliches Umdenken stattfand. Ähnlich verhielt es sich mit Pornos. Im Juli 1969 legalisierte Dänemark als erstes Land der Welt Pornografie, die USA zogen noch im selben Jahr nach, dann 1975 auch (West-)

Deutschland. Und das nicht ohne Widerstand: «Sollen ausgerechnet wir Deutschen uns durch einen solchen Schritt außerhalb der Kulturmenschheit stellen?», wetterte Richard Jaeger, Vizepräsident des Bundestags.[4] Fünf Jahre zuvor hatte der CSUler Frauen noch Rockpflicht verordnet, was die SPD-Abgeordnete Lenelotte von Bothmer veranlasste, als erste Frau in einer Hose eine Rede im Bundestag zu halten. Skandal! Sie erhielt Schmähbriefe, so nannte man vor *Twitter* wohl einen Shitstorm, in denen sie als «würdeloses Weib», «Schwein» und «Hexe» bezeichnet wurde.[5] Trotz aller Flower-Power herrschte weiterhin ein konservativ-chauvinistisches Klima. Längst nicht für alle war die Zeit reif für einen gelasseneren Umgang mit Pornos, deren Produktion nach der Legalisierung in den 1970er Jahren boomte und die in den überall aus dem Boden sprießenden Pornokinos mehr und mehr in den öffentlichen Raum traten.

Ein eindrückliches Sinnbild für die Gleichzeitigkeit von Lockerung und Gegenwehr in Bezug auf Pornos sind jene Szenen, die sich Anfang der 1970er Jahre am New Yorker Times Square abspielten. 1972 kam dort Gerard Damianos *Deep Throat* in die Kinos. Er sollte der erfolgreichste Pornofilm aller Zeiten werden und mit Klassikern wie *Behind the Green Door* oder *The Opening of Misty Beethoven* das *Golden Age of Porn* prägen.[6] Ein Jahr zuvor hatte zwar Wakefield Pooles *Boys in the Sand* als erste schwule Kinogroßpornoproduktion bereits breite Aufmerksamkeit auf sich gezogen[7], aber erst *Deep Throat* gelang der Schritt zum popkulturellen Massenphänomen – sicherlich auch, weil er sich an ein Hetero-Publikum richtete. Selbst die *New York Times* besprach den Film ausgiebig und rief dabei die «Porno Chic»-Ära aus.[8] Wer sich im urbanen Amerika der 1970er Jahre für progressiv hielt, musste diesen Film gesehen haben, selbst Jackie Kennedy soll unter den Kinobesucher*innen gewesen sein.

Es mochte so scheinen, als wären Pornos salonfähig wie nie, doch vor den Kinos am Times Square, wo in großen Lettern *Deep Throat* angeschlagen war, demonstrierten Anti-Porno-Aktivistinnen. Es waren nicht nur konservativ-christliche Gruppen, die gegen die Legalisierung von Pornografie mobil machten, sondern auch feministische: die Radikalfeministinnen, ein noch junger Zweig der Frauenbewegung. Seit den späten 1960er Jahren waren sogenannte *Consciousness-Raising*-Gruppen entstanden, in denen es darum ging, im Austausch unter Frauen ein Bewusstsein für die eigene Unterdrückung zu entwickeln.[9] Aus dieser Gruppierung formierte sich – angeführt u. a. von Susan Brownmiller, Gloria Steinem und Andrea Dworkin – die einflussreiche Anti-Porno-Gruppe *Women Against Pornography (WAP)*[10]. Dass ihr Kürzel knapp 50 Jahre später von Cardi B's gleichnamigen Song zu *Wet-Ass Pussy* umgemünzt wurde, ist eine meiner liebsten Ironien der Geschichte. Aber jetzt zu ihrer Kernthese:

Porno ist Gewalt!

Nur wenige Jahre nach den ersten überschaubaren Protesten am Times Square organisierte *WAP* 1979 einen Anti-Porno-Protestmarsch in New York, an dem über 5000 Menschen teilnahmen – vereint hinter einem Banner: «STOPPT GEWALT GEGEN FRAUEN». Hierauf lag der Fokus der radikalfeministischen Bewegung, deren Anhängerinnen behaupteten, dass Pornos *per se* Gewalt gegen Frauen seien. Befeuert wurde ihre öffentliche Empörung durch das Aufkommen des *Snuff*-Genres, das in seiner Vermischung aus expliziten Sexszenen mit realistisch wirkender Gewalt ein gefundenes Fressen für die Radikalfeministinnen war, die diese Splatter-Exploitation-Filme zu Pornos mit Frauenmorden stilisierten.

In *Pornographie – Männer beherrschen Frauen* (1981) berichtet Andrea Dworkin von «kauernden, ausgebreiteten, aufgehängten, gedehnten, gefesselten und zerschnittenen Frauen» in Pornos, von «Gruppenvergewaltigungen» und dem «Herausreißen von Eingeweiden», Bilder, von denen ihr «übel» wurde.[11] Mit den gängigen pornografischen Inhalten dieser Zeit hatte das wenig zu tun. Diese zeigten in den 1980er Jahren selten Gewalt und deutlich seltener als nicht-pornografische Kinofilme der Zeit.[12]

Ungeachtet dessen schreibt auch die Rechtswissenschaftlerin Catharine MacKinnon als prominente radikalfeministische Mitstreiterin: «Mit Pornographie masturbieren Männer auf Frauen, die entblößt, erniedrigt, verletzt, verstümmelt, zerteilt, gefesselt, geknebelt, gefoltert und getötet werden.»[13] Sie definierten Pornografie folglich als das, «was Männer Frauen antun»[14] – grausame Gewalt. Dworkin vergleicht Pornografie explizit mit Sklaverei, bevor sie kurz darauf Frauen in Pornos mit Jüd*innen in der Gaskammer gleichsetzt. Hier zeigt sich ihre primäre Argumentationsstrategie: Sie konstruiert Pornos zu etwas, wozu man unmöglich Ja sagen kann, ohne sich damit als Befürworter*in von Gewalt, Mord, Rassismus und Faschismus zu positionieren. Dieser Technik bedient sich auch ihre Gleichgesinnte Gloria Steinem, wenn sie schreibt: «Fragt eure Freunde und Familienmitglieder, ob sie Pornografie tolerieren, und sagt ihnen, dass das genauso verwerflich ist wie Antisemiten oder der Klan!»[15] Ganz ehrlich: Ohne mein heutiges Wissen hätte auch ich nach diesen Lektüren wohl jedes Gesetz gegen Pornografie befürwortet.

Dreh- und Angelpunkt der feministischen Anti-Porno-Argumentationslinie war neben der angeblichen Allgegenwärtigkeit von roher Gewalt in Pornos immer auch die Gefahr der Nachahmung. Wer Pornos schaut – in der radikalfeministischen Logik: Männer –, werde zwangsläufig zu einem «Serienvergewaltiger» oder «Sexualmörder», weswegen Pornos nicht nur für die Frauen *im* Porno, sondern «für *alle* Frauen gefährlich» seien.[16] Ihr berühmter Slogan lautete: «Porno ist die Theorie, Vergewaltigung die Praxis».[17] Obwohl ihre Aussagen auf bloßen Behauptungen beruhten, undifferenziert und polemisch waren, erwiesen sie sich als wirksam. Ihre Bücher wurden zu viel zitierten Standardwerken, und die darin enthaltenen Fehlannahmen und Bewertungen haben die öffentliche Unterhaltung über Pornografie nachhaltig geprägt.[18]

Eine fragwürdige Allianz

Anfang der 1980er Jahre spitzte sich die Pornodebatte weiter zu. Das lag auch an der Verbreitung des Videorekorders. Die Nutzung von Pornos verlagerte sich ins Private und stieg massiv an. Aus dem kollektiven Kinovergnügen wurde dank Home-Video-Technik ein solitäres Masturbationsvergnügen. Eine Entwicklung, die sich auch auf die Inhalte auswirkte. So entstand das Gonzo-Pornogenre, das für «härtere» Filme mit mehr Sex und weniger Story steht.[19] Auch der Humor, der im gemeinschaftlichen Pornokinoerleben noch als auflockernder *comic relief* diente, verschwand nun größtenteils aus dem Porno. In dieser Zeit verschiebt sich auch der Fokus der Anti-Porno-Feministinnen von medienwirksamer Öffentlichkeitsarbeit hin zu legislativen Schritten.[20] Immer mehr Juristinnen, wie MacKinnon, hatten sich der Bewegung angeschlossen. Gemeinsam mit Andrea Dworkin verfasste diese Gesetzesentwürfe, die Pornografie als Verletzung der Bürger*innenrechte rahmten. Beifall gab es dafür von den Rechten, wie der *Christian Action League* und von der republikanischen Regierung. Die Agenda der Radikalfeministinnen ging Hand in Hand mit dem proklamierten Ziel der moralischen Wende des US-Präsidenten Ronald Reagan. Ihm ging es dabei zwar nicht um Frauenrechte, sondern um die Verteidigung christlich-konservativer Werte, die Aufrechterhaltung eines bürgerlichen Familienbildes und den Widerstand gegen progressive sexuelle Normen wie Sex außerhalb der Ehe oder Homosexualität.[21] Dennoch einte sie ein gemeinsames Feindbild.[22] Konservativ religiöse Moralist*innen und radikale Feministinnen teilten die Idee von Sex als permanentem Ort der Gefahr. Es formierte sich eine absurde Allianz: Explizit antifeministische Aktivist*innen, die zu dieser Zeit zum Beispiel gegen das *Equal Rights Amendment* kämpften – einen Verfassungszusatz für gleiche Rechte von Frauen –, unterstützten zugleich die radikalfeministischen Anti-Porno-Gesetzesentwürfe.[23] Konservative bis rechte Stimmen machten sich die Rhetorik von Dworkin und MacKinnon zu eigen, druckten sogar ihre Namen auf Werbematerialien für eigene Initiativen.[24] Im Endeffekt machten beide Gruppierungen gemeinsame Lobbyarbeit.[25] Die *LA Times* nannte MacKinnon damals «eine der merkwürdigeren Verbündeten der reaktionären Rechten»[26]. Auch die unter Reagan ins Leben gerufene republikanische Meese-Kommission stützte sich auf die Arbeit der Radikalfeministinnen. Entgegen der entlastenden Ergebnisse der ersten Pornokommission unter dem liberalen US-Präsidenten Lyndon B. Johnson sollte diese konservativer und religiöser aufgestellte Kommission nun doch noch die Schädlichkeit von Pornos belegen. Ihr vielfach als befangen kritisierter[27] Abschlussbericht ist merklich von radikalfeministischen Ansätzen geprägt. *WAP* feierte ihren Einfluss als Erfolg: «Zum ersten Mal in der Geschichte haben Frauen es geschafft, ein nationales Regierungsorgan von einer Wahrheit zu überzeugen, die Frauen lange bekannt ist: Pornografie schadet Frauen und Kindern.»[28]

Dass sie sich für die Durchsetzung ihrer Ziele mit fragwürdigen Kompliz*innen zusammengetan hatten, schien die Radikalfeministinnen nicht weiter zu stören. So nahm *WAP* auch dankend ihr New Yorker Hauptquartier mietfrei vom Bürgermeister an.[29] Dworkin sagte: «Wenn Jerry Falwell [ein baptistisch fundamentalistischer Pastor] sagt, dass Pornografie eine echte Gefahr darstellt, dann ist das für mich wertvoll.»[30] Eine ihrer Mitstreiterinnen sagte mit ähnlichem Tenor, dass es «eine Koalition aller Frauen» brauche, ungeachtet «religiöser oder politischer Überzeugung».[31] Wenn es den eigenen Zielen diente, war also auch die Zusammenarbeit mit rechten Akteur*innen hinnehmbar. Diese wiederum verwendeten die radikalfeministischen Argumente, um ihrer eigenen Agenda mehr Schlagkraft zu verleihen.[32] Eine irritierende Win-win-Situation.

PorNO in Deutschland

1987 erschien *Männer beherrschen Frauen* in deutscher Übersetzung mit einem Vorwort von Alice Schwarzer, das Dworkin als «eine der bedeutendsten Theoretikerinnen des neuen Feminismus» bezeichnet: «Ohne Kenntnis dieses Buches wird in Zukunft über Pornographie nicht mehr nachgedacht, gesprochen oder gestritten werden können». Alice Schwarzer holte damit die US-Anti-Porno-Bewegung erfolgreich nach Deutschland und rief noch im gleichen Jahr die *PorNo*-Kampagne ins Leben, die in den späten 1980er Jahren mehrfach das Cover ihrer Zeitschrift *EMMA* zierte. Diese ernannte sich selbst zum «Zentrum des Kampfes gegen die Pornographie».[33] Ziel der Initiative war ein neues, von den Amerikanerinnen inspiriertes Anti-Porno-Gesetz, in dem Pornografie neu definiert werden sollte als «die verharmlosende oder verherrlichende, deutlich erniedrigende sexuelle Darstellung von Frauen oder Mädchen».[34] Dass es zu diesem Zeitpunkt bereits eine blühende Schwulenpornoszene[35] gab, also etliche Filme, in denen gar keine Frauen zu sehen waren, wurde ignoriert. Die Initiative wollte Pornografie als verfassungswidrig erklären, weil sie «die elementarsten Menschenrechte von Frauen verletzt». Dabei genügen laut dem Kriterienkatalog bereits die Verwendung von Dildos oder einvernehmliche BDSM-Praktiken wie Bondage, um Inhalte als menschenrechtsverletzend zu klassifizieren. Darin zeigt sich das enge Korsett akzeptabler Sexualität, das Radikalfeministinnen schnür(t)en. Mit alledem orientierte sich Schwarzer fast wörtlich an ihren US-Vorbildern Dworkin und MacKinnon und traf ebenso auf Zuspruch von konservativ-christlichen Gruppen. Die *Süddeutsche Zeitung* kommentierte 1988: Schwarzers *PorNO*-Kampagne «macht sich gut in Frauenhäusern und Pfarrhöfen – formiert sich da eine neue moralische Koalition?».[36]

Schwarzer benutzt dieselben drastischen rhetorischen Mittel wie die Radikalfeministinnen in Übersee. Sich an ihr vermeintlich naives Publikum richtend, schreibt Schwarzer von einer «dunklen Welt der Hardpornos, die Frauen völlig unbekannt» und eine «Welt der Fesseln, Folter und rituellen Frauentötungen» sei.[37] Im Gesetzesentwurf, den *EMMA* gemeinsam mit Ex-Justizsenatorin Peschel-Gutzeit erarbeitet hatte, wird Pornografie als «Geschlechterhaß» und «Volksverhetzung gegen Frauen» bezeichnet, die somit dem «Rassenhaß» gleichgesetzt und juristisch gleichsam strafbar gemacht werden solle. Das ging über die Herstellung und Verbreitung von Pornografie hinaus. «Wer nachweislich aufgrund des Konsums von Pornographie Frauen / Mädchen in ihrem Recht auf Würde, Leben, körperliche Unversehrtheit oder Freiheit verletzt», soll laut Gesetzesentwurf den Betroffenen gegenüber «zu Schadensersatz verpflichtet» sein.[38]

«Nachweislich» ist dabei ein großes Wort, denn Pornokonsum als Ursache von aggressivem Verhalten oder sexualisierter Gewalt konnte damals genauso wenig nachgewiesen werden wie heute. Trotzdem berief sich die *EMMA* 1987 auf vermeintliche Forschungsergebnisse: «Männer, die Pornos konsumieren, denken nicht nur schlechter über Frauen. Sie schlagen und vergewaltigen auch eher als Nicht-Konsumenten – das sagen nicht mehr nur die Feministinnen. Das sagen jetzt auch Wissenschaftler.»[39] Zwar gab es zu dieser Zeit in der Tat erste experimentalpsychologische Laborforschung, die eine solche Kausalität nahezulegen versuchte, doch nicht erst aus heutiger Perspektive gilt diese als fragwürdig. Auch zeitgenössische Stimmen ordneten sie als primär sexualpolitisch ein[40], wobei eher konservative als feministische Ängste als Antrieb galten. Eine umfassende deutsche Studie kam damals zu dem Ergebnis, dass es keinerlei empirische Hinweise für eine Gewaltsteigerung oder Brutalisierung des Sexualverhaltens durch Pornonutzung gebe.[41] Ungeachtet dessen rückte der feministische Anti-Porno-Diskurs die vermeintliche Negativwirkung von Pornos in den Fokus. «Mit denselben Augen», so Schwarzer, «mit denen Jungen und Männer die erniedrigten, benutzten, gefesselten und verstümmelten Akteurinnen der Pornos betrachten, mit denselben Augen sehen sie ihre Schwestern, Freundinnen, Ehefrauen.»[42] All die Schwarz(er)malerei und Schock-Rhetorik genügten nicht, um die Abgeordneten zu überzeugen. Der Gesetzesentwurf wurde im November 1987 allen Abgeordneten des Deutschen Bundestages vorgelegt. Die SPD beraumte sogar ein Hearing in Bonn an, entschied dann aber, dass es keinen Handlungsbedarf gebe. Auch wenn das Gesetz nie verwirklicht wurde, sind die Annahmen und die Rhetorik der *PorNO*-Bewegung, die ihm zugrunde lagen, ins kollektive Gedächtnis übergegangen und bestimmen noch immer das öffentliche Bild von Pornos als Erniedrigung von und Gewalt gegen Frauen.

Wie viel Gewalt steckt wirklich im Porno?

Die von Radikalfeministinnen popularisierte These, dass Pornonutzung zu Gewalt führt, hält sich standhaft. Die Annahme dabei lautet, dass Pornos Gewalt zeigen und jene, die Pornos sehen, diese Bilder imitieren. Um das zu überprüfen, steht an erster Stelle die Frage, inwiefern (inszenierte) Gewalt in Pornos tatsächlich zu sehen ist? Aktuell kursiert die hohe Zahl von 90 % als Gewaltanteil im Porno. Das bezieht sich auf eine Studie zu 50 der im Jahr 2004 meistverkauften Pornotitel.[43] Der in diesem Sample mit 75 % aller Szenen am häufigsten verzeichnete «Text» war *Spanking*, also das Schlagen auf den Po. Am zweitstärksten vertreten war *Gagging*, also das Würgegeräusch beim Aufnehmen eines Penis tief im Rachen. Außerdem häufig zu sehen waren *Slapping*, Ohrfeigen mit der flachen Hand, und *Choking*, das Zudrücken vom Hals. Unter Einbezug all dieser Praktiken kommt die Studie zu dem Ergebnis, dass 88,2 % der Szenen «physische Gewalt» enthielten. Allerdings handelt es sich bei den ausschlaggebenden Inhalten um Praktiken, die manche Menschen zwar als gewaltvoll wahrnehmen, andere aber durchaus einvernehmlich in ihre gelebte Sexualität integrieren. Diese *per se* als Gewalt zu klassifizieren, ist fragwürdig. Selbst mit diesem breiteren Gewaltbegriff kommen andere, aktuellere wie umfassendere Studien auf deutlich niedrigere Zahlen von 25 %[44] bis 35 %.[45] Das legt nahe, dass jene gern zitierte Studie, die auf 90 % kommt, möglicherweise nicht repräsentativ ist. Wie hier schon deutlich wird, gestaltet sich die Einordnung von Gewalt und somit deren Präsenz in Pornos subjektiv, und die Herangehensweise beeinflusst das Endergebnis maßgeblich. Das trifft auch auf die Beurteilung von verbaler Aggression zu, die zwischen 5 %[46] und 50 %[47] ebenfalls stark schwankt. Wenn jede Szene, in der jemand *Slut* genannt oder eine Vulva als *Pussy* bezeichnet wird, als «Gewaltpornografie» eingeordnet wird, verzerrt das das Bild enorm.[48] Der Grat zwischen *Dirty Talk* und verbaler Gewalt liegt abermals im Auge der Betrachter*innen.

Der Aspekt, bei dem die Ergebnisse sich studienübergreifend am ähnlichsten sind, ist die Geschlechterdynamik: Die große Mehrheit der als aggressiv markierten Verhaltensweisen geht von männlich gelesenen Personen aus und trifft weiblich gelesene. Dabei ist zu beachten, dass lediglich hetero Szenen analysiert wurden. Ein vergleichender Blick zeigt, dass körperliche Aggression insgesamt doppelt so viel in schwulen und lesbischen Clips vorkommt.[49] Diese Ergebnisse stellen andere insofern in Frage, als dass hier entweder Männer das Ziel der Aggression oder Frauen die Aggressorinnen sein müssen. Besonders aufschlussreich sind die Ergebnisse zu queer-feministischen Pornos[50]: Diese beinhalteten mit Abstand am meisten vermeintliche physische Aggression.[51] Mit 54 % kamen *Spanking, Gagging* und *Slapping* fast doppelt so häufig vor wie in populären Mainstreampornos.[52] Auch verbale Aggression war fast dreimal so häufig vertreten. Die Tatsache, dass wir diese Praktiken in queer-feministischen Pornoproduktionen sogar häufiger sehen als in heterosexuellen Mainstreamclips, weist darauf hin, dass es sich dabei nicht allein um heteropatriarchale Unterwerfungsszenarien handelt, sondern sie auch einen anderen Stellenwert haben können. *Spanking, Gagging* und *Slapping* werden von manchen Menschen ganz bewusst zum Lustgewinn eingesetzt. In diesem Kontext wären sie mehr als *Kink* – als sexuelle Vorliebe – statt als Gewalt einzuordnen, welcher in queeren Pornos ohnehin meist mehr Raum einnimmt als in Mainstreamproduktionen. Das verdeutlicht auch, dass eine Gewaltdefinition, die nicht-normative, aber einvernehmliche Praktiken miteinbezieht, einem *kinkshaming* – der Abwertung bestimmter Vorlieben – gleichkommt. Ein weiterer Grund, diese zu überdenken.

Studien zu Gewalt im Porno heben immer wieder hervor, dass die Zielperson aggressiver Handlungen, in aller Regel Frauen, auf diese meist mit Lustbekundungen oder verbalen Ermutigungen zum Weitermachen reagieren. Das wird allerdings nicht als Anzeichen dafür genommen, dass diese Handlungen einvernehmlich stattfinden – also zur Lust statt zum Schaden der anderen Person. Stattdessen wird es als zusätzlich problematische Verherrlichung von Gewalt interpretiert. Das ist diskutabel. Werden nur jene Szenen als Darstellungen von Aggression gewertet, in denen die Zielperson eine negative Reaktion zeigt, trifft das auf 2 % der populärsten Inhalte zu.[53] Inszenierungen von verbal oder körperlich erzwungenem Sex, bezeichnet als «*Consensual Non Consent*» *(CNC)*, tauchen in 0 bis 6 %[54] der Szenen auf, wobei Frauen und Männer hier gleichermaßen Zielpersonen sind.[55] Das ist natürlich auch nicht zu ignorieren, aber doch deutlich weniger präsent, als es in der öffentlichen Debatte erscheint. Und erst recht als es in der Pornodebatte der 1980er Jahre propagiert wurde.

Der zweite Teil der radikalfeministischen These ist nicht minder kompliziert: Pornos führen zu Gewalt, lassen also pornoguckende Männer gewalttätig werden. Stimmt das? Obwohl dieser mögliche Zusammenhang, nicht zuletzt *wegen* der Radikalfeministinnen, einer der meistbeforschten Aspekte der Pornowirkung ist, ist die Ergebnislage bis heute uneindeutig und widersprüchlich. Einige Studien sagen, dass Pornonutzung einen aggressionsbegünstigenden Effekt auf Männer hat.[56] Andere stufen die Datenlage dafür als zu ungenügend ein.[57] Wieder andere plädieren dafür, dass sie das Risiko sexueller Aggression gar *reduziert*.[58] Bei allen Unstimmigkeiten geht allerdings niemand davon aus, dass Pornos Gewalt *induzieren* – also die Ursache für aggressives Verhalten sind. Wenn, dann kann Pornokonsum bereits vorhandene aggressive Verhaltenstendenzen *verstärken*.[59] Und auch das gilt nur für die «Intensivnutzung» von «Gewaltpornografie», also eine kleine Minderheit der Pornonutzer*innen.[60] Ich will das gar nicht als irrelevant abtun, aber es relativiert doch eindeutig die drastische radikalfeministische Behauptung, dass Pornogucken, überspitzt gesagt, die unmittelbare Eintrittskarte ins Sexualstrafbuch sei.

Die feministischen Pornokriege

Auch wenn die Radikalfeministinnen den Widerstand gegen Pornos als «zentrales Anliegen des Feminismus»[61] und ihren Kampf als ein einheitliches feministisches Bestreben darstellten, war dem nicht so. Vielmehr entzündeten sich an dieser Frage die «feministischen Pornokriege». Feministinnen kämpften in den 1980er Jahren nicht nur gegen Pornos, sondern auch gegeneinander. Der Kriegsbegriff kommt nicht von ungefähr, denn die Fronten waren verhärtet[62], und die Beteiligten standen einander offen feindselig gegenüber: auf der einen Seite die Anti-Porno- und auf der anderen die Anti-Zensur-Feministinnen. Dabei waren sich eigentlich beide Positionen einig, dass Pornos den männlichen Blick abbildeten, der Frauen objektifiziert und cis-hetero-männliche Lust in den Mittelpunkt stellt. Auch dass Gewalt gegen Frauen ein massives Problem sei, zweifelte niemand an – nur, dass Pornos zu zensieren die Lösung dafür wäre. Anti-Zensur-Feministinnen empfanden die Zensur als repressives Mittel, als Einschnitt in die Redefreiheit und als Rückschritt im Kampf für sexuelle Freiheiten. So hätte ein Verbot von Pornos auch für Frauen bedeutet, Rechte abgeben zu müssen.[63] Ein unreflektiertes Eintreten für die Zensur lässt außer Acht, dass staatliche Regulierung in aller Regel besonders Frauen und marginalisierten Gruppen schadet. Die Forderung nach staatlichem Protektionismus bedeutete, ebenjene Instanz um Hilfe zu bitten, von der Frauenfeindlichkeit in erheblichem Maße ausging.[64] Zudem waren die Anti-Zensur-Feministinnen nicht der Meinung, dass Pornos *grundsätzlich* problematisch seien, sondern eher, wie sie sich zu diesem Zeitpunkt gestalteten. Im Gegensatz zu den Radikalfeministinnen sahen sie das Potenzial für die Aneignung von Pornografie: das Umgestalten des Mediums durch weibliche und queere Perspektiven. Das lag nicht zuletzt daran, dass für sie (heterosexueller) Sex nicht, wie in der Logik der Radikalfeministinnen, *immer* Herrschaftsgeste des Mannes war.[65] In Abgrenzung zu den Positionen der Radikalfeministinnen bildete sich daher auch der Begriff des «sexpositiven Feminismus» heraus. Diese Abspaltung stellt eine der Markierungslinien zur dritten Welle des Feminismus dar, der queere und intersektionale Perspektiven zunehmend in den Blick nimmt. Die Pornofrage war auch deshalb so formgebend für den Feminismus, weil die radikalfeministische Strömung Pornos zum zentralen Unterdrückungsinstrument von Frauen erklärte. «Wir wissen alle, dass wir frei sein werden, wenn es keine Pornographie mehr gibt», behaupteten sie.[66] Das empfand das gegnerische Lager als eine «gefährliche Ablenkung» von anderen, womöglich wichtigeren Fronten der Frauenbewegung und eine «Verschwendung von Energie».[67]

Neben diesen grundsätzlichen Unterschieden zwischen den beiden Lagern gab es diverse konkrete feministische Kritikpunkte am Anti-Porno-Feminismus. Einer lag in den biologistischen Erklärungsmodellen begründet, in den Annahmen, dass Männer und Frauen eben grundsätzlich «von Natur aus» so oder so seien und deshalb Geschlechterungerechtigkeit herrsche.[68] Aussagen wie «die Anatomie macht das menschliche Männchen zum Jäger und das menschliche Weibchen zur Gejagten»[69] passten nicht in eine Zeit, in der etwa Judith Butler und das wachsende Feld der Queer-Theorie Geschlecht als Kategorie in Frage stellten. Radikalfeministinnen hingegen verharrten im binären Geschlechtermodell. Ihre biologistische Tendenz hält sich bis heute und zeigt sich derzeit vor allem in Form von transfeindlichen Positionen. Radikalfeministinnen kämpfen gegen die Unterdrückung von Frauen, aber nur von cis Frauen. Cis-Seximus wird von ihnen als Unterdrückungsform nicht nur ausgeblendet, sondern aktiv betrieben. Inzwischen hat sich der Begriff TERFs für *Trans Exclusionary Radical Feminists* als kritische Fremdbezeichnung bzw. *gender critical* als euphemistische Selbstbezeichnung von Radikalfeministinnen etabliert. In ihrer Ablehnung von Geschlechteridentitäten treffen sie sich heute abermals mit (rechts)konservativen Gruppen – ein Bündnis, das sich schon in den 1980er Jahren formierte und einen weiteren Pfeiler feministischer Kritik am Anti-Porno-Feminismus darstellt. Dass dieser in der Pornodebatte so bereitwillig mit anderen politischen Lagern an einem Strang zog, war schon damals all jenen ein Dorn im Auge, die Feminismus als linke Bewegung verstanden. Ein Schulterschluss mit jenen Gruppen, die in vielerlei Hinsicht patriarchale Strukturen repräsentieren und aufrechterhalten, war für sie undenkbar. Die Allianz zwischen Radikalfeministinnen und Rechtskonservativen wird heute vor allem in geteilten sexarbeitskritischen, transfeindlichen sowie antimuslimisch-rassistischen Positionen sichtbar. Für mich stellt sich die Frage, ob nach all der Zeit noch immer von «merkwürdigen Bettgenossen»[70] die Rede sein kann, oder wir tatsächlich eher von einer «feministischen Rechten»[71] sprechen sollten. Alice Schwarzer, und die *EMMA* als ihr Sprachrohr, verkörpert inzwischen einen *weißen*, islamkritischen Feminismus. In ihrer Sprache, wenn sie beispielsweise vor einer islamischen «Unterwanderung» warnt, aber auch in ihren Positionen finden sich Überschneidungen mit rechtskonservativen bis rechtsextremen Gruppen.[72] Das zeigt sich auch in Debatten um das muslimische Kopftuch[73], welches Schwarzer mal mit dem Judenstern[74] vergleicht, mal als «Flagge des Islamismus»[75] betitelt. Wie *der Freitag* zutreffend kommentiert, «freut sich die AfD über solch eine Schlagrichtung».[76] Radikalfeministinnen sprechen in ihrem Einsatz für ein Hijabverbot, ähnlich wie in ihrem Bestreben für ein Sexkaufverbot, Frauen ihr Recht auf Selbstbestimmung ab. Dabei argumentieren sie in patriarchaler *White Savior*-Manier, dass diese Frauen vor ihrer eigenen Unterdrückung gerettet werden müssten. Genau wie die Frauen in den 1980er Jahren vor Pornos.

Unmündige Frauen

Damals wie heute treffen sich Radikalfeministinnen und konservative bis rechte sowie christliche Gruppen ironischerweise ausgerechnet in der systematischen Entmündigung von Frauen. Mögen sich die Beweggründe auch unterscheiden, so stricken sie doch gemeinsam ein Opfernarrativ, in dem Frauen handlungsunfähig sind. Es ist dieses Frauenbild, das den Anti-Zensur-Feminist*innen besonders übel aufstieß.[77] Die Entmündigung durch die Radikalfeministinnen bezog sich zum einen auf Frauen, die in Pornos mitwirkten. Es war Catharine MacKinnon, die die «beschädigte Ware»-Hypothese in die Welt setzte, laut der Pornos vor allem «mit armen, verzweifelten, obdachlosen, prostituierten Frauen» produziert würden, «die als Kinder sexuell mißbraucht wurden».[78] Mehr als anekdotische Evidenz konnte sie dafür nie anbringen. Eine Studie, die sich der Überprüfung dieser «These» widmete, konnte keinerlei Hinweise für deren Richtigkeit finden.[79] Das Opfernarrativ über Pornodarstellerinnen zeigt sich am Beispiel von Linda Lovelace. Die Hauptdarstellerin des Pornokassenschlagers *Deep Throat* war nicht nur der erste Pornostar der Welt, sondern auch zu einer Ikone der sexuellen Revolution geworden.[80] Linda Boreman, so ihr bürgerlicher Name, sprach an US-Colleges über sexuelle Freiheit und zelebrierte diese in zwei Autobiografien. In ihrem dritten Buch aber, *Ich packe aus* (1980), verarbeitete sie ihre toxische Ehe mit Chuck Traynor, von dem sie gewaltsam zu Sex vor und hinter der Kamera gezwungen worden war. «Der Bösewicht ihres Buches war ihr Ehemann, nicht die Pornografie.»[81] Nichtsdestotrotz wussten Anti-Porno-Feministinnen ihre traumatischen Erfahrungen medienwirksam zu instrumentalisieren, um die Produktion von Pornos pauschal als Gewalt zu framen. Pornografie sei immer «gezwungener Sex», so MacKinnon.[82] Dass es auch andere Realitäten von Pornodarsteller*innen gab und dass es sich bei der Gewalt gegen Boreman um häusliche Gewalt handelte, ging in der öffentlichen Diskussion verloren. Stattdessen wurde Boreman von den Radikalfeministinnen zum Vorzeigeopfer der Pornoindustrie stilisiert.[83] Ihre Aussagen, auch wenn von vielen damals nicht als glaubwürdig empfunden, kamen ihnen gelegen, um die eigene Agenda zu bekräftigen.[84] Linda Boreman sagte Jahre später rückblickend, dass auch die Feministinnen sie «benutzt» hätten: «Sie brauchten mich, aber wenn ich mal etwas brauchte, waren sie nicht wirklich da.» Auch finanziell hätten Dworkin und MacKinnon von ihr profitiert: «Sie haben gutes Geld auf meinem Rücken verdient, wie alle anderen auch.»[85] Ihr ganzes Leben, so scheint es, hatte Linda Boreman nie die Macht über ihre eigene Geschichte. Die radikalfeministische Bevormundung von ihr konkret, sowie von Pornodarstellerinnen im Allgemeinen, reichte so weit, dass sie einer Verkindlichung gleichkam. Eine zentrale Strategie der feministischen Anti-Porno-Bewegung war es gar, die Erfahrungen von Frauen an Pornosets mit gefilmtem Kindesmissbrauch gleichzusetzen.[86] Frauen im Porno werden in dieser Argumentation zu schutzbedürftigen Wesen, die keine eigenverantwortlichen Entscheidungen treffen und nicht für sich selbst sprechen können.[87]

Nicht nur Frauen in Pornofilmen sprachen Radikalfeministinnen ihre Urteils- und Handlungsfähigkeit ab, sondern auch ihren feministischen Gegnerinnen. Jede Frau, die ihnen widersprach, wurde entlang einer Art Beleidigungschoreografie als «Werkzeug von Zuhältern», als «Sprachrohr von Pornographen» oder als «Onkel Tom des Patriarchats» bezeichnet, die manipuliert sei und daher quasi nicht zurechnungsfähig.[88] Leider kann ich von solchen Anfeindungen auch heute noch ein Lied singen: «Patriarchatshure», «U-Boot der Vergewaltigungsindustrie» oder «Täterlobby» – das sind nur ein paar Highlights aus der Flut der Beleidigungen, die mir aus den Reihen selbstbekennender Radikalfeministinnen in den letzten Jahren entgegenschlugen. Auch das Recht auf freie sexuelle Entfaltung sprachen (und sprechen) Radikalfeministinnen Frauen ab. In ihren Augen dürfen sie weder Pornos machen noch konsumieren. «Wenn Pornografie zu eurer Sexualität gehört, dann habt ihr kein Recht auf eure «Sexualität», teilten sie mit.[89] Na schönen Dank auch!

In solchen Aussagen ging es um mehr als die Regulierung eines Mediums: Radikalfeministinnen versuchten, die Sexualität von Frauen zu maßregeln[90], was den innerfeministischen Widerstand befeuerte.[91] Bei der Pornodebatte ging es nicht nur um Pornos, sondern im Kern auch um Sex. Um den Sex, den Frauen im Allgemeinen und Feministinnen im Speziellen haben oder nicht haben dürfen.

Darf eine Feministin auf Spanking stehen?

Das zeigt sich insbesondere beim Umgang mit BDSM▾, einem Thema, das in der feministischen Pornodebatte äußerst präsent war und es noch ist. Bei einem Protest gegen die sexpositive *Barnard Conference* (1982), die oft als der offizielle Startschuss der feministischen Pornokriege gesehen wird[92], trugen *WAP*-Vertreterinnen T-Shirts, auf denen vorne stand: «für feministische Sexualität» und hinten: «gegen SM».[93] Zeitgleich erschien mit *Against Sadomasochism* ein ganzer Essayband dazu, dass das sadomasochistische Rollenspiel aus radikalfeministischer Perspektive nichts als die Reproduktion der Machtunterschiede zwischen den Geschlechtern sei. Schon in der Einleitung wird dem Konzept von Konsens als notwendiger Basis von BDSM-Begegnungen jede Berechtigung abgesprochen. In dem Buch findet sich ein Interview mit Audre Lorde, in dem sie BDSM als «ein deprimierendes Wiederholen» bestehender Unterdrückungsdynamiken beschreibt.[94] Auch Alice Schwarzer vertrat die Position, dass «die Propagierung des weiblichen Masochismus» eine «Kollaboration mit dem Feind» sei, und

▾ Das mehrschichtige Akronym steht für: B & D Bondage und Disziplinierung, D & S Dominanz und Submission, S & M Sadismus und Masochismus.

attestiert damit allen (sado)masochistischen Frauen eine Mitschuld an der Aufrechterhaltung des Patriarchats.[95] Diese Schlussfolgerung ist auch deshalb irritierend, da BDSM in den 1980er Jahren vor allem als Teil *lesbischer* Sexualität diskutiert wurde. So gründeten beispielsweise Pat(rick) Califa und Gayle Rubin die lesbisch-feministische Gruppe *Samois* (benannt nach dem Roman *Geschichte der O*), die sich explizit für die Rechte *lesbischer* Sadomasochist*innen einsetzte. Frauen nahmen also in den BDSM-Dynamiken, um die es in der Kontroverse ging, sowohl die submissive als auch die dominante Rolle ein. Mal ganz abgesehen davon, dass es natürlich auch etliche masochistische *Männer* gab und gibt. Und dennoch sahen Radikalfeministinnen im BDSM das Abbild geschlechtsbedingter Machtungleichheit. Für lesbische Frauen, die BDSM praktizierten, war dies vielmehr sexuelle Selbsterkundung und somit in sich ein feministischer Akt.[96] Das erste BDSM-Handbuch *Coming to Power* (1981) beschreibt es als eine «erotische Praxis, die auf einvernehmlichem Machtaustausch basiert» und betont, dass im Gegensatz zu echten strukturellen Machtasymmetrien Masochist*innen nicht systematisch von Sadist*innen unterdrückt würden.[97] Um es mit den Worten ihres Verbündeten Michel Foucault zu sagen: «Wir wissen ganz genau, daß es nicht aggressiv ist, was solche Leute tun; sie erfinden neue Möglichkeiten von Lust.»[98] In *Coming to Power* wird deutlich, dass BDSM-Fantasien und -Praktiken ein Tabuthema in der lesbisch-feministischen Community waren und die enthaltenen Texte für viele Beitragende einem zweiten Coming-out gleichkamen.[99] Sich befürwortend über BDSM zu äußern hieß, einen hohen sozialen Preis zu zahlen und mit Strafpredigten anderer Feministinnen rechnen zu müssen: «Wir werden beschuldigt, vom Patriarchat kontaminiert zu sein», heißt es hier analog zu den Erfahrungen der Zensurgegner*innen. Die beitragenden Frauen wurden als «anti-feministisch, geisteskrank oder schlimmer» bezeichnet und von ihrer eigenen Bewegung ausgeschlossen.[100] Einige feministische Buchläden führten keine Bücher, die in positiver Weise über BDSM berichteten, und dem lesbischen Erotika-Magazin *On Our Backs* drohte permanent eine Klage.[101] Genau wie Porno war BDSM für Radikalfeministinnen entweder schon in sich Gewalt gegen Frauen oder beförderte diese. Eine solche (Un-)Logik begegnet mir noch immer im feministischen Diskurs: «Dass es für nicht wenige Frauen einen großen und befreienden Schritt bedeutet, ihre sadomasochistischen Phantasien in die Tat umzusetzen, ist im *Emma*-Universum nach wie vor nicht vorgesehen.»[102]

Radikalfeministinnen waren nicht nur BDSM-Praktiken ein Dorn im Auge, sondern auch alle anderen vermeintlich männlich besetzten sexuellen Ausdrucksformen. Dazu zählten sie jegliche *butch / femme*-Dynamiken, das lesbische Spiel mit Geschlechterrollen, und jede Form von Penetration, auch mit Sex Toys. Selbst der in ihren Augen immer nur männlicher Leistungslogik entspringende Orgasmus – auch der weibliche – war ein No-Go.[103] Feminist*innen fühlten sich von diesem immer enger werdenden radikalfeministischen Konzept von akzeptabler Sexualität zu Recht in ihrer sexuellen Freiheit beschnitten. Die «grundsätzliche Angst unter Feministinnen, welche sexuellen Bedürfnisse und Praktiken mit feministischer Politik vereinbar sind», rückte so immer mehr in den Fokus.[104] Pornos wurden dabei zur «Metonymie für ‹problematischen› Sex an sich: für sadomasochistischen Sex, für Prostitution, für Vergewaltigungsfantasien, für Sex ohne Liebe, für Sex mit Männern».[105]

Der männliche Blick

So gespalten die beiden feministischen Lager in der Pornofrage waren, herrschte dennoch Konsens darüber, dass Pornos, so wie sie in den 1970er Jahren unterm Ladentisch hervor- und in die Pornokinos hineinkamen, mangelhaft waren. Auch Anti-Zensur-Feminist*innen fanden: Im Porno fehlten Bilder und Praktiken, die nicht um cis-männliche Lust kreisten. Diese werde zum Beispiel durch die überproportionale Häufigkeit von Blowjobs und *Cumshots*, die sichtbare Penisejakulation als Höhepunkt jeder Sexszene, in den Fokus gerückt. Fernab der Pornodebatte entstand damals auch die feministische Filmtheorie, die Medientexte aller Art unter die Lupe nahm und kritisch prüfte, welche Geschlechterstereotype darin auftauchen oder wie Geschlechterungerechtigkeiten darin fortgeschrieben werden. 1975 entwickelte Laura Mulvey das Konzept des *Male Gaze*. Sie beschreibt, dass Frauen im Film stets aus hetero-männlicher Perspektive dargestellt werden, und meint dabei dreierlei: den Blick der Kamera, den Blick des Protagonisten und den Blick des Publikums. Den Akt des Zusehens versteht sie männlich-aktiv, den Akt des Angeschautwerdens als weiblich-passiv.[106] Ihr Konzept kann man aus heutiger Sicht hinterfragen, vor allem weil es binär und heteronormativ gedacht ist. Aber damals war es ein wichtiger neuer Ansatz, um bewegte Bilder machtkritisch zu analysieren. Im Porno drückt sich der «männliche Blick» zum Beispiel dadurch aus, dass hetero Sex aus der Perspektive des Mannes gezeigt wird. Im heute beliebten POV-Porno, kurz für *Point of View,* wird diese Technik auf die Spitze getrieben: Dem Darsteller wird eine Kamera um den Kopf geschnallt, sodass wir die Geschehnisse wie durch seine Augen sehen. Allein dass in den seltenen Fällen, in denen die

Kamera den Blickwinkel der Frau einnimmt, die Rede von *Female POV* ist, verdeutlicht, dass die männliche Perspektive der Standard ist.

Im Porno der 1970er und 80er Jahre war diese Fokussierung auf die männliche Perspektive wenig überraschend. Da Pornos bis in die späten 1960er Jahre illegal waren, wurden sie über weite Teile des 20. Jahrhunderts nur heimlich und anonym produziert und konnten auch nur unter bestimmten Bedingungen rezipiert werden. Diese frühen *Stag Filme*, *stag* für Junggeselle, waren nur an Orten zu sehen, zu denen ausschließlich Männer Zugang hatten, wie Burschenschaften oder *Gentlemen's Clubs*.[107] In Europa wurden sie häufig in Bordellen gezeigt, um die Stimmung anzuheizen.[108] Schwule Pornografie entwickelte sich zwar etwa zeitgleich, aber räumlich, inhaltlich und personell nahezu völlig separat – nicht zuletzt aufgrund des sozialen Stigmas, gesetzlicher Barrieren und später der Aids-Krise.[109] Schwule Produktionen und Positionen waren in der gesamten feministischen Pornodebatte auffällig abwesend. Die von ihr ins Visier genommenen hetero Pornos wurden bis in die 1970er Jahre hinein primär von cis hetero Männern für cis hetero Männer gemacht. Die Filme orientierten sich demnach an angenommenen Männerfantasien und entwickelten entsprechende inhaltlich-ästhetische Konventionen.

An dieser Stelle ein kurzer Einschub zum Thema «Männerindustrie»: 1986 entwickelte die Comic-Zeichnerin Alison Bechdel im Zuge aufblühender genderkritischer Filmtheorie den *Bechdel-Test*, eine Art Sexismus-Test. Dieser gilt als bestanden, so folgende Fragen alle mit Ja beantwortet werden können: Gibt es in dem Film zwei Frauen? Die miteinander sprechen? Und sich über etwas anderes unterhalten als einen Mann? Was nach einer tief hängenden Messlatte klingt, führt zu einem augenöffnenden Ergebnis: Von den 1200 beliebtesten Kinofilmen aus den Jahren 1980 bis 2019 bestehen nur knapp die Hälfte diesen Test.[110] Und selbst die können noch gnadenlos sexistisch sein – alle durchgefallenen Filme sind es nur schon dadurch, dass Frauen nicht mal als Subjekte darin auftauchen. Hinter der Kamera sieht es noch düsterer aus: 2019 erreichte der Anteil von Frauen hinter den Kulissen der 200 erfolgreichsten US-Filme ein historisches Hoch von 20 %. Bei ganzen 12 % der Filme führten Frauen Regie.[111] In Deutschland wird nur jeder 5. Kinofilm von einer Frau inszeniert.[112] Die Gender-Pay-Gap liegt im deutschen Film bei 35 %.[113] Und bei alledem haben wir noch nicht einmal spezifisch nach Frauen of Color, queeren Frauen oder trans Frauen gefragt. Für die Pornoindustrie liegen leider keine Vergleichszahlen vor, aber allein 2019 gingen bei den *AVN-Awards*, den «Porno-Oscars», die Hälfte aller Nominierungen für Beste Regie an Frauen und damit mehr als in der *gesamten* Geschichte der Oscars! Dort war in fast hundert Jahren erst acht Mal eine Regisseurin nominiert, und nur drei von ihnen gewannen – zum ersten Mal 2009, mit einem Kriegsthriller, der den *Bechdel-Test* nicht besteht. Der «Porno-Oscar» für den besten Film hingegen ging 2019 an die Produktion einer queeren Frau, die darin autobiografisch ihr Coming-of-Age verarbeitet.[114] Mit der Gender-Pay-Gap verhält es sich in der Pornoindustrie übrigens spiegelverkehrt: Frauen verdienen mehr als Männer.[115] Ich behaupte nicht, dass all das repräsentativ für die Pornoindustrie sei und diese ein queeres Utopia wäre, wo hinter den Kameras Gleichberechtigung und faire Bezahlung herrschen. Dem ist mit Sicherheit nicht so. Aber mit der unsäglichen Doppelmoral, mit der wir besorgt bis feindselig auf die ach so männerdominierte Pornowelt schauen, verschließen wir die Augen davor, dass in den Bildern wie in den Strukturen der Filmindustrie Sexismus ein grundsätzliches Problem ist – ob Porno oder nicht.

In der kritischen Bewertung der männerzentrierten Pornobilder waren sich in den 1970er Jahren alle Feminist*innen weitgehend einig, nur die Lösungsansätze unterschieden sich je nach Strömung. Während die Radikalfeministinnen Pornos verbieten und der Zensur unterwerfen wollten, zielten sexpositive Feminist*innen darauf ab, sie zu verändern: «Die Antwort auf schlechte Pornos lautet nicht keine Pornos, sondern: versuchen, bessere Pornos zu machen!»[116] – so Annie Sprinkle, eine frühe Ikone dessen, was wir «feministischer Porno» nennen können. Während es für die Anti-Porno-Feministinnen ausgeschlossen war, dass Frauen in Pornos Subjektstatus erlangen, war genau das erklärtes Ziel der neuen Pornografinnen: Sie wollten sich in den Porno einschreiben, eigene Bilder, einen «weiblichen Blick» auf Sex kreieren. Nur, was genau das bedeuten sollte, war ein neuer Aushandlungsprozess und führte zu neuen Kontroversen.

Den Spieß umdrehen

Feministischer Porno kann als Bewegung verstanden werden, die aus den feministischen Pornokriegen hervorging. Er war aktivistisch motiviert und verstand sich als Gegenbewegung zur Anti-Porno-Bewegung sowie zur patriarchalen Mainstreampornografie. Eine der frühesten Erwähnungen findet der Begriff in einem sonst eher radikalfeministisch gefärbten US-amerikanischen Text von 1976: «Auch wenn es weit hergeholt erscheint, es ist möglich, unsere eigene ‹feministische Pornographie› zu entwickeln».[117] Die Autorinnen argumentierten, sie seien «gegen Gewalt, nicht gegen Sex», denn expliziter Sex sei «nicht an sich erniedrigend», sondern nur dann, wenn er entsprechend gestaltet werde. In den Anfängen fand eine Auseinandersetzung mit feministischem

Porno vor allem politisch-theoretisch statt, war also primär getragen von einer intellektuellen Bewegung, was bis heute spürbar ist. Die praktische Umsetzung begann wenige Jahre später. Möglich wurde das auch durch den technologischen Fortschritt der 1980er Jahre, den Sprung von Zelluloid zum Videoband. Pornos zu produzieren wurde einfacher und kostengünstiger. Die Verbreitung des Videorekorders erleichterte Frauen den Zugang zu Pornos, da sie nicht länger das Stigma fürchten mussten, das mit einem Pornokinobesuch einherging. So wurden sie als Markt interessanter und zunehmend, wenn auch zögerlich, bei der Pornoproduktion mitgedacht.[118]

1981 trat Annie Sprinkle, angefixt von dem Film *Deep Throat*[119], nach einigen Jahren als Darstellerin zum ersten Mal hinter die Kamera und brachte ihren ersten eigenen Porno heraus. *Deep Inside Annie Sprinkle* war in vielerlei Hinsicht bahnbrechend und bezeichnend für den frühen feministischen Porno. Schon in der Eröffnungsszene reißt Sprinkle die sogenannte vierte Wand ein und spricht die Zuschauer*innen direkt durch die Kamera an: «Hi, ich will, dass wir sehr intim miteinander werden.» Ein typisch postmodernes Erzählelement, das hier zur feministischen Technik wird, indem Sprinkle sich mit der unmittelbaren verbalen und visuellen Adressierung selbst zum Subjekt macht. Sie spricht mit dem männlich angenommenen Zuschauer und bricht so mit dem gängigen Porno-Paradigma von aktiv = männlich vs. passiv = weiblich.[120] Das gilt auch für diverse andere Szenen im Film. Zum Beispiel ein scheinbar konventionelles Dreier-Szenario, das aber durch die homoerotisch aufgeladene Darstellung der nackten glänzenden Männermuskelkörper gebrochen wird, die Sprinkle objektifizierend positiv kommentiert. Abermals ans Publikum gewandt, erläutert sie, was *sie* jetzt gerne «mit diesen zwei starken Männern machen» würde.

An anderer Stelle stimuliert Sprinkle einen Männeranus und fragt schmunzelnd in die Kamera: «Habt ihr euch mal gefragt, warum ich den Nagel an meinem Mittelfinger immer kurz halte?» Das Gesicht des Mannes zeigt sie uns nicht. Er ist für sie (und somit für uns) in diesem Moment nur ein begehrenswerter Hintern. Der Film funktioniert wie eine Parodie auf phallozentrische Mainstreampornografie. In Sprinkles Umgang mit dem *Money Shot,* der sichtbaren Penisejakulation, die üblicherweise den wortwörtlichen Höhepunkt sowie das Ende von Pornoszenen markiert, treibt sie das Spiel mit Verweisen auf die Spitze. Sprinkle eignet sich dieses Pornostandardelement, das Feminist*innen als männliche Überlegenheitsgeste verurteilten, geschickt an: Sie ejakuliert selbst!▾ Ihr eigener *Cumshot* ist spektakulär, dauert länger und ist volumenreicher als jene Penisejakulationen, auf die sie Bezug nimmt, ganz so, als wollte sie den Zuschauer in toxisch männlicher Überbietungsmanier einschüchtern.

Sprinkles Herangehensweise stellt eine mögliche und bis heute viel genutzte Strategie der feministischen Umdeutung von Mainstream-Heteropornos dar[121], die als Aneignung oder subversive Umkehrung bezeichnet werden kann. Gängige, von Feminist*innen kritisierte Stilmittel, wie die zentrale Rolle des *Cumshots* oder die Objektifizierung von Frauenkörpern, werden visuell zitiert, aber durch vertauschte Geschlechterrollen gebrochen. Das passiert nicht nur bei Sprinkle oft mit einem Augenzwinkern. In diesen Bildern steckt neben Humor aber vor allem Empowerment. Ich erinnere mich noch gut daran, wie ich zum ersten Mal eine Szene mit der Berliner Performerin Sadie Lune sah, in der sie sich über

▾ Unter dem Motto «Wir spritzen zurück!» bietet die deutsche sexpositive Aktivistin Laura Méritt seit Jahren Ejakulationsworkshops für Menschen mit Vulva an: *weiblichequelle.de.*

den weit geöffneten Mündern zweier vor ihr knienden Personen ihre – ich kann es hier nicht anders ausdrücken – Titten wichst, bis sie ihre Gesichter mit Muttermilch vollspritzt.[122] Es steckt so viel Kraft in diesen *Lactation Shots*, dieser ultimativ matriarchalen Ummünzung, die so viele Themen berührt, mit Macht und Geschlecht spielt, mit Frauenbildern wie Heilige, Mutter, Hure, aber vor allem mit patriarchal gewachsenen Sehgewohnheiten bricht. Dieser letzte Punkt ist im Selbstverständnis des feministischen Pornos als Genre fest verankert. Das spiegelt auch der Kriterienkatalog des europäischen feministischen Pornopreises, der in Anlehnung an die *PorNO*-Bewegung *PorYes Award* getauft wurde.[123] Laut diesem darf in einem feministischen Porno «keine Leistungsschau», «keine Geschlechtsstereotype verstärkenden Synchronisationen des Gestöhnes», «keine schematische Darstellung der sexuellen Höhen-Verlaufskurve, d.h. kein geradliniges Hinarbeiten auf die Ejakulation des Mannes» und «keine Betonung männlicher Cumshots» zu sehen sein.[124] Es ist zwar nachvollziehbar, inwiefern diese als patriarchal gewachsenen Konventionen und Elemente des männlichen Blicks verstanden und daher ausgeschlossen werden, aber diese No-go-Liste birgt auch ein Problem: Wenn sich ein Genre allein über seine Abgrenzung zu einem anderen definiert, wie originär ist es dann?[125] Anders gesagt: Sollte es nicht eher darum gehen, wie Lust feministisch dargestellt werden kann, statt sich krampfhaft an der Umkehrung des Mainstreamporno-Skripts abzuarbeiten? Dürfen Feminist*innen nicht laut stöhnen oder nicht gern lautes Stöhnen hören, nur weil das eine Pornokonvention ist? Und wieso wird so kompromisslos ausgeschlossen, dass der Anblick ejakulierender Penisse auch anderen Personen Lust bereiten kann als Penisinhabern? Die Hauptsache-anders-als-bisher-Logik ist ein Kernthema des Genres «feministischer Porno», aber auch ein

Kernproblem. Wenn das Ziel dieser Bewegung «die Befreiung des weiblichen Imaginären» ist, wie Drucilla Cornell es einst formulierte, dann können neue Dogmen wohl kaum Teil der Lösung sein. Laut ihr sollte der Feminismus «beständig nach Wegen suchen, in denen Frauen ihre eigenen Phantasien von den Zwängen, die ihnen durch starre Weiblichkeitsvorstellungen auferlegt werden, befreien können».[126] Lediglich veränderte Zwänge sind kein Schritt in Richtung Freiheit. Welchen Sex darf feministischer Porno zeigen? Jeden! Paulita Pappel behauptet, unter ihrem Pornolabel *HardWerk* feministische Gangbangpornos zu produzieren. Geht das? Ich sage: Absolut!

Bildungsporno

Da sich feministische Kritik insbesondere an dem *Cumshot* als Ausdruck cis-männlicher Lust aufhing, kam dem vermeintlich cis-weiblichen Gegenstück eine zentrale Rolle in feministischen Pornos zu.[127] Vulvaejakulationen wurden darin zum Standardrepertoire.[128] *How to Female Ejaculate* (1992) von Deborah Sundahl gilt heute als feministischer Klassiker und erklärt die emanzipatorische Praktik in expliziten Bildern. Dieser sexuelle Bildungsauftrag ist typisch für den feministischen Porno, der sich damals wie heute auch als Ort der Wissensproduktion versteht. Von Filmen dieser Art wird manchmal als *Edu(cational) Porn,* also Bildungsporno gesprochen. In den 1990er Jahren machte sich Nina Hartley mit ihren expliziten Aufklärungsvideos, wie *Guide to Masturbation* oder *Guide to Double Penetration,* einen Namen – eine weitere Performerin, die in den Regisseurinnenstuhl wechselte. 1998 erschien das erste Analsex-Selbsthilfebuch für Frauen, das von der Autorin, Tristan Taormino, auch verfilmt wurde.

Susie Bright, eine weitere personifizierte Schnittstelle zwischen Porno und Bildung, arbeitete damals bei *Good Vibrations* in San Francisco, dem ersten feministischen Sex Shop der Welt. Die Entstehung dieser auf Frauen als Zielgruppe spezialisierten Geschäfte war ebenfalls eine Folge der Entwicklung des sexpositiven Feminismus und hat viel gemeinsam mit dem Ansatz feministischer Pornos: Wie kann etwas, was lange Zeit von Männern für Männer gemacht wurde, feministisch umgedacht werden? Feministische Sexshops wurden zudem zu Treffpunkten für sexpositive Menschen, zu Orten sexueller Wissensvermittlung und Spielstätten, wo feministische Pornos gekauft, diskutiert oder gemeinsam geschaut werden konnten.▾ Umgekehrt tauchten die Toys, Gleitgele oder Safer-Sex-Utensilien, die in den Shops angeboten wurden, häufig in feministischen Pornos auf, wie eine Art *How-to*-Anleitung. 1998 erscheint *Bend Over Boyfriend*, in dem verschiedene Paare die Praxis des *Peggings* demonstrieren, bei der eine cis Frau einen cis Mann mit einem Strap-On, einem Umschnalldildo, anal penetriert. Der Film wird ein Erfolg. Noch weniger als heute gab es Ende der 1980er Jahre Informationen über Sex, geschweige denn über tabubesetzte Praktiken, sodass feministische Pornos eine wichtige Rolle in der sexuellen Bildung einnahmen. Die Filme demonstrieren oft *Safer-Sex*-Methoden wie Kondome, Handschuhe oder Lecktücher. Es ist kein Zufall, dass in der *Fem-Porn*-Szene zahlreiche Menschen aktiv sind, die auch in anderer Form sexuelle Bildung leisten oder sexualtherapeutisch arbeiten. Das Wissen über den eigenen Körper und die eigene Lust wurde als wichtiges feministisches Instrument verstanden

▾ Das sind sie auch heute noch! *Inside her* in Frankfurt am Main, *Other Nature* oder *Sexclusivitäten* in Berlin, *FuckYeah* in Hamburg oder die *Voegelei* in Leipzig sind Happy Places für mich. Danke dafür!

und Pornos als ein möglicher Weg erkannt, dieses zu vermitteln.

Natürlich ist es grundsätzlich zu befürworten, wenn auf kreative Weise Wissensvermittlung stattfindet, allerdings ist durch diesen Ansatz im frühen feministischen Porno der Eindruck entstanden, dass *nur* Pornos mit Aufklärungscharakter feministisch seien. Ein Porno darf aber Fiktion und Fantasie sein, auch von und für Feminist*innen. Es ist ein Unterhaltungs-, kein Bildungsmedium. Das heißt nicht, dass es nicht auch bilden darf, aber es ist eben kein Muss. Pornos haben keinen Bildungsauftrag. Dass sie notgedrungen die Aufgabe der sexuellen Bildung übernehmen, ist nichts als ein Symptom von Staatsversagen. Wie gleichberechtigter Sex geht, sollte niemand aus Pornos lernen müssen.

Echte Orgasmen

Ähnlich verhält es sich mit der Betonung von Authentizität im feministischen Porno. Laut den Kriterien der *Feminist Porn Awards,* die 2006 vom feministischen Sexshop *Good for Her* in Kanada ins Leben gerufen wurden und maßgeblich zur Genre-Formierung beigetragen haben, qualifiziert sich ein Film nur dann, wenn er «authentische weibliche sexuelle Lust» zeigt.[129] Diverse feministische Pornoseiten werben mit «echten Orgasmen». Das Bedürfnis dahinter ist eine Art Garantie dafür, dass die Frauen im Porno Spaß haben, statt, wie von pornokritischen Feminist*innen oft behauptet, dazu gezwungen zu werden. Allerdings wird damit dem Porno sein Status als Inszenierung abgesprochen und die problematische Sichtweise propagiert, dass sie ein Abbild menschlicher Sexualität seien. Das zeigt sich auch in Forderungen, dass feministische Pornos «realistisch» sein und alles zeigen müssten, was zu Sex dazugehört, also auch Kommunikation, Missgeschicke, Pinkelpausen, Pupsen, Lachen etc. Das können sie natürlich, aber es von ihnen zu verlangen, ist so, als würden wir von *GZSZ* verlangen, uns gefälligst auch jedes Mal zu zeigen, wie die Charaktere schlafen, kacken oder die Spülmaschine ausräumen. Ebenso wenig wie Daily Soaps, sind auch Pornos keine Dokumentarfilme. Sie sind «eine fiktionale Darstellung in Form von Übertreibungen», die «nicht für sich in Anspruch nimmt, Wirklichkeit abzubilden», sondern «unterhalten und stimulieren will».[130] Ihr Fiktionalitätsgrad mag stark schwanken, aber sobald eine Kamera auf Menschen gerichtet ist, handelt es sich um eine Performance und somit maximal um «Pseudo-Authentizität»[131]. Sich dessen bewusst zu sein, ist Dreh- und Angelpunkt von gelebter Medienkompetenz. Diesen Unterschied hingegen einzureißen, indem man nach «echter Lust» verlangt, ist problematisch. Es bedeutet auch, Frauen im Porno nicht als Performerinnen, Schauspielerinnen oder Künstlerinnen anzuerkennen und damit Sexarbeit nicht als eine Dienstleistung. Bildschirmrolle und Person werden vermischt. Darin liegt eine Ungleichbehandlung von Pornos mit anderen Filmgenres, in denen wir ja auch nie erwarten würden, dass bitte nur eine frisch verliebte Schauspielerin eine verliebte Figur darstellen darf. Außerdem entsteht eine fragwürdige Beweislast für Frauen, ihre Lust überzeugend zu demonstrieren. Laut stöhnen wie im Mainstreamporno sollen sie ja auch wieder nicht. Wenn Vulvaejakulationen aber die Funktion eines Lustbeweises übernehmen müssen▾, verlieren sie ihre empowernde Qualität. Genauso sind wir überhaupt erst bei

▾ Was im Übrigen nicht stimmt: Eine Ejakulation muss nicht an einen Orgasmus gekoppelt sein!

der *Cumshot*-Konvention angekommen, die unter dem Druck entstand, mit Penisejakulationen beweisen zu müssen, dass hier «echter Sex» mit «echter Lust» passiert.[132] Auch diesen Spieß sollten wir nicht einfach umdrehen. Hat nicht eine Pornodarstellerin auch das Recht darauf, ihre Szenenpartner*innen unattraktiv oder unsympathisch zu finden, einen schlechten Tag zu haben, im Kopf statt im Körper zu sein oder aus sonstigen Gründen ihren Orgasmus zu faken? In dem Anspruch auf «echte Lust» steckt auch das Stigma gegenüber Frauen, die schlicht für Geld Sex vor der Kamera haben wollen und nicht für ihre ganz persönliche Selbsterfüllung. Ihnen mit der merkwürdigen Erwartungshaltung, dass Sexarbeit permanent empowernd sein müsste, das Recht für diese Entscheidung abzusprechen, ist nicht feministisch. Ebenso wenig wie das Propagieren «echter Körper» in feministischen Pornos, wodurch alle anderen Frauenkörper, in und außerhalb von Pornos, als fake deklariert und abgewertet werden. «Silikontittenblondinen raus» heißt es im Titel eines Aufsatzes über lesbischen Porno, womit genau jene Hierarchisierung von Körpern reproduziert wird, deren Auflösung Ziel feministischer Pornos sein sollte.

«Frauenpornos»

Eine weitere Galionsfigur des frühen feministischen Pornos ist Candida Royalle, die wie Annie Sprinkle in den 1980er Jahren nach gut zwei Dutzend Filmen als Performerin den Schritt hinter die Kamera wagte. Mit *Femme Productions* gründete sie die erste feministische Pornoproduktionsfirma, deren erklärte Zielgruppe vor allem heterosexuelle Frauen und Paare waren: «Ich wusste, dass Frauen neugierig auf erotische Filme wurden, aber es gab einfach nichts für sie», blickte Royalle zurück.[133] Ihre Filme hoben sich von damaligen Mainstreamproduktionen vor allem durch die Darstellung weiblicher Lust ab, durch komplexere Storys, Ganzkörper-Kameraeinstellungen statt Genitalien-Zooms und die vollständige Abwesenheit von *Cumshots*. Anders als die Aneignungsstrategie von Annie Sprinkle verzichtete das Label bewusst auf dieses gängige Motiv im hetero Pornoskript. Die Filme fanden Anklang, gewannen erste Preise, aber es war eine Herausforderung, sie innerhalb der bestehenden Strukturen einer männlich geprägten Industrie zu vertreiben, die noch nicht an Frauen als Pornomarkt glaubte. Darum gründete Royalle ihren eigenen Vertrieb: *Femme Distributions* ging 1987 mit *Three Daughters* an den Markt. Der für 75 000 US-Dollar aufwendig produzierte Familiensaga-Melodrama-Porno in Spielfilmlänge spielte sein hohes Produktionsbudget locker wieder ein. «Frauen wollen Kontext», erklärte Royalle gebetsmühlenartig: «Wir wollen wissen, wer diese Menschen sind und warum sie Sex haben.»[134] Ihr Konzept ging auf, und 1988 erhielt sie ihren ersten *AVN Award*. So wurden auch die großen Mainstreamplayer auf die neue unerschlossene Zielgruppe aufmerksam, und marktführende US-Studios wie *Vivid* oder *Wicked* begannen in den 1990er Jahren eigene Pornos zu produzieren, die Royalles Vision aufgriffen, um den *couple market*, den «Pärchenmarkt», zu bedienen. Diese Entwicklung signalisierte einen Wandel in der Industrie, die begann, ein weibliches Publikum mitzudenken. Leider verfestigte sich darüber auch die bis heute weit verbreitete Annahme, dass Frauen in Pornos vor allem Romantik und ausgefeilte Storylines sehen wollen, was weniger eine Tatsache als ein Geschlechterstereotyp ist. Und dennoch gelten Männerfantasien standhaft als «pornotopia» gegenüber den Frauenfantasien als «romantopia».[135] Denn «was Männer mit den Bildern der Penetration machen, das machen Frauen mit den Texten in den Schnulzenheftchen».[136] Selbst im Porno haben Frauen kein Recht auf Sex ohne Liebe. Darin schreibt sich ein klar gegendertes, binäres Sexualitätsverständnis fort, das Geschlechterunterschiede generalisiert und biologisiert. Das Ergebnis ist «ein statisches und reduziertes Bild ‹weiblicher› Bedürfnisse, des ‹weiblichen› Körpers und der ‹weiblichen› Lust ... das ‹das Weibliche› wiederum festlegt und beschränkt».[137] Die Idee von «Frauenpornos» ist, genauso wie das Label «Frauenroman» oder «*chick flick*», in sich sexistisch. Frauen wollen nicht grundlegend andere Dinge im Porno sehen als Männer. Sie fantasieren genauso von Gruppensex und Machtspielen, schauen genauso gerne Gangbang- und Lesbenpornos wie Männer. Wie in so vielen Dingen, sind auch bei Pornovorlieben individuelle Unterschiede größer als geschlechterspezifische.[138] Zudem findet hier eine Vermischung von Frauen und Feminismus statt. Dass sich feministischer Porno nur an Frauen richtet, ist ein Trugschluss. Die Bewegung will die Inhalte revolutionieren und gleichberechtigter gestalten – für alle.

Pornoelite

Parallel zum frühen Schaffen von Royalle & Co bildete sich in der lesbisch feministischen Community in den USA ein weiterer Zweig von Pornografinnen aus. 1985 gründeten Deborah Sundahl, die Herausgeberin des lesbischen Sex-Magazins *On Our Backs*, und Nan Kinney mit *Fatale Video* die erste lesbische Pornoproduktionsfirma. Auch wenn diese Pornoszene langsamer wuchs als die kommerzielle Pärchenpornoszene, hatte sich bis zum Ende der 1990er Jahre eine lesbische Porno-Mikroindustrie etabliert. Ihre Produktionen haben entscheidenden Einfluss auf die feministische Pornobewegung als

Ganzes genommen und formten die Fußstapfen, in die rund zehn Jahre später eine neue Generation von Filmemacher*innen trat. In den 2000ern tat sich in San Francisco eine Clique zusammen, die das Label *queer porn* etablierte: «Wir waren eine gender-fluide, sexuell offene, radikal politische und diverse Truppe», erinnert sich Courtney Trouble, die Gründerin der ersten explizit queeren Pornoseite *Nofauxxx.com*.[139] Zu diesem Dunstkreis gehörten auch Künstler*innen, Galerist*innen, Regisseur*innen, Aktivist*innen sowie *Gender-Studies*-Professor*innen und -Autor*innen, eine künstlerisch-intellektuelle sexpositive Mischung. Darunter auch Shine Louise Houston, die 2005 nach ihrem Bachelorstudium in Fine Art Film die queere Pornoproduktionsfirma *Pink and White Productions* gründete. Ein Foto von ihr ziert heute das Cover eines Medien-Geschichtsbandes, in dem sie in der Tradition des *black queer cinemas* verortet wird.[140] Houstons Filme zeichnen sich durch filmisches Know-how, diverse Körper und vielfältiges Begehren aus. Ihr Regiedebüt *The Crash Pad* (2005) war auch der erste Film mit Jiz Lee, heutige genderqueere Ikone der alternativen Pornoszene. Jiz Lee personifiziert die enge Verflechtung von feministischem Porno mit Film- und Performance-Kunst sowie queer-politischem Aktivismus, tritt öffentlich als selbstbestimmte und sprachgewandte Person auf, spricht regelmäßig an renommierten Universitäten, beteiligt sich an akademischen Publikationen wie dem *Feminist Porn Book*[141] und findet auch in nicht-pornografischen Medien statt – am prominentesten als Dominatrix Pony in der Serie *Transparent*. Die Sichtbarkeit von Lee und Lees Mitstreiter*innen in sozial anerkannten Kontexten trägt essenziell zur Sichtbarkeit und Entstigmatisierung von feministischem Porno bei. Sie führt aber auch zu einer weiteren Intellektualisierung der Bewegung und der Erwartungshaltung, dass alle ihre Akteur*innen gebildet, reflektiert und eloquent sein müssten. Das hat zu der Herausbildung einer Zwei-Klassen-Pornogesellschaft beigetragen, denn die Stimmen von Darsteller*innen oder Produzent*innen aus dem Mainstreambereich finden in diesen Räumen kein Gehör.

Hauptsache, schön!

Auch in Europa konnten sich im neuen Jahrtausend viele neue Pornografinnen durchsetzen. 2008 sorgte die schwedische Porno-Kompilation *Dirty Diaries* für Aufsehen, weil sie mit öffentlichen Geldern vom Schwedischen Filminstitut finanziert wurde. Die 13 Geschichten von 13 verschiedenen Regisseurinnen zeigen eine große Vielfalt an Inhalten, Erzählstrategien und Stilmitteln. Eine von ihnen war die in Deutschland lebende Marit Östberg. Hierzulande kam die sexpositive Bewegung, im Gegensatz zur zügig nach Deutschland schwappenden Anti-Porno-Bewegung, nur langsam an. Obwohl Teresa Orlowski bereits 1982 in Hannover ihren eigenen Verlag für Pornomagazine gründete und 1988 eigene Pornostudios aufbaute, wurde sie nie in den Kontext feministischer Arbeit gestellt. Auch Beate Uhse, die schon 1962 in Flensburg den weltweit ersten Sexshop – oder «Fachgeschäft für Ehehygiene», wie sie es strategisch nannte – eröffnete, wird nicht in dieser Tradition gesehen. 1974 stieg ihr Unternehmen selbst in die Pornoproduktion ein, drehte bald 12 Filme pro Jahr und verdiente damit 8 Millionen Mark, fokussierte aber lediglich eine männliche Zielgruppe – sicherlich auch, weil Beate Uhses Sohn zu dieser Zeit schon die Zügel übernommen hatte.[142] Am Weltfrauentag 2005 erschien der Film *Sexual Sushi* von der in England lebenden deutschen Regisseurin Petra Joy, und die BILD Zeitung titelte: «ENDLICH – DER ERSTE SEXFILM VON FRAU FÜR FRAU».[143]

Im gleichen Jahr erscheint in Dänemark *All about Anna* und macht in der deutschen Presse von sich reden: «auch Frauen gucken gerne Menschen beim Sex zu. Was sie nicht mögen, sind endlose Nahaufnahmen von rammelnden Körperteilen ohne Geschichte dahinter. Lars von Trier kapierte das als Erster und produzierte qualitativ hochwertige Frauenpornos».[144] Klassischer Kommentar, wenn ein bekannter cis Mann etwas macht, was Frauen seit Jahren tun. Darin steckt aber auch ein Phänomen, das den aktuellen Diskurs um feministische Pornografie bestimmt: der Fokus auf filmische Qualität.

In der Medienberichterstattung zu dem aufstrebenden Genre fallen häufig Begriffe wie «stilvoll», «künstlerisch», «cineastisch» oder «anspruchsvoll». Hierzu hat auch der Erfolg von Erika Lust beigetragen. Die Schwedin wurde Anfang der 2000er mit ihrem Pornodebüt *The Good Girl* schlagartig bekannt, der innerhalb weniger Tage millionenfach heruntergeladen wurde. Sie gründete gemeinsam mit ihrem Ehemann *Lust Films* in Barcelona und rief später mit *XConfessions* das erste Crowdsourcing-Pornoprojekt ins Leben, bei dem verschiedene Regisseur*innen von Frauen eingesandte Fantasien filmisch umsetzen. 2019 wählte *BBC* Erika Lust zu einer der einflussreichsten Frauen des Jahres. Mit *Lust Cinema* expandierte sie kürzlich in die USA und dreht dort nun mit den ganz großen Namen der Branche. Ihre eigenen Pressetexte preisen sie als «die Pionierin des modernen ästhetischen Erotik-Kinos», wobei jedes dieser Worte zur Abgrenzung vom «schmuddeligen» Porno-Image dient. Teil ihres Marketingkonzeptes ist die Aufwertung ihres eigenen Ansatzes über die Abwertung anderer Pornografien. Das wird in ihrem Buch *Good Porn* besonders deutlich, wenn sie in einer Tabelle «Frauenpornos» und «Männerpornos» gegenüberstellt. In Letzteren finde man «blonde Huren und Nymphomaninnen», die «Netzstrümpfe und Nuttenröcke» trügen, wohingegen Lust selbst «moderne, berufstätige, emanzipierte, ganz normale Frauen» zeige, die «ein hübsches Kleid von Armani oder Mango» tragen, ein «iPhone, Mac oder eine Vespa» besitzen und in einem «geschmackvoll eingerichteten Zimmer» leben.[145] Abgesehen von der irritierend misogynen Sprache und der damit einhergehenden Abwertung von Frauen in Mainstreampornos findet hier eine skurrile Kopplung von Feminismus an bestimmte Kleidung, Markennamen und Stilbewusstsein statt. So wird eine «lächerliche weibliche Sexualität verkauft. Eine Sexualität, bestimmt von Weichzeichnern und Designerklamotten.»[146] Dadurch zeichnet sich vielleicht bourgeoise, aber doch nicht feministische Pornografie aus. «Wenn man sich in ein Hipsterviertel irgendeiner Metropole begibt und dort in einem beliebigen minimalistisch eingerichteten Organic Coffee Shop überteuerte Hafermilch-Kaffeekreationen trinkende Menschen Mitte 20 nach ihren Lieblingspornomacher*innen fragt, ist die Wahrscheinlichkeit groß, dass sie Erika Lust sagen» – so ein Porno-Nachrichten-Opener, der mit einem Augenzwinkern treffend die Idee gentrifizierter Pornografie einfängt.[147] Erika Lust hat Pornos in gutbürgerlichen Mittelschicht-Kontexten salonfähig gemacht. Dafür kann man ihr dankbar sein. Durch ihre (Öffentlichkeits-)Arbeit ist aber auch ein regelrechter Porno-Snobismus entstanden, der naserümpfend in «gute», weil hochwertig produzierte, und «böse», weil filmisch minderwertige, Pornos unterteilt.

Dabei geholfen, pornografische Inhalte in den Kontext von Filmkunst zu rücken, hat sicherlich auch die in den 2000ern entstehende Pornofestival- und Pornofilmpreiskultur. 2006 fand erstmals das *Pornfilmfestival Berlin*, das weltweit erste seiner Art, statt. Zumindest für eine Woche lässt es das Pornokino zurückkehren, wenn sich das Kreuzberger *Moviemento* in eine Pilgerstätte des kollektiven Pornogenusses verwandelt. «Wo ist der Unterschied zwischen Porno und Kunst?», heißt es damals auf der Website, die das Erweitern des Kunstbegriffs um das Pornografische zum Ziel erklärt. Mittlerweile laufen jährlich rund 100 internationale Filme im Festivalprogramm, schon 2009 war die Hälfte des Programms von Frauen gemacht[148] – das will ich erst mal bei der Berlinale sehen! Das Konzept Pornfilmfestival wird zum Exportschlager und findet mittlerweile in vielen Städten von Wien über London bis San Francisco statt.▾ Berlin hat sich derweil zu einem beliebten Treffpunkt sowie Drehort für die transatlantische feministische Porno-Community entwickelt. Auch hier identifiziert man sich als «*art core*» oder «*post Porn*», und in Filmbeschreibungen wird immer wieder der Kunstbegriff bemüht. So auch in den Medienberichten, wo von «erotischer Kunst» oder «*Artporn*» die Rede ist und sich die Frage wiederholt: «Ist das noch Porno oder schon Kunst?» Es ist völlig legitim für ein Filmfestival – Porno- oder nicht –, filmische Qualität zu bewerten und zu zelebrieren. Sie sollte nur nicht mit einer moralischen Bewertung verwechselt werden, wie es im öffentlichen Bewusstsein derzeit passiert. Pornos können und dürfen Kunst sein, sie müssen es aber nicht. Erst recht nicht, um als feministisch zu gelten. So lautet bei den *Feminist Porn Awards* ein Hauptkriterium: «Qualität».[149] Bei der europäischen Variante findet sich in den Voraussetzungen ebenfalls die «Vielfalt der Kamera-Einstellungen, Licht- und Schattenspiel», und ausgezeichnete Filme werden als «qualitativ gehoben» beschrieben.[150] Natürlich darf ein Filmpreis auf solche Aspekte Wert legen, aber in diesem Kontext erweckt es den Eindruck, als ließe sich Feminismus an der Kinematografie messen. Kreative Elemente, Split Screens

▾ Ein Überblick findet sich hier: *pornfilmfestivalberlin.de/pornfilmfestivals-auf-der-welt.*

oder Vogelperspektiven sind dafür aber nicht entscheidend. Ein Porno wird nicht feministischer, weil er in Schwarz-Weiß gedreht ist! Das halte ich für eine gefährliche Vermischung von Ethik und Ästhetik. Ein Beispiel dafür, dass man sich an einem klassischen Marker für soziales Prestige bedient. Über die Filmkunst – wie schon über den politischen Protest, den Bildungscharakter oder den Humor – wird Pornografie aufgewertet. Porno an sich, als Masturbationshilfe, bleibt weiterhin wertlos, wenn er nicht bestimmten Ansprüchen gerecht wird.

Am Ende der Kriterienliste für Filme, die sich für eine *Feminist-Porn*-Trophäe qualifizieren, heißt es: «Und natürlich muss er hot sein!»[151] So subjektiv und halb spaßhaft diese letzte Ergänzung ist, so wichtig finde ich sie. Denn in all den Diskussionen darum, wie Porno zu sein hat, um feministisch zu sein, geht manchmal verloren, dass es bei all dem Kampf um Gleichberechtigung doch eigentlich um Erregung geht.

Behind the Scenes

Die Diskussion um feministischen Porno kreist bis heute viel zu sehr um die Inhalte, also die Bilder selbst, statt um die zentralere Frage, wie diese Bilder gemacht wurden.▾ Das einzige Kriterium, das in meinen Augen *auf dem Bildschirm* zentral für einen feministischen Ansatz ist, ist Diversität – also die Vielfalt der Performenden. Ein intersektionaler Blick auf Unterdrückungsmechanismen fehlte lange in der dominant *weißen* und cis-geschlechtlichen feministischen Pornobewegung. So besteht auch ein Großteil der von ihr produzierten Darstellungen trotzdem aus hetero Sex zwischen *weißen*,

▾ Dies ist ein Buch übers Porno-GUCKEN – für eines zum Thema Porno-MACHEN siehe: Paulita Pappel: *Pornopositiv* (2023).

normschönen Menschen unter 40 und ohne sichtbare Behinderungen. Die präsentere Körperbehaarung und gelegentlich aufblitzenden Dehnungsstreifen können das nicht verdecken. Hier ist noch viel Luft nach oben. Das wichtigste Kriterium für feministische Pornos ist aber weniger auf dem Bildschirm als hinter der Kamera zu finden: dass sie fair produziert werden, dass Wert auf Consent, Hygiene und Sicherheit am Set gelegt wird, es ein gründliches *STI*-Testprotokoll gibt, dass Praktiken *vor* dem Dreh abgesprochen und vertraglich festgehalten werden, dass es *beim* Dreh Snacks, genügend Wasser, Gleitgel, Check-ins, Pausen gibt und *nach* dem Dreh Aftercare. Und dass alle fair und transparent bezahlt werden.▾ FemPorn-Produktionen sind oft deutlich schlechter bezahlt als große Studioproduktionen, weil es sich um kleinere, unabhängige, oft politische Herzensprojekte handelt. Immer wieder höre ich auch, dass feministische Produktionen ihre Performenden bewusst *gar nicht* bezahlen, um vollständige Freiwilligkeit zu garantieren. Was es mit Feminismus zu tun haben soll, Menschen nicht für ihre Arbeit zu bezahlen, ist mir persönlich schleierhaft. Das Mitwirken bei diesen Projekten wird so jedenfalls zum Privileg. Feministischen Porno zu machen, muss man sich leisten können. Auch, ihn zu konsumieren! Denn ein zentraler Aspekt feministischer Pornos ist, dass wir für sie bezahlen müssen. Es sollte allen einleuchten, dass ein gutes Produkt, das nicht auf Ausbeutung beruht, auch etwas kostet. Die Standards, die wir auf andere Konsumgüter wie Lebensmittel oder Kleidung anwenden, sollten wir uns auch für Pornos angewöhnen: Kritisch hinterfragen, wo das Produkt herkommt, das ich kaufe, und mich fragen, ob ich die Firma, die dahinter steht, mit meinem

▾ An vereinheitlichten Standards für Pornodrehs arbeitet derzeit der FSC Europe, siehe: *freespeechcoalition.eu*.

Geld unterstützen möchte. Die Konsummacht, über die wir als Pornonutzer*innen verfügen, wird in der öffentlichen Unterhaltung permanent ausgeklammert. Dabei ist sie ein entscheidender Schlüssel dafür, die Pornoindustrie besser zu machen und auch unser Verhältnis zu Pornos zu verändern. Um diesem Fokus auf die Produktions- und Arbeitsbedingungen feministischer Pornos Rechnung zu tragen, wird vermehrt auch der Begriff des «ethischen Pornos» oder «*Fair Porn*» verwendet. Das finde ich grundsätzlich begrüßenswert, muss aber insofern vorsichtig verwendet werden, als dass es schnell suggeriert, dass es bei Mainstreamproduktionen keine ethischen Sets gäbe. Das stimmt nicht. Genauso wenig ist es zutreffend, dass im Mainstreambereich keine feministischen Elemente oder Akteur*innen zu finden wären. Die in den letzten Jahren zu beobachtende Hierarchisierung von Pornoproduktionen anhand fragwürdiger Kriterien und die pauschale Verteufelung von Mainstreampornos ist kontraproduktiv.

Frauen als Pornosubjekt?

Einer der Hauptanklagepunkte gegenüber Pornos ist die Objektifizierung von Frauen. Sie wird mit großer Selbstverständlichkeit als gegeben angenommen, aber fast nie an konkreten Aspekten festgemacht. Manchmal ist die Rede von Fragmentierung, also die nicht ganzheitliche Darstellung von Frauenkörpern, die «mittels der bildlichen Zerstückelung» auf «ihre Geschlechtsorgane reduziert und somit ihrer Subjektivität beraubt» werden.[152] Das mag zwar stimmen, trifft aber in noch viel stärkerem Ausmaß auf Männerkörper zu. Denn «der pornografisierte Mann erschöpft sich exklusiv als Schwanz».[153] Im Gegensatz zu den Frauen wird nicht einmal ihr Gesicht gezeigt, nicht ihre Füße oder ihr Po, nur ihr erigierter Penis. Frauen und Männer werden von der pornografischen Bildsprache gleichermaßen entsubjektiviert.[154] Wie Roger Willemsen es formuliert, «nennt man die Pornographie also besser nicht frauenfeindlich, sondern schlicht misanthropisch».[155] So schwarz würde ich es nicht sehen, aber der springende Punkt ist der geschlechterübergreifende Objektstatus. Wie kommt es, dass wir ihn im Porno beim Mann so viel willentlicher übersehen? Dazu ein kurzes Gedankenspiel: Wenn wir ein Bild von einem nackten Mann sehen, der von sechs nackten Frauen umgeben im Bett liegt, was ist unser erster Gedanke? Hat der es gut, der wird von den ganzen Frauen verwöhnt! Tauschen wir die Geschlechter: Wir sehen eine nackte Frau umgeben von sechs nackten Männern. Was denken viele als Erstes? Oh Gott, die Arme wird von den ganzen Männern benutzt! Die Idee, dass Sex etwas ist, was Männer wollen und Frauen ihnen geben, ist derart verankert in unseren Köpfen, dass wir in einer Frau, die Sex hat, automatisch eine passive statt eine selbstbestimmte Frau sehen – ein Objekt, statt ein Subjekt. Nach 200 Jahren systematischer Unterdrückung und Unsichtbarmachung weiblicher Lust ist das auch kein Wunder. Selbst im Umgang mit Sexarbeiter*innen wird das deutlich. Pornodarstellerinnen werden ständig gefragt, was ihnen denn zugestoßen sei, dass sie Pornos drehen *müssten*, wer sie traumatisiert habe oder sie dazu zwinge. So schwer fällt es uns, ihnen Freiwilligkeit zuzugestehen. Pornodarsteller hingegen? Bekommen einen High five, weil sie den vermeintlichen Traumjob eines jeden Mannes haben, die ja sowieso immer Sex wollen. Wir stecken in unserer Bewertung so dermaßen in Genderstereotypen fest, dass wir bis heute nicht zwischen Sex und Sexismus unterscheiden können. Die Redeanteile von Frauen im Mainstreamporno sind höher als die von Männern, und sie initiieren fast doppelt so häufig den Sex.[156] Keine stummen passiven Objekte also. Trotzdem würden viele auch diese Szenen als objektifizierend einordnen, nur weil beispielsweise Analsex oder Blowjobs gezeigt werden. Aber das sind keine in sich objektifizierenden Praktiken. Nicht alles, was einem Penis Lust bereitet, ist automatisch anti-feministisch. *Keine* sexuelle Praxis ist in sich anti-feministisch. Und ja, die Menschen, mit denen wir Sex haben, sind in dem Moment «Objekt» unserer Begierde, aber das ist nicht *per se* abwertend – und weder pornospezifisch noch genderspezifisch. Damit mich niemand falsch versteht: *Natürlich* sehen wir Sexismus im Porno. Pornos sind schließlich Produkt einer sexistischen Gesellschaft. Aber manchmal sind es auch weniger die Bilder selbst, die sexistisch sind, sondern vielmehr die Brille, durch die wir sie ansehen. Häufig sind wir es selbst, die Frauen nicht aus ihrem Objektstatus entkommen lassen. Wir müssen lernen, in sexuell agierenden Frauen Subjekte zu sehen. Frauen im Porno, Frauen hinter der Pornokamera sowie Frauen vor dem Pornobildschirm können Subjekte sein und sind es auch.

Für mich persönlich waren (verschiedene Arten von!) Pornos ein elementarer Teil meiner feministischen Erweckung. Nicht im Widerstand gegen sie, sondern im Lernen von ihnen, im Darüber-Nachdenken, im Mich-ihnen-Öffnen. Die unersättlich sexhungrigen, immergeilen Frauen in Pornos, die von so vielen feministischen Stimmen als manifestierte Männerfantasien problematisiert werden, sind in meinen Augen gerade ein notwendiger Bruch mit der anständigen Frau, die nur für romantische Zwecke Sex haben will und darf. Sie haben mich befreit. Ich habe von Frauen in Pornos gelernt, mir meine Lust zu erlauben – etwas, was mir die Gesellschaft nie beigebracht hat. Ein Feminismus, der mich dieser Erfahrung berauben will, der mir beim Erkunden und Ausleben meiner eigenen Sexualität im Weg steht, ist nicht mein Feminismus. Mein Feminismus bevormundet mich nicht und will mich nicht beschützen. Er ermutigt und ermächtigt mich dazu, selbstbestimmt zu entscheiden. *My body, my choice!* Warum sollte das für Abtreibung gelten, aber nicht auch für Sexarbeit, Masturbationsgewohnheiten und sexuelle Vorlieben? Ich brauche keinen Feminismus, der mir vorschreibt, wie ich Sex (mit mir) haben darf. Das tut das Patriarchat seit Hunderten von Jahren. Um es mit Gayle Rubins weisen Worten zu sagen: «Ich bin nicht Teil dieser Bewegung geworden, um mir sagen zu lassen, wie ich ein gutes Mädchen bin.»[157] Amen!

IV
ABER DIE KINDER!!!
PORNO ALS MEDIENPANIK

Sie sehen Pornos mit 12, haben Sex mit 13, sind schwanger mit 14» – so prangte es 2009 auf dem Cover des *Magazins* der *Süddeutschen Zeitung*, das die «Generation Porno» ausrief. Selbige ist damals auch titelgebend für eine *ZDF*-Doku, in der «Kinder hartem Sex begegnen». Zeitgleich erscheint ein Buch mit dem Titel *Deutschlands sexuelle Tragödie: Wenn Kinder nicht mehr lernen, was Liebe ist*. Darauf abgebildet ist ein traurig dreinschauendes Mädchen im Teenageralter in einem weißen T-Shirt, auf dem steht: «*I'm here for the Gangbang*». Die *BILD* warb vor Veröffentlichung exklusiv: «SEX-ALARM: Immer jünger! Immer öfter! Immer extremer!». Es wird ein Bestseller. Schon 2007 hatte der *stern* mit Schlagworten wie «sexuelle Verwahrlosung» um sich geworfen und von Gruppensex unter 14-Jährigen berichtet. Auch der *Spiegel* widmete der «gefährdeten Generation» zwei Titelgeschichten, zuletzt 2014. Da erscheint auch der Band *Digitales Verderben: Wie Pornografie uns und unsere Kinder verändert*. Mit dem Durchbruch des digitalen Zeitalters ging eine förmliche Welle um Jugendliche kreisender Pornopanik durch deutsche Leitmedien.

Als analoges Medium – also als physische Gegenstände in Form von DVDs oder VHS-Kassetten – und erst recht davor – als öffentliches Angebot in durch Einlasskontrollen abgeschirmten Pornokinos – waren Pornos noch weitgehend regulierbar gewesen. Als digitale Ware entzogen sie sich nun jeder Kontrolle. Je mehr Haushalte mit Internet ausgestattet waren und je schneller die Breitbandverbindungen wurden, desto leichter gestaltete sich der Zugang. Als Pornoplattformen gegen Ende der 2000er das *YouTube*-Geschäftsmodell übernahmen und nun kostenlos pornografische Inhalte zur Verfügung stellten, war nicht einmal mehr die Kreditkarte eine Barriere. Seither sind Pornos jederzeit und für jeden Menschen mit Internetzugang nur einen Klick entfernt – einen einfachen Klick auf den «Ich bin 18»-Button. Heute kann «jedes Kind vom Kikaninchen zu *Pornhub* wechseln», wie es der leidenschaftliche Medienregulierer Tobias Schmid, Chef der Landesanstalt für Medien NRW, in der ihm eigenen Polemik formuliert.[1] Dass permanent von «Kindern» die Rede ist, obwohl es sich in aller Regel um Jugendliche handelt, ist nur einer der vielen skandalisierenden Framing-Kniffe in der öffentlichen Unterhaltung über jugendliche Pornonutzung. Dabei verbreiten alarmistische Stimmen nicht-repräsentative Schocker-Beispiele und anekdotische Evidenzen, interpretieren Forschungsergebnisse frei nach eigenen Wertvorstellungen, verkaufen Annahmen als Wahrheiten und verpacken all das in generalisierende, moralisierende und emotionalisierende Sprache. Das Ergebnis: Die vermeintlich sexuell verwahrloste «Generation Porno» ist zu einer zentralen Angst des 21. Jahrhunderts geworden.

Hilfe, böse Medien!

Die Grundidee, dass Medien Jugendlichen gefährlich werden könnten, ist dabei jedoch alles andere als neu. Schon im ausklingenden 18. Jahrhundert trieb deutsche Intellektuelle eine große Angst um: «Die unmäßige Begierde zu lesen».[2] Ausgerechnet in der Aufklärungsbewegung, die doch gerade um die Vernunft kreiste, wurde das Lesen verteufelt? Ja, nur drehte sich die «Lesewut»-Debatte nicht um jede Form des Lesens, sondern einzig um das Lesen zum Vergnügen, insbesondere die massenhafte Lektüre von Romanen, die sich damals rasant verbreiteten. Der Buchmarkt florierte, und wo zuvor überwiegend religiöse Schriften und moralische Erbauungsliteratur Verbreitung fanden, trat mit der Belletristik ein junges Genre seinen Siegeszug an: Dramen, Reiseberichte, Liebes- und Gespenstergeschichten begeisterten die Massen.[3] In den Augen der damaligen Volksaufklärer war diese Unterhaltungsliteratur «ein thörichter, schädlicher Mißbrauch einer sonst guten Sache», der «den Geist verwildert, statt veredelt» und dabei «so ansteckend wie das gelbe Fieber in Philadelphia» sei.[4] Als Risikogruppe für eine Infektion mit der Lesesucht galten – wer hätte es geahnt? – mal wieder Frauen, Kinder und Arbeiter*innen. Mit fortschreitender Alphabetisierung, den gesunkenen Preisen von Büchern durch die Technisierung ihrer Herstellungsprozesse und dadurch, dass immer mehr in gängigen Volkssprachen veröffentlicht wurde, erhielten diese Bevölkerungsgruppen zunehmend Zugang zu Büchern – zur großen Sorge der Obrigkeit. Diese befürchtete, dass die neue Massenliteratur zur Revolution anstacheln könnte, und bangte um die bestehende soziale Ordnung. Im Kern der Debatte ging es um die Kontrolle von Wissen, aber auch von Fantasie. Das Entfliehen in andere, fiktionale Welten erschien den Skeptikern gefährlich. Vor allem für Jugendliche: «Wer rettet das schirmlose Herz vor der vergifteten Phantasie?», fragt damals ein Ratgeber, denn: «Was der Mütter treue Liebe, was des Vaters fromme Sorge, was des Lehrers warmer Eifer Jahre lang baute, reißt oft der Fluch eines einzigen verbrecherischen Buches in einer Stunde nieder».[5] Diesen Schutz sollte bald der Staat durch entsprechende Zensurmaßnahmen von «jugendgefährdenden Schriften» gewährleisten. Es gab regelrechte Anti-Lesesucht-Kampagnen. In Deutschland entstanden die ersten öffentlichen Bibliotheken, um die unbedenklichen, bildenden Bücher von den bedrohlichen zu trennen. Was damals festgeschrieben wurde, kann als Ursprung des heutigen Kinder- und Jugendmedienschutzes verstanden werden.▾

Dass das moderne Konzept der Pornografie fast zeitgleich zur ‹Lesesucht› entstand, ist kein Zufall. Dass heute bisweilen die gleichen Argumente gegen Pornos ins Feld geführt werden, wie vor 200 Jahren gegen das Lesen, ebenso wenig. Denn im Kern war und ist die Porno-Debatte eine Medienpanik. Dieser Begriff beschreibt eine emotional aufgeladene, moralisch polarisierte Kritik an einem Medium, die sich vor allem aus Angst vor Veränderung speist.[6] Dabei geht es einerseits um den Widerstand, neue Medientechnologien selbst zu übernehmen, also eigene Verhaltensweisen zu verändern, und andererseits um die Sorge, dass progressive Inhalte zu einem, aus konservativer Sicht, ‹Werteverfall› führen könnten. Im Zentrum einer Medienpanik steht also stets die Angst vor gesellschaftlichem Wandel durch Medienwandel. Dementsprechend wird jedes neue (Massen-)Medium von irrationalen kulturellen Ängsten begleitet. Von der Fotografie glaubte man, sie stehle Menschen die Seele. Filme standen unter dem Stichwort «Kinosucht»[7] erst unter dem Verdacht, die Sinne zu stark zu stimulieren, und dann wieder, die Zuschauer*innen jeder Fantasie zu berauben. Als der Tonfilm aufkam, galt dieser als Schund, und der Stummfilm wurde zur Hochkultur erkoren; als sich wiederum das Fernsehen durchsetzte, galt dieses als problematische Trivialunterhal-

▾ 1926 trat im Deutschen Reich das «Gesetz zur Bewahrung der Jugend vor Schund- und Schmutzschriften» in Kraft, und 1953 wurde das «Gesetz über die Verbreitung jugendgefährdender Schriften» eingeführt, dem die Errichtung der Bundeszentrale für Kinder- und Jugendmedienschutz folgte.

tung, während das Kino zur Kunstform erklärt wurde, und so weiter. In den 1920er Jahren war es der Blues, in den 50ern der Jazz, in den 60ern der Rock 'n' Roll, in den 80ern der Heavy Metal, der als «Teufelsmusik» und jugendgefährdend galt. So absurd und amüsant viele jener Sorgen und Ängste uns heute auch erscheinen mögen, so sehr ähneln sie doch den Reflexen gegenwärtiger Medienpaniken. Wer *Instagram* benutzt, wird oberflächlich; wer Gewaltfilme ansieht, wird aggressiv; wer Ego-Shooter-Spiele spielt, läuft Amok; wer Gangster-Rap hört, wird drogenabhängig – das alles sind gewissermaßen Neuauflagen alter Ängste rund um Mediennutzung und -wirkung. Im Zentrum stehen heute wie damals vor allem Kinder und Jugendliche. Denn die junge Generation nutzt neue Medien meist zuerst und stößt damit bei der Elterngeneration auf Unverständnis und Besorgnis. Eine Medienpanik ist daher häufig auch Spiegel eines Generationenkonfliktes. Das wird im digitalen Zeitalter besonders deutlich, wenn Digital Natives begeistert und leichtfüßig dem schnelllebigen technologischen Wandel folgen, während ältere Generationen überfordert hinterherhinken. Diese reagieren dann oft mit Verboten, um Jugendliche vor angenommenen schädlichen Auswirkungen zu schützen.

Was machen Medien mit uns?

Aus den diversen Sorgen rund um den sich immer rasanter vollziehenden Medienwandel entstand im 20. Jahrhundert die Medienwirkungsforschung. Sie lässt sich als eine Suche nach empirischen Beweisen für die irrationalen Ängste rund um Mediennutzung beschreiben. In der frühen Phase dieser medienpsychologischen Disziplin ging man von einem simplen Ursache-Wirkungs-Modell aus, demzufolge allmächtige

Medien auf ohnmächtige Rezipient*innen trafen.[8] In den 1960er Jahren zog der Boom des Fernsehens einen Boom der Medienwirkungsforschung nach sich. Die US-Regierung richtete eine Kommission ein, um die schädliche Auswirkung von Gewaltdarstellungen im Unterhaltungsfernsehen prüfen zu lassen. Als 1969 der Supreme Court den bis dato verbotenen Konsum von Pornografie legalisierte, rief Präsident Johnson eine Pornografiekommission mit ähnlicher Zielsetzung ins Leben. Diese kam in ihrem rund 700-seitigen Abschlussbericht zu dem Ergebnis, dass von pornografischen Inhalten keine Gefahr ausging, diese für volljährige Personen demnach uneingeschränkt zugänglich gemacht und zugleich massiv in sexuelle Bildung investiert werden sollte.[9] Der amtierende Präsident Richard Nixon betitelte den Bericht trotz valider Forschungsgrundlage und vernünftigen Empfehlungen als «moralisch bankrott» und lehnte ihn kurzerhand ab. Er beharrte darauf, dass Pornografie «eine Gesellschaft korrumpieren» könne und die westliche Kultur «vergifte».[10] Hier schäumt die in der Moderne angelegte Idee hoch, dass Pornografie die bestehende soziale Ordnung gefährdet. Nixon benutzt sie, um sich als heroischen Beschützer selbiger emporzuheben: «Solange ich im Weißen Haus bin, werde ich nicht nachlassen, unsere Nation von Schmutz zu befreien.» Zudem ist es ein Paradebeispiel dafür, wie Politik einem differenzierten, gelassenen Umgang mit Pornos im Wege stehen kann. Ich habe mich schon oft gefragt, wo wir heute stünden, wenn damals den Empfehlungen der Kommission Folge geleistet worden wäre.

Auch die Pornowirkungsforschung entstand entlang von Medienpanik. Bis heute folgt ein Großteil der Studien einem Schädigungsparadigma[11]: Ihre Ausgangsfrage lautet nicht: «Sind Pornos schädlich?», sondern: «WIE schädlich sind Pornos?» Obwohl sich die Forschung seit mehr als zwei Jahrzehnten der Wirkung von Pornografie widmet[12], sind Positivwirkungen noch immer chronisch untererforscht.[13] Durch dieses Ungleichgewicht entsteht der Eindruck, Pornonutzung hätte ausschließlich schädliche Folgen. Doch selbst zu vermeintlichen Negativwirkungen ist der Forschungsstand dünn und widersprüchlich. Es herrscht nicht einmal wissenschaftlicher Konsens darüber, wie Pornografie überhaupt zu definieren ist.[14] Wir wissen über ihre Wirkung also viel weniger, als es scheint.

Denn von all diesen Ambivalenzen ist in der Medienberichterstattung, wo die breite Bevölkerung von den Ergebnissen der Pornoforschung erfährt, selten zu lesen. Reißerische Schlagzeilen suggerieren vielmehr Eindeutigkeit, wo keine ist. Allein der gern verwendete Satz «Studien zeigen, dass …» präsentiert Ergebnisse als Wahrheiten, die in aller Regel nur eine von vielen Stimmen einer kontroversen Fachdebatte abbilden. Zudem kommt es dabei permanent zu einer Vermischung von Korrelation und Kausalität.▾ In den allermeisten Studien zum Thema Pornowirkung werden nur Korrelationen festgestellt. Denn um eine Kausalität zu begründen, braucht es ein entsprechendes Experiment, und das

▾ Eine Korrelation besagt lediglich, dass zwischen zwei Variablen ein Zusammenhang besteht, also zum Beispiel beide über einen Zeitraum hinweg gleichermaßen wachsen oder sinken oder bei bestimmten Personen zusammen auftreten. Bei einer Kausalität hingegen besteht zwischen diesen beiden Variablen ein Ursache-Wirkungs-Zusammenhang, die eine Variable beeinflusst die andere. Auch kann eine dritte Variable für einen Zusammenhang verantwortlich sein. Ein Beispiel: Seit 2000 sind sowohl der Konsum von Pornos (Variable A) als auch die Anzeigen wegen Hate Speech (Variable B) massiv gestiegen. Zwischen den beiden Variablen A und B besteht eine Korrelation, aber keine Kausalität. Vielmehr gibt es eine dritte verbindende Variable C – das Internet. Die Verbreitung des Internets hat sowohl zu einem Anstieg von Hate Speech als auch von Pornokonsum geführt. Hier besteht jeweils ein kausaler Zusammenhang, wenn auch nicht unbedingt ein monokausaler.

gestaltet sich beim Thema Porno aus verschiedenen, auch forschungsethischen Gründen schwierig. Ganz besonders, wenn es dabei um Jugendliche geht, die man ja gar nicht legal pornografischen Inhalten aussetzen darf.[15] Das Problem bei Korrelationen ist aber, dass sie viel Interpretationsspielraum lassen. Ob beispielsweise Pornonutzung zu Depressionen führt oder ob jemand bei Depressionen häufiger zu Pornos greift, sind zwei sehr unterschiedliche Auslegungen derselben Zahlen. Diese werden oft zu Lasten von Pornos interpretiert. Wenn wir in den Medien lesen, Studien zeigten, Pornokonsum führe zu XYZ, ist das irreführend. So werden, und auch das ist ein seit dem 19. Jahrhundert wiederkehrendes Phänomen, ironischerweise ausgerechnet *Medien* zu Anstiftern von Medienpanik. Nirgends ist das deutlicher als in der Debatte um Pornos und Jugendliche.

Hier ein konkretes Beispiel: 2017 wurde eine Studie zu jugendlicher Pornonutzung veröffentlicht, die viel mediale Aufmerksamkeit bekam. In der Studie gaben von den gut 1000 Jugendlichen im Alter zwischen 14 und 20 Jahren fast die Hälfte an, schon einmal mit Inhalten in Kontakt gekommen zu sein, bei denen «entblößte Geschlechtsteile zu sehen» waren.[16] Unter ihnen lag das durchschnittliche Alter des Erstkontaktes bei 14,2 Jahren. In der jüngsten Gruppe, also bei den 14- bis 15-Jährigen, lag es mit 12,7 Jahren am niedrigsten, was darauf hindeutet, dass Jugendliche immer früher sexuell explizite Medieninhalte kennenlernen. Nichtsdestotrotz ist es inkorrekt, auf Grundlage dieser Ergebnisse zu behaupten, dass Jugendliche heute «im Schnitt mit etwa 12 Jahren» den ersten Porno sehen, wie es *spiegel.de* meldete. Diverse Artikel gaben die Studienergebnisse falsch wieder: «Mit 12,7 Jahren gucken Kinder ihren ersten Porno im Netz» (*Badische Zeitung*), «Jeder zweite Jugendliche hat schon mit 13 Jahren Kontakt mit pornografischen Inhalten» (*Süddeutsche Zeitung*),

«Jugendliche schauen mit 12,7 Jahren das erste Mal online Pornos» (*Süd-Kurier*). Auch wenn nicht zu klären ist, wie bewusst das in jedem einzelnen Fall passiert ist und ob pures Clickbait dabei die größere Motivation war als eine negative Einstellung gegenüber Pornografie, so sind diese Formulierungen doch allesamt alarmistisch. Sie stellen den Status quo dramatischer dar, als er tatsächlich ist. Nur, um das noch einmal zu verdeutlichen: Ins andere Extrem gewendet hätte man aus dieser Studie auch die Schlagzeile machen können: «Entwarnung – Die Hälfte aller 20-Jährigen hatte noch nie Kontakt mit Pornos!» Gleiche Zahlengrundlage, völlig andere Aussage. Dieses Beispiel kann repräsentativ dafür stehen, wie unpräzise Forschungsergebnisse in die Öffentlichkeit getragen und so zu verschiedenen Zwecken instrumentalisiert werden. Häufig sind keinerlei Quellen verlinkt, sodass Leser*innen einen großen Aufwand betreiben müssten, um sich selbst von der Richtigkeit der Angaben zu überzeugen. Das ist ein Problem.

Generation Porno?

Was wissen wir wirklich über jugendliche Pornonutzung? Grundsätzlich muss ich noch mal vorwegschicken, dass es, insbesondere in Deutschland, an aktuellen Daten mangelt[17] und jene Zahlen, die vorliegen, stark schwanken. Die *JIM-Studie* bildet die Mediennutzung von 12- bis 19-Jährigen in Deutschland ab. 1999 wurde darin Pornografie als eines der «wohl größten Probleme des Internets» bezeichnet. 40 % der männlichen und 18 % der weiblichen Jugendlichen waren damals im Internet schon «in irgendeiner Form auf pornografische Inhalte gestoßen».[18] Eine irritierend hohe Zahl zu einem Zeitpunkt, als nur knapp ein Drittel der Jugendlichen überhaupt einen Internetzugang hatten, nur vier von zehn einen eigenen Computer besaßen[19] und das Konzept der kostenlosen Porno-Tube-Site noch nicht erfunden war. Das liegt vermutlich an der schwammigen Formulierung, wie die Studie selbst einordnet: «Da keine Definition zum Begriff ‹pornografisch› vorgegeben wurde, sind diese Aussagen nur bedingt interpretierbar und eine Überschneidung zu ‹Erotik› durchaus denkbar.»[20] Das finde ich nachvollziehbar. Hätte mich als Teenagerin jemand gefragt, hätte ich vermutlich auch schon den Roman *Crazy* als Porno verbucht, nur weil ich damals zigfach zu der Kekswichsszene masturbiert habe. Das Problem der fehlenden Trennschärfe zeigt sich auch in einer *BRAVO*-Umfrage, bei der fast die Hälfte der 11- bis 13-Jährigen von sich sagten, schon mit Pornos in Berührung gekommen zu sein.[21] Allerdings waren diese Befragungen nicht auf das Internet beschränkt. So gab ein Drittel der Jugendlichen Zeitschriften als Quelle an, und fast die Hälfte sagte, dass sie Pornos «aus dem Fernsehen» kannte. Da pornografische Inhalte dort aber nicht gezeigt werden dürfen[22], meinten sie vermutlich einfach Sexszenen aus Filmen und Serien. Wenn der Begriff «Porno» also nicht näher definiert ist, hängen die Antworten stark vom Empfinden der Jugendlichen ab und die Zahlen sind schwer vergleichbar. Ob ein kurzer Blick auf ein *Playboy*-Heft an der Tankstelle als erster Pornokontakt gewertet wird oder der Besuch von *Pornhub*, macht einen entscheidenden Unterschied. Das gilt auch für die Häufigkeit. Die meisten Fragebögen verwenden ein «hast du schon jemals»-Muster, wodurch hohe Zahlen zustande kommen. So geben in der *PARTNER*-4-Studie 90 % der männlichen und 68 % der weiblichen 15- bis 19-Jährigen an, «schon einmal» Pornos gesehen zu haben.[23] Ob ich *irgendwann* in meinem Leben schon *einmal* mit Pornos in Kontakt gekommen bin oder aber diese fester Bestandteil meiner Alltagsrealität sind, sind zwei Paar Schuhe. In besagter *BRAVO*-Umfrage gaben nur 8 % der männlichen und 1 % der weiblichen Befragten an, regelmäßig Pornos zu nutzen.[24] Eine umfassende Befragung unter Neuntklässler*innen kam 2013 zu ähnlichen Zahlen.[25] Von den 16- bis 19-Jährigen im großen «Sexreport!» hingegen sagt fast die Hälfte, dass sie mindestens einmal im Monat Pornos nutzt.[26] Eine andere Studie zeigt für diese Altersgruppe sogar, dass ein Drittel der männlichen, wenn auch nur 2 % der weiblichen Befragten fast täglich Pornos schauen.[27] Sowohl Altersgruppe als auch Geschlecht scheinen ausschlaggebende Variablen zu sein. Bei all diesen Ergebnissen müssen wir außerdem den Aspekt der sozialen Erwünschtheit berücksichtigen: Menschen geben in Befragungssituationen oft jene Antwort, von der sie glauben, dass sie von ihnen erwartet wird, also «richtig» ist. Wer schon mal bei einem Ärzt*innenbesuch ankreuzen musste, wie oft man Alkohol trinkt oder Sport macht, kennt das. Gerade bei einem schambesetzten Thema wie Pornonutzung ist das nicht zu unterschätzen. Auch bei offizieller Anonymität bleibt das irrationale Gefühl, beobachtet und für die Antwort bewertet zu werden. Wenn ich mir vorstelle, dass mir mit 12 jemand einen Fragebogen in die Hand gedrückt hätte, womöglich auch noch in der Schule!, auf dem ich meine Masturbationsgewohnheiten hätte preisgeben sollen, ich wäre 100 %ig nicht ehrlich gewesen.

Ungeachtet dieser dürftigen und widersprüchlichen Zahlen «zeigen die Befunde, dass Jugendliche Pornografie kennen und gezielt aufsuchen».[28] Pornos sind kein Nischenphänomen, sondern eine verbreitete Form jugendlicher Mediennutzung.[29] Bei vorpubertären Kindern ist eine aktive Suche nach pornografischen Inhalten selten, und der Kontakt kommt, wenn überhaupt, dann eher unabsichtlich zustande.[30] Das eigene Interesse erwacht in der Regel mit dem Eintreten der Pubertät, steigt kontinuierlich und flacht dann im Erwachsenenalter oft wieder ab. Genau wie das Einstiegsalter wird auch das Ausmaß jugendlicher Pornonutzung in den Medien oft überdramatisiert. Pornos gehören zwar zu den Lebensrealitäten von Jugendlichen, sind aber kein vorrangiges Gesprächsthema für sie und spielen gegenüber anderen Medienangeboten wie *Instagram*, *TikTok* und *YouTube*-Formaten oder Computerspielen wie *Fifa* oder *Fortnite* eine eher untergeordnete Rolle.[31] Wissenschaft, Medien und Politik sind offenbar fixierter auf Pornos als die Jugendlichen selbst.[32]

Wie schauen Jugendliche Pornos?

Viel interessanter als die Frage, wer wann zum ersten Mal oder wie oft genau Pornos schaut, sind die Umstände, unter denen das geschieht, die Motive und Gefühle, die damit verbunden sind. Wer erinnert sich noch dran? Bei mir sind es eher Erinnerungssplitter, aber vieles, was ich in Studien lese, kommt mir bekannt vor. Zum Beispiel berichten etwa die Hälfte aller Jugendlichen, dass ihr erster Kontakt mit Pornos ungewollt war.[33] Häufig passiert das durch Dritte, also indem jemand ihnen ungefragt Pornos zeigt. Ich habe schon oft Anekdoten darüber gehört, wie im Klassenzimmer einfach jemand einen Porno angemacht und alle anderen damit überrumpelt hat, als eine Art Streich. Und da saßen dann alle und konnten weder hin- noch weggucken. In meiner Generation passierte das noch über den guten alten Videowagen. Heute genügt ein Smartphone, um Pornovideos auf dem Schulhof herumzuzeigen oder per *WhatsApp* mit einem Klick im Klassenchat zu verteilen. Kurzer Reminder: Das ist eine Straftat! Insbesondere weibliche Jugendliche berichten, dass Bekannte ihnen unaufgefordert Pornos zugeschickt haben. Nur knapp die Hälfte der Jugendlichen sind übrigens beim Erstkontakt allein. Etwa 25 % sehen einen Porno zum ersten Mal bei Freund*innen, unter den 14- bis 15-Jährigen auffällig viele auf einer Party. Ich erinnere mich, dass zu meinem 16. Geburtstag auch jemand ungefragt einen Porno mitgebracht hatte und in meinem Zimmer laufen ließ. Plötzlich waren alle Anwesenden viel wählerischer, mit wem sie sich dort aufhalten wollten.▾ Es war unangenehm und aufregend und witzig. Zweifelsohne ist es übergriffig, andere Menschen mit Inhalten zu konfrontieren, die sie nicht sehen wollen und möglicherweise überfordern könnten. Aber aus der Häufigkeit dieses Phänomens spricht vielleicht weniger eine Boshaftigkeit als das enorme Bedürfnis, Pornos gemeinsam zu erkunden. Das will natürlich niemand offen kommunizieren, und dann wird es halt so gelöst. Da ist es auch wenig überraschend, dass nur etwa ein Drittel der Jugendlichen angibt, den ersten Berührungspunkt als «ein bisschen erregend» empfunden zu haben. Das kam besonders oft vor, wenn gewollt Pornos angesehen wurden und die Jugendlichen dabei allein waren. Knapp 20 % sagten aus, sich beim Erstkontakt «ein bisschen unwohl gefühlt» zu haben, ebenso viele, «belustigt» gewesen zu sein. Letzteres kam vor allem im Beisein Dritter vor – logisch, dass man in einer Gruppendynamik eher über das Gesehene lacht. Wenn ich daran zurückdenke, wie wir uns damals um den Computer einer Freundin versammelt und von Modem-Geräuschen untermalt durch *rotten.com* klickten, haben wir auch alle einfach gekichert, obwohl manchen von uns vielleicht nach Heulen zumute war oder ein bisschen kribbelig warm geworden ist. Das inmitten einer Gruppensituation überhaupt an sich wahrzunehmen, ist schon schwer, geschweige denn, es zuzugeben. 9 % der

▾ Louisa Lorenz beschreibt in ihrem Buch sehr schön eine solche Szene: *Clit* (2022), S. 59 f.

Jugendlichen empfanden ihren ersten Pornokontakt als «eklig», und 15 % behaupteten wiederum, dass es ihnen egal gewesen sei, selbst wenn sie ungewollt damit in Berührung kamen.

Je nach Kontext und Person verbinden Jugendliche also sehr unterschiedliche Gefühle mit ihren frühen Pornoerfahrungen. Dabei liegen positive und negative Emotionen manchmal nah beieinander.[34] Das können viele von uns sicherlich nachvollziehen. Ich weiß noch, wie ich bei der Mutter einer Grundschulfreundin mal aus Versehen eine Art Fetischkatalog gefunden habe. Danach gesucht hatte ich nicht, aber nachts heimlich auf dem Klo durchgeblättert habe ich ihn mit voller Absicht. Ich war fasziniert und verwirrt. Genauso habe ich mich durch die nachlässig offen gelassenen Tabs auf unserem Familiencomputer geklickt, aus denen mich Frauen mit riesigen Brüsten anstöhnten und aus denen ständig neue überfordernde Pop-ups hervorploppten, mit noch mehr Frauen mit noch riesigeren Brüsten, die nach meiner Kreditkarte fragten. Ich fand sie abstoßend – aber wollte auch sein wie sie. Meine Augen konnte ich nicht von ihnen lassen, und mein Herz raste vor Panik, dabei erwischt zu werden, obwohl doch genau genommen ICH jemanden «erwischt» hatte. Die Tatsache, dass besonders in meiner und vorherigen Generationen der erste Kontakt mit Pornos oft ausgerechnet mit dem Masturbationsmaterial unserer Eltern (!) stattfand, macht dieses Erlebnis im Übrigen auch nicht gerade weniger irritierend. Ganz im Gegenteil. Sowieso verbinden viele mit frühen Pornobegegnungen Schamgefühle. Dazu tragen auch die unangenehmen Konfrontationen mit ertappenden, warnenden, mahnenden, verbietenden Familienmitgliedern bei, wie sie Jugendliche über Generationen hinweg ertragen mussten und im aktuellen Klima allgemeiner Sprachlosigkeit weiterhin ertragen müssen.

«Mädchen finden das eklig»

Trotz stark schwankender Zahlen zu jugendlicher Pornonutzung zeigt sich ein Phänomen studienübergreifend: Nach eigenen Angaben schauen männliche Jugendliche häufiger und regelmäßiger Pornos als weibliche. Jugendliche Pornonutzung ist «in spektakulärem Ausmaß gegendert», stärker als in jedem anderen Bereich jugendlicher Sexualität.[35] Weibliche Jugendliche nutzen Pornos nicht nur seltener, sondern bewerten sie auch anders: Sie zeigen häufiger eine abneigende Reaktion auf die Inhalte und ziehen auch die Grenze zwischen akzeptabler Erotik und «ekliger» Pornografie früher als männliche Gleichaltrige.[36] Letztere nutzen Pornos öfter mit ihren *peers* und versuchen, sich dort über ihre Pornokenntnisse Ansehen zu verschaffen.[37] Insbesondere unter jüngeren Befragten taucht der «Peergroup-Profilierer» auf.[38] In der Gruppe schauen männliche Jugendliche vor allem «perverse, abtörnende» Pornos, auch «Ekelpornos» genannt, die zur Unterhaltung oder auch als Mutprobe dienen. Alleine schauen sie eher «normale, erregende» Pornos, überwiegend konventionelle, heteronormative Inhalte, um dazu zu masturbieren.[39] Weibliche Jugendliche nutzen hingegen meistens im partnerschaftlichen Kontext Pornos[40], die als Masturbationsvorlage für sie praktisch keine Rolle spielen. Dazu greifen sie lieber auf Erinnerungen oder sexuelle Fantasien, zum Beispiel mit Celebrities, zurück. Ich sage nur Brian von den *Backstreet Boys*! Deren Poster hing nicht umsonst über meinem Bett. Auch unabhängig von Pornos zeigt sich ein drastischer Unterschied beim Thema Selbstbefriedigung: 94 % der männlichen, aber nur 46 % der weiblichen 17- bis 19-Jährigen geben an, schon mal masturbiert zu haben.[41]

Die konsistenten Unterschiede zwischen männlichen

und weiblichen Jugendlichen werden oft missverstanden, falsch interpretiert oder bewusst benutzt, um Geschlechterdifferenz zu zementieren. Selbst Fachstimmen neigen dazu, Pornos als quasi naturgemäß rein männliches Handlungsfeld darzustellen und damit Pornonutzer*INNEN von der Unterhaltung auszuschließen.[42] Ein drastisches Beispiel: «Von den Jungen wird die Pornographie anders aufgenommen als von den Mädchen ... Hier besteht also ein grundsätzlicher, auch von der Gendertheorie nicht überbrückbarer Geschlechtsunterschied. Mann und Frau sind nicht gleich vor dem Porno.»[43] Der Autor nutzt die Geschlechterunterschiede im Pornonutzungsverhalten als Beweis dafür, dass «Jungs» und «Mädels», wie er sie nennt, eben einfach grundlegend unterschiedlich seien. Die «Gendertheorie», das Wort «Gendergaga» hat er sich wohl gerade noch so verkniffen, und den von ihr betonten Einflussfaktor von Kultur auf Geschlecht, stellt er damit in Abrede. Stattdessen verfolgt er einen biologistischen Ansatz, also die Idee, dass «die Natur», und demnach auch unser «naturgegebenes» Geschlecht, unser Verhalten und unsere Vorlieben bestimmt: «Jungs sind halt einfach wilder», «Mädchen mögen eben Rosa» und andere Alltagsgenderweisheiten funktionieren nach dem gleichen Prinzip. Was sie allesamt aus dem Blick verlieren, ist der Aspekt der sozialen Rolle und das Verlangen, diese zu erfüllen. Generalisierungen wie «Mädchen finden Pornografie abstoßend, ... Jungen finden sie erregend»[44] verstärken Genderstereotype, die wiederum das den Geschlechterrollen entsprechende Verhalten fördern. Es wird eine Selffulfilling Prophecy: Weibliche Jugendliche schauen weniger Pornos und zeigen sich ihnen gegenüber abgeneigter, weil *genau das* von ihnen erwartet wird – sei es von ihren *peers*, ihren Eltern oder der Gesellschaft als solche. Es ist eine Ausprägung von *Doing Gender*, der Bestätigung unserer Geschlechtszuordnung durch genderkonforme Verhaltensweisen.[45] Auch ich musste 30 Jahre alt werden, um diese Erwartungshaltung an mich abzuschütteln. Erklärungsmodelle, laut denen cis Männer einen stärkeren Sexualtrieb hätten oder stärker visuell stimulierbar wären als Frauen, greifen zu kurz.[46] Trotzdem haben auch die Jugendlichen diese verinnerlicht, was in Aussagen wie «Jungs sind halt notgeil!» sichtbar wird.[47] Sie gestehen nur männlichen Jugendlichen triebgesteuertes Verhalten zu, was dann geradezu verpflichtend ist und es schwer für sie macht, sich gegen Pornos zu entscheiden.[48] Weiblichen Jugendlichen droht hingegen, für dasselbe Verhalten als «Schlampe» verurteilt zu werden. In Anbetracht der Genderstereotype liegt nahe, dass das Phänomen der sozialen Erwünschtheit die Kluft noch größer erscheinen lässt, als sie in Wahrheit ist: Weibliche Jugendliche korrigieren ihre Antworten nach unten, männliche nach oben. Sprich: Mädchen und junge Frauen, und das gilt in kaum geringerem Maße auch für erwachsene Frauen, masturbieren seltener, schauen dazu seltener Pornos UND geben es seltener zu. Mit «der Natur» hat das allerdings nichts zu tun.

The kids are all right

Die allgegenwärtige Sorge um die Pornonutzung Jugendlicher speist sich vor allem aus deren potenziellen Negativwirkungen. Wie die eingangs angeführten Schlagzeilen zeigen, ist die Idee einer sexuell verwahrlosten «Generation Porno» fester Bestandteil der öffentlichen Diskussion. In Anbetracht der verbreiteten Nutzung unter Jugendlichen müsste sich dies nach fast 25 Jahren Onlinepornografie bemerkbar machen. Ein Blick in die aktuellen Zahlen zu Jugendsexualität zeigt eher das Gegenteil: «In der Realität sind die heutigen Jugendlichen insgesamt romantischer, partnerschaftsorientierter und verantwortungsbewusster denn je.»[49] Laut der Bundeszentrale für gesundheitliche Aufklärung[50] haben Jugendliche immer später Sex, die wenigsten sind bei ihrem «ersten Mal» jünger als 17 Jahre. Über die Hälfte nennt als Grund für ihr Warten das Fehlen der*des «Richtigen». Den ersten Sex haben die meisten innerhalb einer festen Beziehung und erleben ihn mehrheitlich als «etwas Schönes». 90 % geben an, dabei verhütet zu haben, deutlich mehr als noch vor 10 Jahren. Die große Mehrheit der 17-Jährigen hatte bisher nicht mehr als ein oder zwei Sexualpartner*innen. Sex und Partnerschaft sind also eng verbunden. Mehr als ein Drittel der Befragten sind in einer festen Beziehung, die Mehrheit davon seit über einem Jahr, wobei sie «sexuelle Treue» für sehr wichtig halten. Klingt nicht gerade nach der skandalös sexbesessenen Risikogeneration, die wegen Pornos jede Bindungsfähigkeit verlernt hat, oder?

Aktuelle Zahlen bestätigen die Sorge um sexuelle Verwahrlosung in keiner Weise. Sie zeigen aber, dass die Pornonutzung für viele Jugendliche dem eigenen sexuellen Handeln vorauseilt, sie also Pornos sehen, bevor sie selbst Sex hatten. Das rückt die Frage in den Mittelpunkt, ob die Darstellungen, die ihnen dort begegnen, ein verfälschtes Bild von Sex vermitteln. Eine konkrete Befürchtung lautet, dass Jugendliche das, was sie im Porno sehen, für normal halten und unkritisch nachahmen.[51] Die Theorie der sexuellen Skripte[52] geht davon aus, dass Menschen sich bei der Gestaltung ihrer realen sexuellen Kontakte an gelernten «Drehbüchern» orientieren, die vorgeben, wie Sex zu gestalten sei.[53] Einige Studien legen nahe, dass Pornos Einfluss auf die Entwicklung der sexuellen Skripte haben können,[54] andere zweifeln diese Wirkung an oder legen nahe, dass nur manche postpubertär erworbenen Skripte beeinflussbar seien.[55] Männliche Jugendliche, die häufig Pornos nutzen, neigen dazu, die Verbreitung bestimmter sexueller Praktiken in der Gesamtbevölkerung zu überschätzen.[56] Das heißt aber nicht, dass sie diese zwangsläufig auch übernehmen. Zwar sagen 16- bis 19-Jährige, dass sie sich aus Pornos praktische Anregungen für Sexstellungen holen und diese auch ausprobieren, aber beispielsweise bei Analsex hört die Experimentierfreude für die meisten auf.[57] Selbst unter Studierenden geben nur 3 % an, von Pornos dazu inspiriert worden zu sein, Analsex auszuprobieren.[58] Häufige Pornonutzung wurde mehrfach mit liberaleren sexuellen Einstellungen in Zusammenhang gebracht.[59] So halten pornoschauende Jugendliche zum Beispiel *casual sex*, Sex mit einer Person, für die man keine romantischen Gefühle hat, Sex außerhalb der Ehe oder Masturbation eher für normal. Diese Einstellung ist nur dann als problematisch einzustufen, wenn man dieses Sexualverhalten an sich problematisch findet. Es liegt im subjektiven Ermessen, ob man sexuell freizügigere Verhaltensweisen, wie häufigeren Sex, eine größere Anzahl von Sexualpartner*innen oder bestimmte Praktiken wie Anal- oder Gruppensex als gefährliche «Pornografisierung» von Sex – und damit als negative potenzielle Wirkung von Pornonutzung – verbucht. Oder aber als gewinnbringende «Erweiterung des sexuellen Spektrums und Befreiung von tradierten Vorstellungen[60] – und somit als positive potenzielle Wirkung. Demnach ist die Sorge, dass Jugendliche ihre eigenen sexuellen Skripte an den Pornoskripten orientieren, umso größer, je problematischer man Letztere grundsätzlich bewertet. Sprich: Die sexuellen Skripte von Wissenschaftler*innen, Eltern oder Pädagog*innen selbst beeinflussen die Bewertung maßgeblich.

Auffällig ist der weit verbreitete Subtext in Fachtexten, dass *niemand* Sex wie im Porno haben wolle und pornotypische Skripte demnach grundlegend anders als nicht-pornografische Skripte seien. Pornos sind aber nicht aus dem luftleeren Raum gegriffen, sondern sie orientieren sich an bereits existierenden Fantasien und Sehwünschen der Menschen. Genau diese lenken dann auch die Pornoauswahl. So zeigt sich, dass Jugendliche alltagsnahe, ihnen vertraute Inhalte in Pornos bevorzugen.[61] Sie suchen also tendenziell die Pornoskripte entsprechend ihrer bereits entwickelten sexuellen Skripte aus.

Von Pornos lernen?

Bei der Pornosuche ist neben der sexuellen Stimulation als klares Hauptmotiv auch der Informationsbedarf ein wichtiger Antrieb.[62] Jugendliche wollen die Wissenslücken, die Eltern oder Schule offen lassen, schließen. Insbesondere das *wie* von Sex interessiert sie, also zum Beispiel verschiedene Stellungen oder Stimulationsmöglichkeiten.[63] Männliche Jugendliche hoffen zum Beispiel, dass sie durch Pornos auf das «erste Mal» ein wenig besser vorbereitet sind.[64] Pornos sind natürlich nicht dazu gemacht, Jugendlichen zu erklären, wie Sex geht. Sie leben von der Überzeichnung, vom Unrealistischen bis Fantastischen. Pornos sind Actionfilme, keine Dokumentationen. Noch mal: Pornos haben keinen Bildungsauftrag und sollten keinen haben, denn sie sind ein Unterhaltungsmedium. Die meisten Jugendlichen sind sich dessen durchaus bewusst.[65] Sie erkennen «fundamentale Unterschiede zwischen dem Pornosex und der Sexualität, die sie selbst praktizieren oder sich wünschen»[66], und sie «sehen sich Pornografie meist im vollen Bewusstsein ihrer Künstlichkeit an.»[67] Sie unterscheiden kompetent zwischen Fiktion und Realität, wie sie das auch bei *Harry-Potter*-Filmen und *Marvel*-Comics problemlos hinbekommen.

Auch wenn sie hierzu kognitiv in der Lage sind, heißt das aber natürlich nicht, dass sie sich nicht trotzdem unbewusst mit den Bildern in Pornos vergleichen. Einige Studien zeigen einen Zusammenhang zwischen häufiger Pornonutzung und einer größeren sexuellen Unsicherheit.[68] Auch wenn andere dies nicht bestätigen[69], ist Performancedruck eine ernst zu nehmende mögliche Konsequenz von jugendlicher Pornonutzung, insbesondere wenn sie sehr früh und lange vor den ersten eigenen sexuellen Erfahrungen damit anfangen. Sobald Jugendliche selbst sexuell aktiv werden, werden die Vorstellungen, die sie aus Pornos haben, im Realitätsabgleich quasi überschrieben.[70] Auch wenn Pornos nicht als Anleitung für Sex gedacht sind und die meisten viele wichtige Aspekte von Sex ausklammern – wie Kommunikation, Verhütung, Aftercare, Hilfsmittel wie Gleitgel, Pausen, Missgeschicke, Lachen oder Unlust –, heißt das nicht, dass wir nichts von ihnen lernen können. Wie sehen eine Vulva oder ein Anus aus der Nähe aus? Wie unterscheiden sich beschnittene und unbeschnittene Penisse? Wie sehen verschiedene trans Körper aus? Welche Möglichkeiten gibt es, sich selbst oder einander zu berühren? Welche Sex Toys werden integriert? Wie klingen Menschen beim Sex? Diese und andere Fragen können Pornos durchaus (mit Abstrichen) beantworten. Ein Studienteilnehmer erklärt zum Beispiel: «Alles, was ich über Cunnilingus weiß, weiß ich aus Pornos. Ohne Pornos hätte ich niemals das Selbstbewusstsein, eine Frau zu lecken.»[71] Dies ist die positive andere Seite des oft beschriebenen Performancedrucks, den Jugendliche beim Pornoschauen entwickeln können. Pornos können durchaus als hilfreiche Inspirationsquelle dienen.

Darüber hinaus können sie bei der Klärung und Festigung der eigenen sexuellen Orientierung und Identität helfen.[72] Queere Menschen berichten immer wieder, dass Pornos eine wichtige Rolle in ihrer sexuellen Selbstfindungsphase gespielt haben. Ihnen fehlt es in der Jugend oft, gerade in ländlichen Regionen, an Ansprechpartner*innen für queere Themen und an Vorbildern. Zwar hat sich die Sichtbarkeit von LGBTQI+-Figuren mit Formaten wie *Queer Eye* oder *Prince(ss) Charming* in den letzten zehn Jahren fast verdoppelt, aber queere Realitäten bleiben weiter unterrepräsentiert. In deutschen TV-Produktionen waren 2020 nur 2 %▼ der Protagonist*innen als homo- oder bisexuell lesbar.[73] Aspekte und konkrete Bilder von queerem Sex werden dabei weitestgehend ausgeklammert. In Abwesenheit anderer Angebote übernehmen queere Pornoperformer*innen oft die Rolle von Identifikationsfiguren für Jugendliche. Und in Ermangelung queerinklusiver sexueller Bildung sind Pornos oft der einzige Ort, um – zudem unbemerkt und anonym – Wissen über queeren Sex zu erlangen. Durch das Anschauen von Pornos testen Jugendliche in der Selbstbeobachtung, was sie erregt, wie es sich anfühlt, bestimmte Körper nackt oder bestimmte Praktiken zu sehen – eine Art virtuelles Ausprobieren der noch nicht ausgelebten, womöglich nicht einmal ausdefinierten sexuellen Orientierung. Kurzum: In einer heteronormativen Gesellschaft, die die Bedürfnisse und Fragen queerer Jugendlicher ignoriert, kommt Pornos eine wichtige identitätsbestätigende Funktion zu.[74]

▼ Zum Vergleich: ca. 11 % der Menschen in Deutschland bezeichnen sich als «nicht heterosexuell», und diese Zahl liegt mit aller Wahrscheinlichkeit deutlich unterhalb der Realität, vgl. Ipsos (2021): *LGBT+ Pride 2021 Global Survey*.

Bin ich schön?

Eine weitere Sorge um jugendliche Pornonutzung ist deren möglicher Einfluss auf das Körperbild. Nach der Theorie des sozialen Vergleichs sehen Jugendliche in Pornos nicht nur sexuelle «Leistungen», sondern auch Körper, an denen sie sich messen. Das kann zu einer gesteigerten Unzufriedenheit mit dem eigenen Körper führen.[75] Auch bei Erwachsenen zeigt sich ein Zusammenhang von häufiger Pornonutzung mit einem negativen Körperselbstbild.[76] Das gilt für alle Geschlechter und besonders für Männer, die Sex mit Männern haben.[77] Selbst wenn keine direkte Kausalität nachgewiesen werden kann, scheint diese Wirkungsweise plausibel. Da Pornos Körper in den Fokus stellen, laden sie dazu ein, sich mit diesen zu vergleichen. Dasselbe passiert allerdings beim Konsum *aller* visuellen Medien, ob Werbung, *Instagram* oder *Netflix*. Es ist also keine pornospezifische Problematik, auch wenn in der öffentlichen Unterhaltung oft so behandelt. Genau genommen findet sich im Porno sogar mehr körperliche Vielfalt als in den meisten anderen Bildmedien.[78] Insbesondere im Amateurpornobereich oder auf Plattformen wie *OnlyFans* begegnen uns nicht nur unterschiedliche Körpertypen, sondern auch BiPoC-Körper, trans Körper, behinderte Körper, also Körper, die ansonsten selten bis nie als sexuelle Wesen sichtbar werden.[79] Klar, auch im Porno sind normschöne, *weiße*, cis Körper ohne sichtbare Behinderungen in der Mehrheit – doch andere, marginalisierte Körper existieren ebenso und werden als sexuell und begehrenswert dargestellt. Selbst in Mainstreamproduktionen ist die Vielfalt größer, als die meisten annehmen. Menschen, die behaupten, dass in Pornos nur perfekte Körper vorkommen, schauen in der Regel keine.[80] Das gilt auch für Wissenschaftler*innen, denn bei aller Sorge um das von Pornos vermittelte Körperbild gibt es kaum Inhaltsanalysen dazu. Bei der schier endlosen Menge an Pornos ist es unmöglich, Generalisierungen anzustellen, aber werfen wir einen Blick auf jene Daten, die es gibt:

Weiblich gelesene Personen sind in der Regel jung (80 % unter 30)[81], *weiß* (76 %)[82] und «schlank» (37 %), dennoch kommen verschiedene Körpertypen vor. Die Teilnehmerin einer Studie bemerkt positiv, dass die verschiedenen Körper in Pornos sie daran erinnern, «dass es *normal sized* Frauen gibt».[83] Im Vergleich zu Hollywood und erst recht der Modeindustrie wurden in Pornos nur 0,1 % als «skinny», also dünn, eingeordnet, 5 % als mehrgewichtig und 45 % als durchschnittlich. Auch die Oberweite variiert im Porno mehr als oft behauptet. 40 % der Brüste von Pornoperformerinnen werden als überdurchschnittlich groß bezeichnet (davon 29 % mit chirurgischem Eingriff), ebenfalls 40 % als durchschnittlich und 20 % als unterdurchschnittlich klein.[84] Diese Zahlen sind von 2008. Mit Blick auf Pornostars wie Abella Danger, Riley Reid oder Emily Willis, die in den Top 6 der *Pornhub*-Video-Klicks rangieren, wage ich zu behaupten, dass der Trend weiter in Richtung kleinere Brüste geht. 2017 hat auf *Pornhub* die Suche nach SMALL BOOBS jene nach BIG BOOBS überholt. Vor allem bei den Millennials und der Gen-Z, Nutzer*innen von 18 bis 35 Jahren, sind große Brüste offenbar nicht mehr *en vogue*.[85] 2013 ermittelte ein Journalist aus der Datenbank *IAFD* (die *IMDB* für Pornos) aus 10 000 Profilen «die Durchschnittspornodarstellerin» – das Ergebnis war keine Blondine mit Riesentitten, sondern: Sie ist 1,65 Meter groß, 54 Kilogramm schwer, hat braune Haare und trägt BH-Größe 75B.[86] Letztere entspricht dem globalen Durchschnitt und ist auch in Deutschland die am häufigsten gekaufte BH-Größe. Auch die Körpergröße ist durchschnittlich für Frauen, das Körpergewicht hingegen liegt deutlich unter dem Durchschnitt.[87]

Das verhält sich bei den als männlich identifizierten Performern ähnlich, die zu etwa 50 % als muskulös und nur zu 7 % als mehrgewichtig eingestuft wurden. Im *Gay-Porn*-Bereich ist das Körperbild stärker standardisiert. User beschreiben den pornografischen schwulen Männerkörper als hypermaskulin, muskulös, gebräunt, haarlos, mit Sixpack-Abs und «ohne ein Gramm Fett».[88] Seiten wie *CockyBoys* oder *SeanCody* strotzen nur so vor eindrücklichen Beispielen. Zwar existiert die Figur des eher androgynen, zierlichen «Twink» und die des haarigen, mehrgewichtigen «Bear», aber diese sind auch als solche markiert und fetischisiert, also nicht die Norm. Insgesamt ist die Vielfalt von männlich gelesenen Körpern im Porno geringer als von weiblich gelesenen. Und obwohl Männer nachweislich auch mehr Pornos nutzen als Frauen, und homosexuelle Männer mit geschätzt fast 99 % am meisten[89], sind Untersuchungen zu ihrem Körperbild rar.[90] Die, die vorliegen, zeigen, dass das «Centerfold-Syndrom», das Unwohlfühlen mit dem eigenen Körper im Vergleich zu Pornodarsteller*innen, auch unter pornoschauenden Männern vorkommt.[91] Als Körperunzufriedenheit nennen sie vor allem ihren Bauch.[92] Dieser ist aber auch unabhängig von Pornonutzung die mit Abstand am häufigsten genannte «Problemzone» unter cis Männern.[93] In Zeiten von *Instagram* und Dating-Apps sind Beautystandards auch für Männer in den letzten 25 Jahren mehr und mehr in den Vordergrund gerückt. Insgesamt fällt der Zusammenhang zwischen Pornokonsum und negativem Körperbild für Männer teilweise sogar stärker aus als für Frauen.[94]

Viva la Vulva!

Die Besonderheit bei Pornos gegenüber anderen Medien ist, dass sie nackte Körper sehr detailliert zeigen, also auch Genitalien, Anus oder andere sonst verdeckte Körperteile. Insbesondere die feministische Kritik an pornografischen Körperbildern stürzt sich gerne auf die angeblich vereinheitlichte Repräsentation von Vulven. Ein gängiger Vorwurf lautet, Pornos würden das Ideal einer muschelähnlich geschlossenen Vulva verbreiten und damit den wachsenden Trend der chirurgischen Labienverkleinerung befördern. Beides stimmt nicht. Für das westliche Vulva-Schönheitsideal ist vielmehr ein Zusammenspiel aus gesellschaftlicher Abwertung weiblicher Lust, kulturhistorischer Unsichtbarmachung der Vulva und einer kräftigen Prise Rassismus verantwortlich.[95] Nur als kleine historische Kostprobe: Im 19. Jahrhundert wurde die südafrikanische Saartjie Baartman nach Europa verschleppt und als «Hottentotten-Venus» ausgestellt. Ihre über die äußeren Labien hinausragenden inneren Vulvalippen[▾] wurden dabei als Beweis für eine angebliche Hypersexualität und damit moralische Minderwertigkeit Schwarzer Frauen benutzt.[96] Längere Labien galten seither als «Hottentottenschürze», die bei *weißen* Frauen als Folge von übermäßiger Masturbation verstanden und chirurgisch entfernt wurden. Der Übergang dieser medizinischen Praxis in die heutige kosmetische Labienplastik ist fließend, wobei der Eingriff heute weniger moralisch als monetär motiviert ist. Die Schönheitschirurgie ist Profiteur und aufrechterhaltende Kraft des Brötchen-Vulvaideals – nicht Pornos! Mich

▾ DAS IST VOLLKOMMEN NORMAL! Siehe: Haim Krissi (2016): Anatomical diversity of female external genitalia, *J of OGRB 196*.

macht dieser Vorwurf auch deshalb wütend, weil Pornos in meiner eigenen Vulva-Akzeptanz eine tragende Rolle gespielt haben. Pornos haben mir beigebracht, wie unterschiedlich Vulvalippen aussehen können. Mal abgesehen von feministischer Kunst oder aktivistischen Projekten, von denen es inzwischen zum Glück mehr und mehr gibt, wird die Vulva medial wie kunsthistorisch unsichtbar gemacht – sogar sprachlich, indem sie permanent falsch als Vagina bezeichnet wird, was eigentlich den innen liegenden Muskelschlauch zum Uterus benennt. Pornos sind einer der wenigen Orte, wo Vulven überhaupt detailliert zu sehen sind. Und wer denkt, es gäbe dort nur die vereinheitlichte Designer-Pussy, kann sich ja einfach mal eine Runde durch beliebte Pornoclips klicken und mit eigenen Augen vom Gegenteil überzeugen. Meine Vulva sieht weder aus wie ein Brötchen noch wie eine Muschel und ich begegne ihr regelmäßig beim Pornoschauen und freue mich. Die belastete Beziehung, die viele Menschen mit Vulva zu ihren Genitalien und insbesondere ihren Vulvalippen haben, hat etliche Gründe fernab von Pornos. Ein Anfang wäre, wenn wir endlich mal aufhören würden, sie «Schamlippen» zu nennen.

Penisse hingegen sind in Pornos wenig vielfältig. Während der erigierte Durchschnittspenis etwa 13 cm lang ist[97], sind Pornopenisse deutlich größer.[98] Selbstangaben in Darstellerprofilen bewegen sich zwischen 17 und 21 cm. Auf Gay-Pornoseiten verhält es sich ähnlich, wobei die Penisgröße hier an die Rollenverteilung geknüpft ist. Performer mit «kleineren» Penissen (13 bis 16,5 cm) treten als rezeptiver Part, «Bottoms», auf, Performer mit extragroßen Penissen (21 bis 30 cm) als penetrierender Part, «Tops».[99] Da Letztere oft die stereotyp maskuline Rolle einnehmen, wird hier Männlichkeit an Penisgröße gebunden. Pornopenisse sind überdurchschnittlich groß und werden durch Licht, Kamerawinkel oder Intimrasur so in Szene gesetzt, dass sie möglichst noch größer erscheinen, oder durch Vakuum-Penispumpen oder Potenzmittel vorübergehend künstlich vergrößert. Hinzu kommt, dass Penisse im hetero Mainstream-Porno ausschließlich steif zu sehen sind. Da die Profipornoindustrie außerdem stark von den USA dominiert wird, wo weit überdurchschnittlich viele Penisse beschnitten sind, sind selbige im Porno überrepräsentiert.▾ So kann der falsche Eindruck entstehen, dass ein beschnittener Penis die Norm sei und die eigene Vorhaut im Abgleich womöglich als befremdlich oder unästhetisch wahrgenommen werden. Es ist also in jeder Hinsicht angemessen zu behaupten, dass Pornos unrealistische Penisstandards setzen. Und dennoch zeigen viele Studien keinen[100] oder sogar einen positiven Zusammenhang[101] zwischen Pornokonsum und Zufriedenheit mit dem eigenen Penis. Wie kann das sein? Eine Möglichkeit ist, dass die Medienkompetenz der Konsumierenden ausreicht, um zu verstehen, dass Pornodarsteller für ihren Beruf besondere Körpermerkmale und Talente mitbringen, die herausragend und nicht durchschnittlich sind. Die wenigsten neigen ja auch dazu, sich mit der Körpergröße von *NBA*-Spielern zu vergleichen. Zudem haben viele cis Männer einen korrigierenden Realitätsabgleich, da sie in der Vereinsdusche, Sauna etc. andere durchschnittliche Penisse sehen. Man könnte aber auch mutmaßen, dass Penisträger ohnehin schon dermaßen gestresst mit ihren Genitalien sind, dass Pornos den Kohl auch nicht mehr fett machen. Ein Organ, das seit Jahrhunderten als Macht- wie Männlichkeitssymbol aufgeladen wird, kann einen ja nur unter Druck setzen. Wo wir gerade dabei sind: Vielleicht hören wir endlich mal mit diesen

▾ In den USA sind etwa 70 % der Penisse beschnitten, wohingegen das weltweit nur auf 30 % und in Deutschland sogar nur auf 10 % zutrifft.

elendigen Penis-Witzen und «small-dick energy»-Dissereien auf!

Insgesamt spricht viel dafür, dass Pornos unser Körperbild negativ beeinflussen können – allerdings nicht mehr als andere Medien. Die Schönheitsideale, insbesondere das Schlankheitsideal, die sich im Mainstreamporno finden, entsprechen weitestgehend den Konventionen von stereotyp weiblicher wie männlicher Attraktivität, die auch andere popkulturelle Genres bestimmen.[102] Der Vorwurf, dass Pornos Beautystandards im Alleingang erfinden oder aufrechterhalten, hat keinerlei Grundlage. Vielmehr liegt nahe, dass Pornos jene Einstellungen in Bezug auf den eigenen Körper verstärken können, die Nutzer*innen ohnehin schon geformt haben.[103] Und die sind bei vielen von uns negativ! Denn wir leben in einer Kultur des Bodyshamings, in der die Mehrheit der Menschen, geschlechtsunabhängig, unzufrieden mit ihrem Körper ist.[104] Fast 80 % der 11- bis 17-Jährigen meinen, dass es einen Zusammenhang zwischen Beliebtheit und «dünn sein» gibt, jede vierte 12-Jährige hat schon eine Diät hinter sich.[105] Verantwortlich sind dafür nach Körperbildtheorie Eltern, *peers* und Medien, die gemeinsam unsere Idee davon formen, was attraktiv ist und inwieweit wir das erfüllen. Der Kapitalismus tut sein Übriges dazu, indem er uns mit Produkten bombardiert, die uns permanent suggerieren, wo und wie wir unsere Körper optimieren können. Bauchweg-Strumpfhosen, Push-up-BHs und Anti-Falten-Cremes – Körperselbsthass ist ein lukrativer Markt. Kurzum: in Sachen Körperbildverkorksung von Jugendlichen sitzen Pornos möglicherweise mit, aber keinesfalls allein auf der Anklagebank.

Früher war alles besser

Der Themenkomplex Porno und Jugendliche wird oft wie ein Gegenwartsphänomen behandelt – wie ein vollkommen neues Problem des digitalen Zeitalters. Natürlich stimmt es, dass mit der leichten Verfügbarkeit von pornografischen Inhalten das Thema an Brisanz gewonnen hat und neue Fragen aufwirft. Aber diese unsagbare Neugierde von Jugendlichen nach Bildern von Sex, ihre Kreativität und ihr Ansporn im Beschaffen solcher Bilder, der Kick des Verborgenen und Verbotenen, die verwirrende Mischung aus Faszination, Ekel und Scham beim Anschauen dieser Bilder, der Gruppenzwang innerhalb der eigenen Peergroup, sie zu mögen oder eben nicht, der gefürchtete und zugleich gesuchte Konflikt mit den Eltern – das alles gab es schon lange vor dem Internet. Jugendliche sind neugierige, gewiefte, horny Wesen mit einem großen sexuellen Wissensdurst, und das ist auch genau richtig so. Früher galten sie als *underscripted*, weil ihnen so gut wie keine Informationen über Sex zur Verfügung standen, heute gelten sie als *overscripted*, weil sie von so vielen Bildern umgeben sind, wie Sex aussehen soll. Beides kann herausfordernd sein: «War der Sex früher viel stärker durch Ängste, Orientierungslosigkeit, Scham- und Schuldgefühle geprägt, stehen heute eher Leistungsdruck und Selbstdarstellung im Vordergrund.»[106] Der Kulturpessimismus, den viele an den Tag legen, ist nicht berechtigt. Viele blicken sehnsüchtig zurück auf eine als besser erinnerte Vergangenheit, in der Jugendliche «die Liebe» noch ganz frei von vorgefertigten Schablonen «entdeckt» haben, statt sie wie heute aus dem Porno nachzuspielen. Von wegen! Auch wer vor dem Internet durch die Pubertät gegangen ist, war nicht frei vom Druck nachzueifernder Bilder und zu erfüllender gesellschaftlicher oder familiärer Erwartungshaltungen. Jede Zeit hat ihre

Schönheits- und Leistungsideale sowie ihre sexuellen Normen, die über verschiedene Medien vermittelt und verstärkt werden.

Wie eingangs gezeigt, hat die Sorge um die Jugend mindestens 200 Jahre Tradition. Viele der derzeitigen Ängste rund um jugendliche Pornonutzung haben jedoch keinerlei empirische Grundlage. Der Forschungsstand zeigt ambivalente Effekte und oftmals eine Wirkungslosigkeit von Pornos[107] – Ergebnisse, die tendenziell für eine Entwarnung sprechen. Es gibt keinen Grund zur Panik. Aber dennoch Handlungsbedarf! Denn nicht alle Jugendlichen gehen gleichermaßen selbstbestimmt und reflektiert mit Pornos um, und bestimmte persönliche Voraussetzungen, soziale Kontexte oder Motive können Nutzungsrisiken begünstigen.

Das derzeit größte Problem ist weniger, dass Jugendliche Pornos schauen, sondern dass wir sie damit alleine lassen. Knapp ein Viertel der Befragten redet nach ihrem ersten Pornokontakt mit Freund*innen über ihre Erfahrungen, wobei die Wahrscheinlichkeit dafür signifikant sinkt, wenn das Gesehene als erregend empfunden wurde. Klar, für Erregung schämen wir uns leider alle besonders. Der Austausch mit Gleichaltrigen ist selbstverständlich wichtig, aber erstens sind das unter Umständen ja gerade die Personen, die einen überhaupt erst ungefragt mit den Inhalten konfrontiert haben; zweitens herrscht innerhalb der Peergroup oft ein besonders hoher Druck, dazuzugehören und bloß nichts Falsches zu sagen; und drittens haben Altersgenoss*innen vermutlich genau die gleichen Wissenslücken und Unsicherheiten und können einander Fragen daher nicht beantworten. Elterliche oder schulische Unterstützung bei der Einordnung wäre hilfreich, insbesondere dann, wenn Jugendliche ungewollt mit Pornos konfrontiert werden und dies als unangenehm und überfordernd empfinden. Aber nur 4 % der Jugendlichen geben an, mit Erwachsenen, wie Eltern oder Lehrpersonen, über den Erstkontakt mit Pornos gesprochen zu haben. Das muss sich ändern! Jugendliche brauchen Gesprächsangebote. Ja, Pornos gehören als Thema an die Schulen – und zwar nicht nur in den Bio-Unterricht, und nicht erst in der Oberstufe. Sobald Jugendliche eigenständig und unbeaufsichtigt über internetfähige Geräte verfügen, sollten sie wissen, was Pornos sind, dass sie ihnen begegnen könnten und sie davon unter Umständen herausgefordert, angeekelt oder erregt sein können. Wir brauchen Pornokompetenz im Sinne einer gattungsspezifischen Medienkompetenz. Dazu gehört die Kritikfähigkeit ebenso wie die Genussfähigkeit.[108] Denn Ziel ist es, Jugendliche dazu zu ermächtigen, sich entsprechend ihrer Bedürfnisse und Interessen für oder gegen Pornonutzung zu entscheiden und dabei sowohl Risiken zu minimieren als auch positive Potenziale für sich auszuschöpfen.[109] Zusätzlich zur Pornokompetenzförderung brauchen wir umfassende, lustfreundliche, queer-inklusive sexuelle Bildung, damit Jugendliche die Antworten auf ihre Fragen nicht mehr in Pornos suchen müssen. Es kann nicht sein, dass Pornos als Unterhaltungsmedium den Bildungsauftrag übernehmen müssen, dem der Staat nicht gerecht wird. Was einer solchen Bildungsoffensive im Weg steht, ist neben dem überdramatisierten negativen Bild von Pornos und ihrer Wirkungsweisen vor allem die Angst vor jugendlicher Sexualität und der zum politischen Kampfbegriff avancierten «Frühsexualisierung». Wir tun gesellschaftlich gerne so, als würde mit Eintritt der Volljährigkeit ein Schalter umgelegt werden, der uns zu sexuellen Wesen macht. Das ist nicht nur falsch, sondern auch gefährlich. Denn es führt häufig dazu, dass junge Menschen ihre ersten sexuellen Erfahrungen sammeln, ohne über das nötige Wissen zu verfügen – weder in Hinblick auf Sicherheit, geschweige denn auf Lust. Die berechtigte Sorge um die

Wahrung der Grenzen von Kindern und Jugendlichen und die Angst vor deren Sexualisierung darf uns nicht davon abhalten, ihnen Wissen über Sex zu vermitteln und das Sprechen darüber beizubringen bzw. vorzuleben. Denn gerade DAS schützt sie vor Grenzüberschreitungen anderer und vor sexualisierter Gewalt. «Sex als gefährlich zu behandeln ist in sich gefährlich.»[110] Jugendliche und auch kindliche Sexualität sind vollkommen normal. Wir werden als sexuelle Wesen geboren, nicht dazu gemacht. Wenn wir nicht darüber sprechen, wissen Erziehungsberechtigte das nicht und reagieren auf das Verhalten ihrer Kinder häufig in einer Art und Weise, die Scham reproduziert. Aber «wir schulden den Kindern nicht nur Schutz und Bildung, sondern ihr Recht auf Lust».[111] Wir müssen dringend aufhören, junge Menschen zu unterschätzen. Statt sie zu «passiven Opfern übermächtiger Pornografie-Wirkungen zu konzeptualisieren», sollten wir sie als «aktive Nutzer_innen und Gestalter_innen sexuell expliziter Medieninhalte in den Blick nehmen.»[112] Dafür muss sich die Forschung weiter von der Medienwirkungsforschung zur Mediennutzungsforschung bewegen, also statt sich an der Frage abzuarbeiten, was Pornos mit Jugendlichen machen, fragen: «Was machen Jugendliche mit Pornos?»[113] Genauso muss die Politik aus dem 200 Jahre alten Protektionismus-Ansatz herauswachsen und sich auf Pornokompetenzförderung konzentrieren. Verbote und Medienregulierungen, wie sie aktuelle Bestrebungen zum Jugendschutz verfolgen, bringen uns nicht weiter. Natürlich sind Jugendliche in besonderem Maße schützenswert, aber was sie schützt, ist Bildung. Das beste Mittel gegen Medienpanik ist Medienkompetenz.

V
MÄNNERKRANKHEIT «PORNOSUCHT»
DIE NEUE MASTURBATIONS-PANIK?

April 2016, Salt Lake City, USA, ein mit Gold vertäfelter Prunkraum im Capitol, Dutzende Paar Augen und gezückte Kameras. Sie alle sind auf den republikanischen Gouverneur Gary Herbert gerichtet, der an einem edlen Schreibtisch sitzt, am Revers eine kleine US-Flagge, ein goldener Ehering an jener Hand, die zeremoniell ein Regierungsdokument unterzeichnet: Pornografie ist im Bundesstaat Utah jetzt offiziell eine Gesundheitskrise! Blitzlichter, *Standing Ovation*s. Hinter dem Gouverneur steht der republikanische Senator Todd Weiler, der diese Resolution eingereicht hatte, in der Überzeugung, dass die «nationale Pornografie-Epidemie» eingedämmt werden und der Staat die Menschen vor Pornos genauso wie vor Tabak schützen muss. Sein Anliegen wurde einstimmig angenommen. Neben ihm steht ein junger Mann in rotem T-Shirt, auf dem «*Porn kills love*» steht, das Motto seiner Anti-Porno-Organisation *Fight the New Drug* mit mittlerweile über 300 000 *Instagram*-Follower*innen. Neben ihm steht die CEO vom *National Center on Sexual Exploitation* (*NCOSE*) – ein stolzes Lächeln auf den Lippen. Kein Wunder, denn sie hatten die Entscheidungsträger von einer möglichen Signalwirkung einer solchen Erklärung überzeugt und den Entwurf für den Text geschrieben, der soeben unterzeichnet wurde.[1] Die Anti-Porno-Organisation hieß vorher *Morality in Media,* ist aus der religiösen Rechten gewachsen, macht sich neben Pornografie auch gegen gleichgeschlechtliche Ehe, Abtreibung, Sexarbeit uvm. stark.

Auch nach der Namensänderung, die der Organisation einen säkularen Anstrich verleihen sollte, ist diese weiterhin von christlich-konservativen Motiven geleitet.[2] Das wird auch in der von *NCOSE* vorformulierten (Anti-)Porno-Resolution deutlich. Darin heißt es zum Beispiel, dass Pornokonsum das «Bedürfnis von Männern zu heiraten vermindert», zu «Untreue» und «Unzufriedenheit in der Ehe» sowie «abweichendem» sexuellem Verhalten führe und der «Familieneinheit» schade. Zudem würde er zur «Hypersexualisierung von Jugendlichen und Kindern» beitragen, eine «toxische sexuelle Umgebung» schaffen und «die Nachfrage nach Sex Trafficking und Prostitution» steigern. Geschickt vermischt sind diese konservativen Sorgen mit vermeintlich gesundheitlichen Gefahren: Pornokonsum führe zu einer «ungesunden Hirnentwicklung» und «Essstörungen», mache «psychisch und physisch krank», «süchtig», sogar «biologisch abhängig».[3] Genau deswegen müsse Pornografie als «öffentliche Gesundheitsgefährdung» anerkannt werden, die ein breites Spektrum an individuellen und gesellschaftlichen psychischen wie physischen Schäden für die ganze Nation mit sich bringe. Nach Belegen für all diese Aussagen sucht man selbstverständlich vergeblich.

Wer sich mit den USA etwas auskennt, weiß vielleicht, dass 60 % von Utahs Bevölkerung Anhänger*innen der *Church of Jesus Christ of Latter-day Saints* sind. In dieser Glaubensgemeinschaft herrschen strenge Sexualverhaltensregeln wie Enthaltsamkeit vor der Ehe und der vollständige Verzicht auf Masturbation. Gleichzeitig gibt es nirgendwo in den USA so viele Pornoseiten-Abonnements wie im «Mormonenstaat» Utah.[4] «*Mormon Porn*» hat sich sogar zu einem Nischenpornogenre entwickelt, das mit typisch mormonischen Settings, Bräuchen oder Kleidungsstücken spielt und – wie auch die Seiten *MormonBoyz.com* und

MormonGirlz.com – meist von Ex-Mormon*innen produziert wird.[5] Durch sexuelle Unterdrückung tun sich manchmal wundersame Wege auf. Man könnte annehmen, dass dieser staatliche Pornowiderstand einen Einzel- und Extremfall dieser tiefreligiös geprägten Region darstellt, aber: Derweil haben es Utah ganze 16 US-Staaten gleichgetan und Pornografie ebenfalls zur «öffentlichen Gesundheitskrise» erklärt[6], wobei sie die Resolution nahezu identisch übernahmen. Es handelt sich zwar nicht um bindende Gesetze, die Erklärungen zeichnen aber doch ein pornokritisches Stimmungsbild und bilden eine Grundlage für zukünftige Gesetzesentwürfe. Befürworter*innen nennen es einen «symbolischen Sieg», ich nenne es beängstigend. Man könnte den Kopf schütteln über die prüden US-Amerikaner*innen und das alles nicht sonderlich ernst nehmen. Doch leider handelt es sich nicht um ein isoliertes Phänomen dieses speziellen soziokulturellen Kontextes, sondern um ein besonders eindrückliches Beispiel für eine umfassende Entwicklung, die in den letzten 10 Jahren stattgefunden hat und auch in Deutschland zu beobachten ist: die Medikalisierung des Pornodiskurses. Unter dem Deckmantel vermeintlicher Wissenschaftlichkeit und Objektivität werden lange existierende Vorbehalte gegenüber Pornografie nun als von Wertvorstellungen losgelöste Fakten dargestellt. Angebliche gesundheitliche Gefahren rücken in den Vordergrund, wodurch ein pseudomedizinischer Diskurs rund um das Thema Porno entsteht. Nach wie vor geht es im Kern um (Sexual-)Moral und subjektive Werte, aber in der öffentlichen Debatte entsteht der Eindruck von Sachlichkeit und der absoluten Notwendigkeit von Konsequenzen. Was uns krank macht, muss bekämpft werden, logisch! Auch weniger konservative Menschen würden das unterschreiben. Wer ist schon gegen Gesundheit? Die Überschrift eines *Washington-Post*-Artikels bringt diese Verschiebung der öffentlichen Debatte auf den Punkt: «Ist Porno unmoralisch? Das ist egal. Es ist eine öffentliche Gesundheitskrise!»[7] Im Untertitel heißt es ergänzend, «die Wissenschaft ist nicht mehr zu leugnen». Wie schon dargelegt, sind wissenschaftliche Erkenntnisse zur Pornografiewirkung in Wirklichkeit alles andere als ausreichend oder einstimmig, aber das wissen die Leser*innen dieser Schlagzeile natürlich nicht. Sie nehmen daraus mit: Egal wie ich persönlich zu Pornos stehe, sie schaden der Gesellschaft, und dagegen müssen wir etwas tun. An jenem Text lässt sich nicht nur die rhetorisch argumentative Strategie der Medikalisierung ablesen, sondern es offenbart sich darin auch eine alte Allianz im Widerstand gegen Pornos: Die Autorin Gail Dines ist eine etablierte Stimme des Radikalfeminismus, die nächste Generation nach Dworkin und Co, die schon in den 1980er Jahren Seite an Seite mit der Religiösen Rechten gegen Pornos kämpften. Mit dem Narrativ der Porno-‹Gesundheitskrise› haben beide Gruppen endlich eine vermeintlich objektive Rechtfertigung für das gefunden, was sie seit 30 Jahren, wenn auch aus verschiedenen Gründen, propagieren: die strenge Regulierung, besser noch ein Verbot, von Pornografie.

Sex als Krankheit

Die Pathologisierung von Sex ist im Westen nichts Neues – Pathologisierung, vom altgriechischen páthos = «Krankheit, Leiden», bedeutet so viel wie: etwas zu einer Krankheit machen. 1884 veröffentlichte der deutsche Psychiater Richard von Krafft-Ebing mit *Psychopathia Sexualis* die erste Sexualpathologie, in der er anhand etlicher Fallbeispiele verschiedenste Sexualstörungen vorstellte, darunter Masochismus und Sadismus. Auch Homosexualität stuft er darin als erbliche Nervenkrankheit ein. Sein Buch wurde zum Standardwerk, erschien bis 1924 in 17 Auflagen und sieben Sprachen und hat das westliche Denken über Sexualität maßgeblich geprägt. Seit dem späten 19. Jahrhundert – angetrieben durch die Hinwendung zu den Natur- und Humanwissenschaften – wurden diverse nicht-normative sexuelle Verhaltensweisen, sexuelle Identitäten oder Orientierungen als medizinische Leiden diagnostiziert und behandelt. Viele wurden später in der *ICD*, dem weltweit anerkannten Klassifikationssystem für medizinische Diagnosen, oder dem *DSM*, der Internationalen Klassifikation psychischer Störungen, offiziell als Krankheitsbilder anerkannt. Noch bis in die 1970er Jahre fand sich Homosexualität als psychische Störung im *DSM*, sogar bis 1992 in der *ICD*.[8] Daran wird deutlich, dass die Trennlinie zwischen gesund und krank auch kulturell konstruiert ist. Im Laufe der Geschichte wurde sie oft entlang von sozial unerwünschtem (Sexual-)Verhalten gezogen, um dieses als krankhaft einzuordnen. Klassifikationssysteme wie die *ICD* sind demnach nicht nur Momentaufnahmen des aktuellen Forschungsstandes, sondern immer auch Spiegel gesellschaftlicher Normvorstellungen. Medizin ist weniger objektiv, als sie uns erscheinen mag. In vielerlei Hinsicht hat sie im Prozess der Aufklärung die Kirche in ihrer Rolle als gesellschaftliches Kontrollorgan abgelöst. Die «Pastoralmacht», wie Michel Foucault sie nennt[9], ging quasi von den Männern in schwarzen Talaren zu jenen in weißen Kitteln über. Was vorher als Sünde galt, wurde zur Krankheit umdefiniert. Ein eindrückliches Beispiel: die Masturbation.

Im Zuge der Reformbewegung der Kirche im Hochmittelalter entwickelte sich die Masturbation zum sündhaften Sexualverhalten.[10] Der katholische Theologe Thomas von Aquin erklärte im 13. Jahrhundert alle «Thätigkeiten, aus denen keine Zeugung folgen kann» zur «Sünde wider die

Natur».[11] Ein paar Hundert Jahre später münzten Vertreter der Aufklärung sie in ein medizinisches Problem um. 1760 veröffentlichte ein Schweizer Arzt seine Schrift *L'Onanisme* und erfand eine neue Krankheit: die «Onanie»; benannt nach Onan aus dem Alten Testament, der – genau genommen beim Coitus interruptus, aber: who cares? – seinen Samen zu Boden fallen ließ und verschwendete.[12] Der Mediziner war, der antiken Säftelehre folgend, der festen Überzeugung, dass allein der Verlust kleinster Mengen Sperma um ein Vielfaches kräftezehrender sei als der Verlust großer Mengen Blut und deswegen «die unmäsige Verschwendung dieser Feuchtigkeit [die von «dem Schöpfer» einzig dazu bestimmt war, dass er «in der weiblichen Umarmung ausgeleeret werde»] viele Krankheiten nach sich ziehen müse».[13] Die «Selbstbefleckung», wie er sie nannte, führe zu allen möglichen Leiden von Ausschlägen, Rheuma und Sehstörungen über Lepra, Tuberkulose und Epilepsie bis hin zum Tod. Sein Werk wurde vielfach übersetzt, fand enorme Verbreitung und prägte das westliche Verständnis von Masturbation. So nahm sie später auch die Psychoanalyse in den Blick: Sigmund Freud sah in «autoerotischem» Verhalten eine unreife Form der Sexualität, die bei Erwachsenen Ursache für diverse Nervenkrankheiten sein kann.[14] Schon hundert Jahre vor ihm blickten die Philosophen der Aufklärung kritisch auf die «wohllüstige Selbstschändung», wie Immanuel Kant es nannte. In der Masturbation sah er eine noch fatalere «Verletzung der Pflicht gegen sich selbst» als im Suizid.[15] Er und seine Mitstreiter rückten abermals die Triebkontrolle in den Fokus und trugen dazu bei, Masturbation den Stempel als soziale Gefahr aufzudrücken.[16] In Deutschland wurde diese vor allem zu einem Problem der Pädagogik gemacht. Im Zentrum standen Heranwachsende, die dringend überwacht und mit Horrorgeschichten von erkrankten Masturbatoren zur Schamhaftigkeit erzogen werden sollten. Sogar Onaniebandagen für «Knaben» kamen als mechanische Zwangsmaßnahme gegen die manuelle Selbststimulation zum Einsatz. Sie verschwanden erst gegen 1920 aus den medizinischen Verkaufskatalogen.[17] Masturbation galt, unter anderem wegen der Sorge um die Samenverschwendung, vor allem als männliches Problem. Die Angst vor ihr diente jedoch auch als Triebfeder für die in Europa bis ins 20. Jahrhundert angewandte, gewaltsame Praxis der Klitorisentfernung zur Kontrolle weiblicher Sexualität.[18] Es entfaltete sich ein regelrechter Kreuzzug gegen die Masturbation, der teils obsessive Züge annahm. Die Masturbationspanik ist dabei ebenso wie die Medienpanik eine spezifische Erfindung der Moderne.[19] In der Ablehnung der Pornografie reichen sich beide die Hand. Erst im 20. Jahrhundert stellten die aufkommenden Sexualwissenschaften viele der Fehlannahmen über Masturbation richtig und stießen ein Umdenken an. Dass wir positiv konnotiert von «Selbstbefriedigung» sprechen und diese auch als einen Ausdruck sexueller Selbstbestimmung anerkennen, ist ein noch junges Phänomen des 21. Jahrhunderts.[20] Doch der Ballast aus 200 Jahren Masturbationspanik ist in unsere Gesellschaft eingebrannt und flackert in Form eines neuen Krankheitsbildes wieder auf: der sogenannten Pornosucht.

(Fehl-)Diagnose Pornosucht

Mit Blick auf die lange Geschichte der Pathologisierung von Masturbation ist es wenig überraschend, dass nun auch Pornonutzung als Gesundheitsproblem gedacht wird. Die Angst vor Medien, die zur Masturbation anstiften könnten, begleitete die Debatte um diese sexuelle Praxis von Beginn an.

Für das heutige Verständnis der «Pornosucht» ist aber auch die Idee der Maßlosigkeit zentral. Exzessive Masturbation wurde bereits 1830 als «Erotomanie» medizinisch erfasst und später von Krafft-Ebing als «sexuelle Hyperästhesie» weiter verbreitet.[21] Freud sah im Masturbieren sogar die «Ursucht, als deren Ersatz und Ablösung erst die anderen Süchte nach Alkohol, Morphium, Tabak etc. ins Leben treten».[22] Aber erst in den 1980er Jahren hat die Idee von «Hypersexualität» wirklich breitere Aufmerksamkeit gefunden, was nicht zuletzt an dem herrschenden soziokulturellen Klima lag. Nach der «sexuellen Revolution» in den 1960er und 1970er Jahren, kam es zu einem konservativen Backlash, auch in Bezug auf Sexualmoral. Ängste um Sex wurden zudem durch das wachsende Wissen über HIV befeuert. Der US-Psychologe Patrick Carnes stellte in seinem erfolgreichen Buch *Zerstörerische Lust: Sex als Sucht* (1983) «Sexsucht» erstmals als eigenständige Diagnose vor. Exzessiver Pornokonsum stellte dabei die erste, sexualisierte Gewalt die letzte Stufe dar. Sein Konzept entwickelte er in Anlehnung an die Tradition der US-Selbsthilfekultur, wo die Wurzeln der «Pornosucht»-Idee zu verorten sind.[23] 1976 gründeten sich die *Anonymen Sex- und Liebessüchtigen*, die ihren Mitgliedern analog zu den *Anonymen Alkoholikern* in einem 12-Schritte-Programm Heilung versprachen. Schritt eins: «Wir gaben zu, dass wir der Sex- und Liebessucht gegenüber machtlos sind und unser Leben nicht mehr meistern konnten.» Auch wenn sich diese Organisationen als nicht-religiös bezeichnen, taucht in weiteren Schritten «eine Macht, größer als wir selbst» und das «Gebet» als Lösungsweg auf: «Demütig baten wir Gott, unsere Mängel von uns zu nehmen.»[24] Hier zeigen sich die spirituelle Note und die christlich-evangelikalen Wurzeln der mittlerweile weltweit agierenden Selbsthilfeorganisation, welche auch dem «Pornosucht»-Diskurs schon früh anhafteten. Mit der

Verbreitung des Internets und der wachsenden Verfügbarkeit von Pornos rückte ihre exzessive Nutzung als Unterform der «Sexsucht» immer mehr in den Fokus. In den letzten zehn Jahren hat sich die «Pornosucht» zu einem Buzzword in der öffentlichen Unterhaltung entwickelt.

Dabei handelt es sich bis heute aber um keine medizinisch anerkannte Diagnose. Wissenschaftler*innen, Therapeut*innen und Kliniker*innen diskutieren seit Jahren intensiv, ob exzessive Sexualverhaltensweisen, darunter Pornonutzung, als Krankheit klassifiziert werden sollten und wenn ja, wie. Bei der letzten Überarbeitung des *DSM* wurde der Vorschlag, eine «hypersexuelle Störung» aufzunehmen, noch abgelehnt.[25] Die *ICD* hingegen hat in ihrer neuesten Fassung, die 2022 in Kraft getreten ist, die Diagnose *CSBD (Compulsive Sexual Behavior Disorder)* aufgenommen, zu Deutsch: zwanghafte sexuelle Verhaltensstörung.▾ Als 6C72 kodiert, wird sie als Zwangsstörung im Kapitel der Impulskontrollstörungen geführt. So gilt *CSBD* derzeit als Unvermögen, starke sexuelle Impulse zu kontrollieren, sodass ein Sexualverhalten andauernd wiederholt wird, selbst wenn es negative Folgen hat. Wenn das Sexualverhalten über mindestens sechs Monate anhält, keine oder nur noch wenig Befriedigung bringt, dafür ausgeprägten Leidensdruck, sowie erhebliche Beeinträchtigungen in persönlichen, beruflichen oder anderen wichtigen Bereichen und/oder mehrere Bemühungen, das Verhalten zu reduzieren, erfolglos bleiben – NUR DANN sind die Diagnosekriterien erfüllt.[26] Das müssen letztlich Kliniker*innen, nicht die Patient*innen selbst bewerten.

▾ Eine deutsche Übersetzung existiert bislang nur in einem ersten Entwurf, und die Einführung der *ICD-11* in Deutschland wird noch mehrere Jahre in Anspruch nehmen.

Allein die Häufigkeit eines sexuellen Verhaltens genügt also nicht für eine pathologische Einordnung. Wer jeden Tag zwei Stunden masturbiert, dabei aber Lust empfindet und die übrigen Bereiche des eigenen Lebens meistert, muss sich keine Sorgen machen. Die Dosis allein macht eben *nicht* das Gift.

Exzessives Pornogucken ist nur *eine* mögliche Ausprägung von zwanghaftem Sexualverhalten, das sich auch in exzessivem Cybersex, Telefonsex oder Sex mit anderen ausdrücken kann. In der Praxis berichten Hilfesuchende besonders häufig von dieser Form, sicherlich auch wegen der leichten Zugänglichkeit von Pornos. Dabei wählen sie den Begriff «Pornosucht» oft als Selbstbezeichnung, weil es ihr Erleben eines Kontrollverlustes für sie am besten beschreibt. Da eine entsprechende Diagnose bislang nicht existiert, ist es präziser, von problematischer Pornonutzung, einer Pornonutzungsstörung, zwanghaftem oder sucht*ähnlichem* Pornogucken zu sprechen. Es gibt allerdings Expert*innen, die dafür plädieren, zwanghaftes Sexualverhalten als Verhaltenssucht einzuordnen.[27] Ähnlich wurde *gambling disorder*, umgangssprachlich Spielsucht, im jetzigen *ICD* von einer Impulskontrollstörung zur Verhaltenssucht umkodiert. Dabei handelt es sich um stoff*un*gebundene Süchte, also Abhängigkeiten nicht von Substanzen, wie Alkohol oder Nikotin, sondern von Verhaltensformen. Diese werden zur Flucht vor negativen Gefühlen und Ängsten genutzt, sodass ein exzessives, nicht kontrollierbares Nutzungsmuster entsteht. Verhaltenssüchte sind ein individuelles Problem, das individuell therapeutisch angegangen werden sollte. Dass wir nur bei «Pornosucht» auf den «Stoff» schauen, ist das Ergebnis von Doppelmoral. Niemand kommt auf die Idee, wegen «Sportsucht» Fitnessstudios zu schließen oder wegen «Shoppingsucht» Einkaufszentren. Denn wir wissen, dass der Großteil der Menschen einen gesunden Umgang mit diesen Dingen hat. Genauso ist es bei Pornos. Die konzeptionelle Einordnung jedenfalls, die genauen Diagnosekriterien[28] sowie mögliche Therapieansätze[29] werden weiterhin kontrovers diskutiert.[30]

Die neue Diagnose in der *ICD-11* ist das Ergebnis jahrelanger wissenschaftlicher Debatte und spaltet die Fachcommunity.[31] Für die Einführung spricht vor allem eine bessere Versorgung Betroffener. Der Zugang zu therapeutischer Hilfe und die Kostenübernahme durch Krankenkassen wird durch eine offizielle Diagnose erleichtert. Bisher bestanden Hilfsangebote größtenteils in Form von Selbsthilfegruppen[32], wie beispielsweise den Anonymen Sexsüchtigen. Ähnlich wie bei Depressionen oder ADHS, kann eine Diagnose dazu beitragen, dass Betroffene mit ihrem Leidensdruck von ihrem Umfeld ernst genommen werden. Eine Klassifikation fördert zudem die Forschung und trägt zum besseren Verständnis der Problematik bei. Dieser Effekt zeichnet sich jetzt bereits in Form neuer Projekte ab.▾ Die Gegenseite äußert verschiedene Bedenken gegenüber der Einführung der Diagnose. Beklagt wird vor allem die unzulängliche empirische Datenlage. Es besteht die Sorge, dass die Rahmung als psychische Störung im sozialen Umfeld statt zu Verständnis zu Stigmatisierung führen kann.[33] Zu bedenken ist auch, dass die *ICD* weltweit gilt, also auch in Ländern, in denen kulturell oder religiös bedingt konservative bis feindselige Einstellungen gegenüber bestimmten Sexualitäten oder sexuellen Praktiken herrschen. Hier kann also jede Konzeptualisierung

▾ An der Universität Gießen läuft beispielsweise derzeit das groß angelegte Projekt «PornLoS Pornographie-Nutzungsstörung effektiv behandeln». Es wird mit 5 Millionen Euro gefördert. Ziel ist es, eine neue Behandlung zu erproben, die im Erfolgsfall in ganz Deutschland angeboten werden soll.

nicht-normativer Sexualität als Krankheit in sexnegativer Weise missbraucht und beispielsweise für fragwürdige Therapieformen genutzt werden.[34] Man denke nur an religiöse Konversionstherapieansätze wie «*Pray away the gay*» in den USA. Nicht alle Therapeut*innen und Ärzt*innen können oder wollen zwischen tatsächlich gestörten und nur aus ihrer Sicht moralisch verwerflichen sexuellen Verhaltensweisen unterscheiden. Um diesen Falschgebrauch zu minimieren, wurden der Leidensdruck, das Gefühl von Kontrollverlust und der anhaltende Zeitraum als notwendige Kriterien hinzugefügt.

Darüber hinaus spielen auch die Wertvorstellungen der Diagnostizierten selbst eine Rolle. Da Pornogucken noch immer gesellschaftlich stigmatisiert ist, kann auch ein völlig gesunder Konsum ohne jegliche daraus resultierende Einschränkungen zu Leidensdruck führen – weil er heimlich ausgeübt wird, mit schlechtem Gewissen, etwas Falsches zu tun, oder in dem Gefühl, das eigene Umfeld zu hintergehen oder zu enttäuschen. Wie beispielsweise eine Frau, die denkt, dass sie gar keine sexuellen Impulse haben sollte. Oder ein religiöser Mann, der Masturbation für eine Sünde hält. Oder jemand, der*die unter der eigenen homosexuellen Neigung leidet.[35] Im Bewusstsein darüber ergänzt die *ICD* daher explizit, dass Leidensdruck, «der ausschließlich durch moralische Wertungen oder die Missbilligung besonderer sexueller Verhaltensweisen entsteht», nicht für eine Diagnose ausreicht. Die Sexualmoral klar von den Symptomen zu trennen, ist unter Umständen jedoch schwierig.▾

▾ Die normative Aufladung des Konzepts «Pornosucht» wird vor allem durch die Geistes- und Sozialwissenschaften kritisiert, siehe beispielsweise Reay, Barry et al. (2015): *Sex Addiction: A Critical History*. Polity.

Es besteht zudem die berechtigte Sorge, dass die Diagnose als Ausrede für Fehlverhalten oder sogar als strafmildernder Faktor bei sexualisierter Gewalt missbraucht werden kann. In diversen US-Fallbeispielen wurde «Sexsucht» – auch ohne Vorliegen einer entsprechenden Diagnose – in Gerichtsverfahren rechtfertigend von Angeklagten oder ihren Verteidiger*innen angeführt.[36] Auch in Deutschland war das Medienberichten zufolge schon der Fall: 2018 fand man bei einem nordrheinwestfälischen Rentner Tausende Missbrauchsdarstellungen auf dem Computer, 2019 wurde ein 39-jähriger Kölner wegen jahrelangem Missbrauchs seiner Stieftochter angeklagt – in beiden Fällen brachte der Verteidiger «Pornosucht» als Rechtfertigung an.[37] Auch in einem Schweizer Verfahren gegen einen Mann, der 2016 eine Bekannte entführt und sexuell genötigt hatte, spricht der Verteidiger von einer Kurzschlusshandlung seines Mandanten, der «unter dem Einfluss seiner Pornosucht gestanden» habe.[38] 2007 bekam ein Hamburger Lehrer für den Besitz großer Mengen Missbrauchsdarstellungen lediglich ein Jahr Bewährungsstrafe mit der Erklärung: «Strafmildernd sei, dass er wegen einer Alkohol- und Pornosucht möglicherweise vermindert schuldfähig war».[39] Im Kontext des Falls Teichtmeister im Januar 2023 tauchte in Kommentarspalten auf: «Pädophilie? Nein! Pornosucht!»[40] Hier passiert eine gefährliche Instrumentalisierung dieses Krankheitsbildes. Zusammengefasst: Die Diagnose birgt neue Chancen und neue Risiken.

Die Herausforderung liegt vor allem darin, die Diagnosekriterien so zu gestalten, dass sie einerseits keinen Raum für eine vorschnelle Diagnose und die befürchteten hohen Falsch-positiv-Raten lassen, aber andererseits auch keiner möglichen Behandlung für Betroffene im Weg stehen. Welcher der beiden Seiten in der Diskussion höhere Priorität beigemessen wird, ist eine Frage der Perspektive. Wer therapeutisch arbeitet, wird vor allem den Leidensdruck von Patient*innen im Fokus haben. Wer aus dem Strafrecht kommt, hat die Gefahr der Instrumentalisierung stärker vor Augen. Es geht eher um ein Abwägen als um ein Richtig oder Falsch. Insgesamt wird deutlich, dass die *ICD* das Ergebnis von intensiven Aushandlungsprozessen ist und kein Buch der medizinischen Wahrheiten. Zu hoffen bleibt, dass durch die Einführung der Diagnose Forschung angestoßen wird, die mehr Klarheit über dieses komplexe Phänomen verschafft.

Das «Pornosucht»-Narrativ

Als Laie bekommt man von diesen Nuancen und Unstimmigkeiten innerhalb der Wissenschaft(en) nichts mit. Denn in den Medien, die auch bei diesem Thema als Bindeglied zwischen Forschung und breiter Öffentlichkeit dienen, heißt es nur: «Tabuthema Pornosucht» (*ZDF*), «Pornoland Deutschland: Von Süchtigen und Profiteuren» (*ARD*), «Pornosucht: Sexualtherapeutin über negative Auswirkungen» (*stern*), «Interview zu Pornosucht» (*FAZ*), «Pornosucht: Wenn normaler Sex nicht mehr ausreicht» (*SWR3*), «Das Internet treibt viele Männer in die Pornosucht» (*Welt*) usw. Nicht nur nutzen Medien entgegen der Faktenlage mit großer Selbstverständlichkeit und Leichtfertigkeit den Begriff «Sucht», sie stellen auch permanent einen Zusammenhang mit anderen Süchten her: «Pornosucht: Wenn Porno zur Droge wird» (*Stuttgarter Zeitung*), «Internetpornos sind schlimmer als Heroin» (*VICE*), «Die ‹Superdroge› aus dem Netz» (*stern*) etc. Solche Vergleiche zu substanzgebundenen Süchten wecken falsche Assoziationen und es entsteht der Eindruck, dass es sich bei Pornos um einen Suchtstoff wie Alkohol, Tabak oder gar Kokain handelt. Aber Pornos machen nicht körperlich abhängig, Pornos sind nicht krebserregend oder leberschädigend, und Pornos machen nicht beim ersten Kontakt süchtig. Auch wenn es immer wieder so dargestellt wird: «Kanye West erklärt, seine Sucht nach Pornografie startete bereits im zarten Alter von fünf Jahren. Schuld daran soll sein Vater sein, der damals ein *Playboy*-Magazin offen im Haus hat herumliegen lassen» *(Gala)*. Zack-bumm, süchtig! So funktioniert es einfach nicht. Bei aller Uneinigkeit in der Fachcommunity plädiert niemand dafür, zwanghafte Pornonutzung als stoffgebundene Sucht einzuordnen – als solche wird er aber im öffentlichen Diskurs oft behandelt.

Besonders problematisch ist, dass die Medienberichterstattung die Verbreitung suchtähnlicher Pornonutzung aufbauscht. Da es bis vor Kurzem keine offiziell anerkannten Diagnosekriterien gab, sind verlässliche Aussagen über die Häufigkeit in der Bevölkerung nur schwer zu treffen. Jüngsten Zahlen zufolge sind schätzungsweise etwa 500 000 Menschen in Deutschland von der Pornografie-Nutzungsstörung betroffen, das sind weniger als 1 %.[41] In den Medien heißt es dennoch: «Kontrollverlust durch Pornosucht ist ein Massenphänomen» (*ARD*), «Jeder zwanzigste Erwachsene ist süchtig nach Pornos» (*hessenschau*). Insgesamt ist das Krankheitsbild völlig überrepräsentiert. Es gibt so gut wie kein Leitmedium, das in den letzten Jahren nicht darüber berichtet hat. Wenn die Prävalenz von Krankheiten in der öffentlichen Unterhaltung künstlich aufgebläht wird, spricht man von *Disease Mongering*. Das bedeutet, dass der Eindruck vermittelt wird, eine Krankheit sei weiter verbreitet, als sie es eigentlich ist. Dadurch entsteht in der Gesellschaft eine überproportionale Angst vor dieser Krankheit und eine unangemessene Sorge, selbst betroffen zu sein. Wenn ich in einer Überschrift lese «Jeder Zwanzigste ist pornosüchtig!», ist es ein nahe liegender Gedanke, mich zu fragen, ob ich eine*r davon bin. Insbesondere dann, wenn es um eine Praxis geht, über die ich mit niemandem rede und für die ich mich womöglich ohnehin schon schäme. Die Sorge, komisch oder «nicht normal» zu sein, treibt viele Menschen um, wenn es um Pornos geht. Diese Selbstzweifel sind ein fruchtbarer Nährboden für ein Krankheitsbild wie «Pornosucht». Tatsächlich neigen religiöse Menschen nachweislich eher dazu, sich selbst als «pornosüchtig» einzustufen.[42] Hier kann die Diagnose geradezu eine Erleichterung sein. Nach dem Motto: Lieber krank als ein schlechter Mensch! Hunderte Artikel nach dem Muster «Porno-Sucht: Daran erkennen Sie, ob Sie betroffen sind» (*GQ*) tragen zu einer Selbstdiagnosetendenz bei. Insbesondere wenn darin Fragen auftauchen, die bei anderen Suchtverhalten sinnvoll sein mögen, bei Pornokonsum aber absurd sind. «Sind Sie meistens alleine, wenn Sie Pornos konsumieren?» oder: «Haben Sie schon einmal heimlich Pornos konsumiert?» Das trifft auf die meisten Menschen zu. Nicht, weil sie «süchtig» sind, sondern weil gesellschaftliche Konventionen es so vorgeben. Die Wahrscheinlichkeit, dass Personen mit einem gesunden Pornonutzungsverhalten aus solchen Fragebögen ein fehlgeleitetes Gefühl von «OHOH! Ich bin süchtig» mitnehmen, ist leider groß.

Selbstdiagnose spielt im gesamten «Pornosucht»-Diskurs eine zentrale Rolle. Ich weiß nicht, wie viele Berichte nach dem Schema «Pornografiesucht: Ein betroffener Mann erzählt» ich mittlerweile gelesen, gehört und gesehen habe. Sie sind oft nahezu identisch und vermitteln fast immer Falschinformationen. Natürlich soll Betroffenen zugehört und ihr Leidensdruck ernst genommen werden, aber wer von etwas betroffen ist, ist nicht automatisch Expert*in dafür. Wir lassen im Fernsehen für gewöhnlich auch niemanden mit Depression erklären, wie diese neurobiologisch funktionieren. Im «Pornosucht»-Diskurs hingegen werden Betroffene gerne wie Hirnspezialisten befragt. «Pornosüchtige» können ihre Erfahrungen teilen, diese aber nicht unbedingt fachlich einordnen. Viele selbst deklarierte «Pornosüchtige», die in den Medien auftreten, haben zudem niemals eine Diagnose erhalten. Dabei spielen auch Celebrities eine entscheidende Rolle. Terry Crews in der *Jimmy Kimmel Show* sowie Chris Rock in seinem *Netflix*-Comedy-Special sprechen vor Millionenpublikum über ihre «Pornosucht». Ich erinnere mich an das erste Mal, als ich von dieser neuen Krankheit hörte: 2013, als Patrick Nuo im *Dschungelcamp* vor laufenden Kameras gestand: «Ich war extrem Porno-abhängig. Was für andere Alkohol und Heroin war, waren für mich Pornos!»[43] Auch in popkulturellen Texten ist «der Pornosüchtige» längst als Figur angekommen, wir finden ihn in Kinofilmen wie *Shame*, *Don Jon*, *Thanks for Sharing* oder Serien wie *Californication*, *South Park* und *Big Mouth*. Die meisten Menschen sind heute einem «Pornosüchtigen», ob fiktional oder nicht, bereits in den Medien begegnet. Was dabei auffällt: Sie alle sind (heterosexuelle) Männer. Und das ist kein Zufall.

Männerbünde

«Pornosucht» wird medial als reine Männerkrankheit geframt. Auch wenn das Pornopublikum zu etwa einem Drittel aus Frauen besteht, kommen diese in der Unterhaltung so gut wie gar nicht vor. Das Gendern des «Pornosucht»-Narrativs funktioniert nicht zuletzt deshalb so gut, weil die Macht männlicher Triebhaftigkeit so tief in unsere Kultur eingeschrieben ist, dass ihre pathologische Aufdringlichkeit intuitiv einleuchtet. Männer müssen vor ihrem unersättlichen Masturbationsdrang beschützt werden? Klingt logisch. Um genau das zu tun, hat sich eine Anti-Masturbations-Bewegung formiert: die *NoFap*-Bewegung. *Fap* steht dabei, lautmalerisch das Geräusch der um den Penis gelegten und auf den Körper klatschenden Hand imitierend, für männliche Masturbation. Der Name umschreibt den Verzicht auf selbige, was Ziel der Bewegung ist. Sie entstand 2011 mit einem simplen Post auf der Plattform *Reddit,* in dem der damals 21-jährige Alexander Rhodes auf eine Studie aufmerksam machte, der zufolge das Testosteronlevel deutlich steigt, wenn man sieben Tage lang nicht masturbiert. Besagte Studie[44] wurde 2021 wegen Fehlerhaftigkeit zurückgerufen, aber *NoFap*-Anhänger beziehen sich weiterhin mantrahaft auf sie. Dass ein möglichst hohes Testosteronlevel innerhalb dieser Gruppierung als ultimativ erstrebenswert gilt, spricht Bände. Die Idee dahinter: Mehr Testosteron führt zu mehr Selbstbewusstsein und Aggressivität, was von ihnen positiv bewertet wird. Für sie dreht sich alles darum, sich als «Alphamänner» hervorzutun und einem rückständigen Männlichkeitsbild nachzueifern. Rhodes selbst litt unter seiner exzessiven Pornonutzung und wollte anderen Männern dabei helfen, ihre «Pornosucht» durch Abstinenz zu überwinden. Er löste einen regelrechten Hype aus, bereits 2018 zählte seine Community allein auf *Reddit* über 250 000 Mitglieder, mittlerweile sind es mehr als eine Million. Dabei handelt es sich zu über 90 % um heterosexuelle Männer unter 28 Jahren.[45] Diese organisieren sich wie eine Online-Selbsthilfegruppe für selbst ernannte «Pornosüchtige», in der sie Erfahrungen austauschen und sich gegenseitig anspornen. Zu der enormen Reichweite tragen auch Celebrities bei, die als «Männervorbilder» fungieren. Russell Brand zum Beispiel rät seinen 6 Millionen *YouTube*-Follower*innen zu *NoFap*. Auch in Deutschland ist der Trend längst angekommen. Auf Seiten wie *www.maennlichkeit-staerken.de* bieten «Männercoaches» entsprechende Trainingseinheiten an. Schon 2017 postete der Leipziger Rocco Moosdorf, einer der sichtbarsten *NoFap*-Vertreter hierzulande, auf seinem *YouTube*-Kanal das erste Video zu seiner persönlichen #NoFapChallenge. Unter diesem Hashtag animiert die Bewegung Männer dazu, möglichst lange ohne Masturbation auszuhalten. Wenn man ihm lauscht, wie er davon berichtet, dass er «alles [Sperma] in sich drin behalten» und «die ganze Energie in seinem Körper zirkulieren» lassen will[46], fühlt man sich doch sehr an die Säftelehre-geprägten Mythen des 19. Jahrhunderts erinnert, laut denen Samenverlust durch Masturbation zu Erschöpfung führe. Sogar die Angst vor der unfreiwilligen nächtlichen Selbstbefleckung teilt Moosdorf. Daran wird deutlich, dass der ganze Ansatz nichts mit einem ja durchaus mal sinnvollen vorübergehenden Verzicht zu tun hat, wie das beim Fasten oder einem *Digital Detox* der Fall ist. Bei *NoFap* geht es nicht um reflektierten Medienkonsum oder das Hinterfragen eingefahrener Gewohnheiten, sondern einzig darum, «den Saft» in sich zu behalten. Im Kern steht der feste Glaube daran, dass Masturbation ungesund ist.[47] Und nur deshalb, nicht etwa wegen der Inhalte oder der Industrie, kritisiert die Bewegung Pornos.[48] In der «Hardmode-Variante» von *NoFap*, die zeitweilig auch Moosdorf praktizierte, wird deswegen ganz auf Sex oder zumindest auf Orgasmen beim Sex verzichtet. Teils laufen die Programme, wie passend, unter dem Schlagwort *«semen retention»*, dem Zurückhalten von Samen. Dadurch, so verspricht *NoFap*, bekomme man förmlich «Superkräfte», bessere Konzentrationsfähigkeit, Energie, gesteigerte körperliche Fitness. Auch Moosdorf präsentiert in seinen Videos immer wieder sein Sixpack und verpackt alles in eine unangenehme Selbstoptimierungserzählung, gespickt mit esoterischen Elementen. Es gibt diverse Fitness- oder Life Coaches, die *NoFap* ebenfalls empfehlen, wie Sol Brah, der das durch Abstinenz angeblich gepushte Testosteron als «natürliches Anabolika» bezeichnet.[49] Paradoxerweise werben vor allem selbst erkorene *Pick-up Artists*, Aufreißkünstler, damit für *NoFap*, dass man unter dem Einfluss von Testosteron zum «Frauenmagnet» werde und leichter denn je zu Sex komme.[50] Aber die guten Säfte! Ein gängiges Argument der *Fap*stronauten, wie sie sich nennen, lautet zudem, dass sie durch ihre Masturbations-Abstinenz besser mit Frauen umgehen würden: «Ich will wissen, was Frauen für Werte haben, und reduziere sie nicht mehr nur auf ihren Körper»[51], berichtet Moosdorf stolz. Gleichzeitig spricht er sich laut *Spiegel*-Bericht in der *Telegram*-Gruppe *MGTOW Deutschland* dafür aus, Frauen zu schlagen, wenn sie untreu sind.[52] *MGTOW* steht für *Men Going Their Own Way*, Männer machen ihr Ding, und ist eine Online-Männergruppe, die die Bindung an Frauen gänzlich ablehnt und große Überschneidungen mit *NoFap* hat. Beide Communities gehören zu der «Manosphere», der losen Verbindung misogyner und männerrechtlerischer Aktivisten im Internet mit Verbindungen zur rechtsextremen Szene, die sich mittlerweile derart radikalisiert hat, dass Teile davon mit dem Wort «Terror» treffend beschrieben sind. Ihre wohl extremste Ausprägung sind *Incels* (*involuntary celibates* = unfreiwillig Zölibatäre), die meinen, einen Anspruch auf Sex zu haben, und mit diversen frauenfeindlich motivierten Gewalttaten in Verbindung gebracht werden.[53] Aber auch die *NoFap*-Community, als *Volcels* (*voluntary celibates* = freiwillig Abstinente) bezeichnet, sind als extremistische Gruppe einzustufen.[54] Sie pflegen enge Verbindungen zur Rechten, in den USA zum Beispiel zu den rechtsextremen *Proud Boys*, in Deutschland zur rechtsterroristischen *Feuerkrieg Division*[55] sowie zur *Jungen Alternative*. Ein AfD-Stadtrat postete einen *NoFap*-Aufruf mit dem Hinweis, dass Masturbation «generell eingestellt» werden solle, «da sie einen der schöpferischen Energie, vieler Nährstoffe und der männlichen Kraft beraubt».[56] Klingt zwar eins zu eins wie aus einem Masturbationspanik-Pamphlet aus dem 19. Jahrhundert, wiederholt hier aber nur die *NoFap*-Logik. Dort finden sich auch dezidiert antisemitische Anteile, nach denen die Pornoindustrie Teil der «jüdischen Weltverschwörung» sei.[57] Natürlich treffen diese Tendenzen nicht auf alle Mitglieder zu, aber dass sich Rechtsextreme in den Reihen der *NoFappers* wohlzufühlen scheinen, sollte uns zu denken geben. Auch das Ausmaß an toxischer Männlichkeit, die offene Misogynie und tiefgreifende Wissenschaftsfeindlichkeit dieser Community sprechen dafür, sie als gefährlich einzustufen. Jüngste Forschung zeigt zudem, dass der *NoFap*-Ansatz, auch *«Reboot»* genannt, nicht nur nutzlos, sondern sogar schädlich ist.[58] Dass die Neurowissenschaftlerin hinter diesen Ergebnissen, Nicole Prause, von *NoFap*-Gründer Alexander Rhodes wegen Diffamierung angezeigt wurde (und er hierfür problemlos 35 000 US-Dollar per Crowdfunding von seiner Community zusammenbekam), ist beängstigend.[59] *NoFap* ist kein harmloser Internettrend unter jungen Männern, sondern eine maskulinistische Gruppierung, die Desinformation verbreitet und in schamerfüllten Männern auf der Suche nach männlicher Anerkennung und Zugehörigkeit leichte Beute für ihre Ideologien findet.

Auch wenn *NoFap* seit 2013 ein geschützter Markenname ist, gibt es etliche ähnliche Programme, die versprechen, Männer durch Abstinenz von «Pornosucht» zu heilen. Darunter diverse religiöse Angebote, die mit Heilung durch Glauben locken.▾ Online finden sich Hunderte «Jesus hat mich aus meiner Pornosucht gerettet»-Offenbarungsgeschichten – sogar entsprechende, absolut ernst gemeinte T-Shirts.[60] Auch in Deutschland gibt es verschiedene Gemeinden und

▾ Das eindrücklichste Beispiel: *XXXchurch.com.*

Organisationen, die «Hilfe» anbieten. Für schlappe 400 Euro kann Mann sich im gemeinsamen «Männergebet» im Allgäu von Pornos befreien lassen.[61] Es gibt aber auch tantrische, spirituelle, nahezu militärisch anmutende oder Luxusentzugsklinik-artige Pornosuchtbehandlungsangebote, in Online-Seminaren, als Outdoor-Workshops oder in Form von Porno-Blockier-Technik. Die Accountability Software *Covenant Eyes: Quit Porn Now* erwirtschaftete nach eigenen Aussagen schon 2008 mit über 50 000 User*innen einen Jahresumsatz von rund 4 Millionen US-Dollar.[62] Für manche Firmen ist die Angst vor «Pornosucht» durchaus ein lukrativer Markt. Auch die Berge an Selbsthilfeliteratur wollen davon etwas abbekommen. Wer online nach meinem Buch sucht, stolpert wohl zwangsläufig über diverse Ratgeber, die erklären, wie man von Pornos wegkommt: *Voll Porno! Warum echte Kerle Nein sagen* oder: *Unfuck Your World – Wie Du endlich und für immer mit Pornos und Masturbation aufhörst.* 2017 entstand die Internetchallenge *#NoNutNovember, Nut* von Ejakulation, die sich einen Monat Abspritzfasten zum Ziel setzt. Dass diese ausgerechnet im November stattfindet, der als *Movember* für Awareness zu Themen wie Prostatakrebs steht, zeigt abermals, dass Anti-Masturbations-Bestrebungen unter dem Deckmantel von Männergesundheit forciert werden. Das ist besonders ironisch, wenn man bedenkt, dass regelmäßiges Ejakulieren in Wirklichkeit diverse gesundheitliche Vorteile, wie die Reduktion von Prostatakrebs-Risiko, mit sich bringt.[63] Diese neue, vermeintlich gesundheitsorientierte Anti-Porno-Bewegung macht sich neben dem Suchtargument als solchem vor allem die Ängste vor Negativwirkungen von Pornos zunutze. Ein Fokus dabei, ganz im Sinne stereotyper Männlichkeitsbilder: «pornoinduzierte Erektionsprobleme».

Erektionskiller Porno?

Galt erektile Dysfunktion lange als eine Alterserscheinung, berichten derzeit immer mehr Männer unter 40 von Schwierigkeiten, beim Sex eine Erektion zu halten.[64] Eine verbreitete Annahme lautet, dass Pornos daran schuld seien. Im Sommer 2020 häuften sich entsprechende Schlagzeilen: «Forscher: Porno-Zuschauer haben häufiger Erektionsstörungen» (*Zeit*), «Wenn der Pornokonsum die Erektionsfähigkeit beeinträchtigt» (*Welt*), «Erektionsstörungen durch häufigen Pornokonsum? Eine Studie deckt jetzt auf» (*GQ*). Ein Blick in besagte Studie, genauer: Online-Befragung, zeigt jedoch, dass dort lediglich ein Zusammenhang (Korrelation!) mit Erektionsproblemen und das auch nur von *problematischem* Pornokonsum festgestellt wurde.[65] Teilnehmende mit höheren Werten beim Selbstbeurteilungstest zum Pornonutzungsverhalten▾ gaben häufiger an, Schwierigkeiten mit ihrer Erektionsfähigkeit zu haben. Das stimmt mit den Ergebnissen anderer Studien überein.[66] Entscheidend dafür zeigten sich Kontrollverlust oder Leidensdruck, also das Verhältnis zum – NICHT der Umfang vom – eigenen Pornokonsum.[67] So zeigt sich beispielsweise auch, dass für gläubige Männer Pornonutzung stärker mit geminderter Sexualfunktion verbunden (Korrelation!) ist.[68] Wer das eigene Pornogucken für moralisch falsch hält, entwickelt sexuelle Scham, die zulasten der Erektion fällt.[69] Grundsätzlich erklärt sich der Zusammenhang von Pornonutzung und Erektionsproblemen womöglich aber auch umgekehrt: Es kann sein, dass Menschen gerade *wegen* ihrer Erektionsschwierigkeiten mehr Pornos schauen. Weil hier weniger Druck auf dem «Funk-

▾ Verwendet wurde der *Cyber Pornography Addiction Test (CYPAT)*.

tionieren» ihres Penis liegt als beim Sex mit Partner*innen. Alleine kann es leichter sein, sich in die Lust fallen zu lassen statt um die Bedürfnisbefriedigung oder Erwartungshaltung einer anderen Person zu kreisen. Da wundert es auch nicht, dass Männer mit Erektionsschwierigkeiten öfter Solosex gegenüber Partnersex bevorzugen.[70] Kurzum: Wenn auf Grundlage dieser Ergebnisse Journalist*innen behaupten, «Porno-Konsum führt laut Forschern zu Erektionsstörungen» (*Berliner Morgenpost*), dann ist das schlichtweg falsch. Von kulturell aufgeladenen Interpretationen wie «Urologen warnen, dass Pornokonsum die Männlichkeit bedrohe» (*SZ*) mal ganz abgesehen. Erektionsfähigkeit und Männlichkeit sind keine Synonyme. Sie als solche zu betrachten, führt zu genau der Art von Stress, der *tatsächlich* Erektionen killt.

Nach aktuellem Forschungsstand besteht kein nennenswerter Zusammenhang zwischen (gesundem) Pornokonsum und Erektionsproblemen.[71] Dass diese heute immer weiter und unter immer jüngeren Männern verbreitet sind, kann viele andere Gründe haben: die Zunahme von Stress, Leistungsdruck, finanzielle Sorgen, Depressionen, die Einnahme von Antidepressiva, Mehrgewicht und vieles mehr. Zeitgleich wird es immer leichter, über dieses Thema zu sprechen, sodass möglicherweise gar nicht das Aufkommen gewachsen ist, sondern nur dessen Sichtbarkeit. In Anbetracht der Datenlage wurde die sogenannte PIED (Porno-induzierte erektile Dysfunktion) als «klinisches Märchen» bezeichnet, das sich wohl auch deshalb so standhaft hält, weil einzelne Fallbeschreibungen, Selbstdiagnosen und aktivistische Stimmen im Diskurs viel lauter sind als empirische Daten. Im Gegenteil gibt es Hinweise darauf, dass Pornokonsum die Erektionsfähigkeit verbessern könnte.[72] Zum Teil werden sie sogar als Hilfsmittel bei der Behandlung sexueller Funktionsstörungen eingesetzt.[73]

Das ganze Thema ist ein Paradebeispiel in Sachen Pornodiskurs, der oft fälschlicherweise vage Zusammenhänge als belegte Wirkmechanismen kommuniziert. Die *Bunte* verkündete, dass «bedenklichen» Forschungsergebnissen zufolge «am Porno-Konsum der Männer Beziehungen zerbrechen». Nicht nur Männlichkeit, sondern auch Beziehungszufriedenheit wird hier an die Erektionsfähigkeit gekoppelt, was einen heteronormativen, auf Penetration und letztlich Reproduktion fokussierten Blick auf Sex offenbart. Dass nur ein kleiner Teil der Menschen mit Vagina durch pure Penetration zum Orgasmus kommt und somit eine Erektion für deren sexuelle Befriedigung gar nicht notwendig ist, wird hier mal wieder vergessen. Nicht nur im Zusammenhang mit Erektionsstörungen, sondern auch grundsätzlich bildet die hier geäußerte Bedrohung von Pornos für Beziehungen einen weiteren Schwerpunkt im «Pornosucht»-Narrativ.

Beziehungskiller Porno?

Wir alle kennen diese Szenen: Ein Mann schleicht sich mitten in der Nacht aus dem gemeinsamen Ehebett und holt sich, während seine Frau ahnungslos schläft, im bläulichen Licht des Bildschirms heimlich einen runter. In popkulturellen Darstellungen wird Pornoschauen in romantischen Beziehungen meist als Betrug inszeniert. Diese Haltung ist auch in der Gesellschaft weit verbreitet: Gut ein Drittel, und 42 % der Frauen,[74] empfinden es als Untreue, wenn in einer Beziehung Pornos geschaut werden. Trotzdem tun dies 60 % der Männer in festen Beziehungen regelmäßig.[75] Neben der Masturbation an sich, also der Tatsache, dass mein*e Partner*in ohne mich sexuelle Lust erlebt, geht es beim Pornoschauen auch um die Bilder, die dabei angesehen werden. Das kann sich für einige mehr nach «Sex mit jemand anderem» anfühlen. In Studien fallen in Bezug auf den Pornokonsum des Partners sogar Formulierungen wie «er hat eine andere Frau in die Beziehung gebracht».[76] Vor allem Frauen haben oft Angst, mit den Frauen in den Pornos, die ihr Partner schaut, «nicht mithalten» zu können, sehen sich also in einem Konkurrenzverhältnis. Insbesondere, wenn diese dem eigenen Körper- oder Phänotyp nicht entsprechen, kann das verunsichern. Anzunehmen, dass Menschen beim Masturbieren ohne Pornos stets an jene Person denken würden, mit der sie aktuell Sex haben, ist allerdings ein Trugschluss. Selbst *beim* Sex mit jemandem ist es nicht ungewöhnlich, an jemand anderen zu denken. Natürlich können Partner*innen in jeder Beziehung nur selbst festlegen, welches Verhalten der*des anderen für sie okay ist und welches nicht. Dass in vielen Partnerschaften das Pornoschauen verheimlicht wird, stimmt. Dass sich das wie Betrug anfühlen kann, ebenso. Natürlich hat das dann negative Auswirkungen auf eine Beziehung.[77] Der wahre Beziehungskiller ist dann aber das Lügen, nicht die Pornos! Im Verständnis von Pornoschauen als Fremdgehen zeigt sich einerseits das anhaltende Beziehungsideal von Treue (selbst in der Fantasie!) und andererseits die Rolle von Solosex als schiere Ersatzbefriedigung für Paarsexualität. Würden wir Sex mit uns selbst als eigenständigen Teil von Sexualität anerkennen, würde dieser auch nicht in Konkurrenz zum partnerschaftlichen Sex treten. Sexuelle Lust ist kein Nullsummenspiel, sie muss nicht zwischen Pornos und Partner*in aufgeteilt werden.

Dennoch gibt es einige, vor allem männlich identifizierte Pornonutzer*innen, die angeben, dass Pornos ihre Lust auf «realen» Sex verringern.[78] So beschreibt ein Studienteilnehmer, wie er manchmal nachmittags zu Pornos masturbiert und dann, wenn seine Partnerin abends nach Hause kommt und Sex möchte, keine Lust mehr hat. Das wirft erst einmal die Frage auf, wie zentral hier die reine Triebabfuhr in Form eines Orgasmus beim partnerschaftlichen Sex ist? Denn seine Logik lautet ja: Ich muss einmal am Tag kommen, und wenn ich das allein mit Pornos erledige, brauche ich keinen Sex mehr mit meiner Partnerin. Das ist eine recht verkürzte Vorstellung von Sexualität. Fraglich ist aber auch, inwiefern das beschriebene Szenario tatsächlich problematisch ist. Ist es nicht auch einfach okay, manchmal mehr Lust auf Sex mit uns selbst zu haben? Und hat das nicht auch einfach viel mit Timing zu tun? Wenn wir horny sind, aber unser*e Partner*in gerade nicht da ist, keine Zeit für oder keine Lust auf Sex hat, muss ich dann auf die Befriedigung verzichten und warten, bis sich die Gelegenheit der gemeinsamen Erregung ergibt? Ich zumindest wünsche mir das für mich anders. Wenn Solosex für alle Beteiligten ein selbstverständlicher Bestandteil von Beziehungen ist, dann nimmt das den Druck der synchronisierten Lust auf Sex. In dem obigen Szenario wäre dann auch die Partnerin nicht darauf angewiesen, beim Heimkommen einen sexuell ansprechbaren Mann vorzufinden. Sätze wie «Ich habe gerade keine Lust, aber mach's dir gerne selber, Schatz!» oder «Ich habe Lust zu kommen, magst du mir dabei helfen oder zusehen?» sind Teil einer völlig normalen Beziehungskommunikation. Wir sollten unbedingt davon wegkommen, Partner*innen für unsere sexuelle Bedürfnisbefriedigung verantwortlich zu machen. Pornos können hier ein hilfreiches Ventil sein. «Sie können ihr einen Orgasmus verschaffen, wenn ich nicht da oder nicht in der Stimmung bin», sagt ein Studienteilnehmer über die Pornonutzung seiner Partnerin. «Dank Pornos streiten wir seltener darüber, wann und wie oft wir Sex haben», sagt ein anderes Paar.[79]

Pornos können nicht nur grundsätzliche oder temporäre

Diskrepanzen in puncto Libido überbrücken, sondern auch in Bezug auf bestimmte Vorlieben. Wenn zwei Partner*innen einen Kink nicht teilen, kann dieser in Pornos ausgelebt werden. «Ich freue mich, wenn er seine Wünsche dort erfüllt bekommt», sagt eine Studienteilnehmerin. «Es entlastet mich, ihn nicht alleine befriedigen zu müssen», sagt eine andere. Das ist ein positiver Blick auf die Idee von Porno als Ersatzbefriedigung, der nichts mit der Idee zu tun hat, dass Männer mit Pornos ihr Pulver verschießen. Pornos können Partner*innen auch ergänzen und entlasten, statt sie, wie die Angst vieler Menschen, kurzerhand zu ersetzen.

Darüber hinaus können Pornos auch zusammen angeschaut werden und so einerseits als gemeinsame, unterhaltsame Aktivität dienen, um Lust aufeinander zu bekommen, andererseits als Gesprächsanlass. Die meisten von uns haben nicht gelernt, sexuelle Wünsche zu formulieren oder uns offen über unsere Vorlieben auszutauschen. Bei einem Pärchenpornoabend zu sagen «Oh, das würde ich gerne mal ausprobieren» oder «Das habe ich schon mal gemacht und das war gar nichts für mich», kann es deutlich leichter machen, Bedürfnisse zu kommunizieren oder Grenzen zu setzen.[80] Eine Probandin sagt zum Beispiel über ihren Partner: «Als wir uns trafen, wusste er nicht so recht, was er mit seinen Fingern anfangen soll, und ich hatte Schwierigkeiten, es ihm zu erklären. Ich habe es ihm dann in Pornos gezeigt, und das hat geholfen.»[81] In der Selbstwahrnehmung überwiegen bei befragten Paaren die positiven Wirkungen von Pornos auf ihre Beziehung deutlich.[82]

Die wissenschaftliche Auseinandersetzung mit dem Einfluss von Pornos auf Paarbeziehungen lässt sich leider größtenteils als angestrengte Bestätigungssuche für angenommene Schäden beschreiben. Diverse Studien legen einen negativen Einfluss auf die Beziehungszufriedenheit nahe, lassen aber diverse Faktoren unberücksichtigt. Zum Beispiel untersuchen sie Pornonutzung meist nicht getrennt von pornoloser Masturbation, obwohl Letztere im Zusammenhang mit Beziehungszufriedenheit ausschlaggebend zu sein scheint.[83] Zudem spielt die Diskrepanz im Pornonutzungsverhalten von Partner*innen eine Rolle. Wenn eine Partnerperson viele Pornos und die andere keine schaut, zeigt sich ein negativer Einfluss. Wenn die Nutzung aber übereinstimmt, also beide auch alleine gleich viel Pornos schauen oder gemeinsam Pornos nutzen, ist das eine gute Voraussetzung für Beziehungszufriedenheit.[84] Ebenso ist die sexuelle Orientierung ein vernachlässigter Einflussfaktor. Aktuelle Ergebnisse zeigen, dass Pornonutzung bei Männern nur in heterosexuellen Beziehungen mit weniger sexueller Zufriedenheit zusammenhängt, zwischen homosexuellen Partnern aber das Gegenteil der Fall ist.[85]

In der Forschung zum Thema Porno und Beziehung fällt deren konservative Bias besonders stark auf. Mit großer Selbstverständlichkeit wird in vielen wissenschaftlichen Beiträgen Monogamie zur Grundvoraussetzung für eine gelingende Beziehung gemacht, Offenheit gegenüber unverbindlichem Sex oder außerehelichen Aktivitäten als negativ bewertet oder Partnersex gegenüber Solosex priorisiert. So warnt beispielsweise ein Text, dass durch Pornos «zynische Einstellungen zu Liebe» entstehen, «Promiskuität als natürlicher Zustand» empfunden und «die Ehe als sexuell einengend wahrgenommen» werden könnten.[86] Gott bewahre! Um den Einfluss von Pornos auf Beziehungen zu untersuchen, müssen wir uns erst einmal einigen, woran wir Beziehungsqualität überhaupt messen wollen. Bei all diesen Ambivalenzen und Uneinigkeiten in der Forschung rund um Pornonutzung und ihre Auswirkungen ist eines heute doch klipp und klar:

Wichsen ist gesund!

Entgegen den nachhallenden Mythen des 19. Jahrhunderts und deren Neuauflage durch *NoFap* und Co., verursacht Masturbation *keinerlei* Krankheiten. Im Gegenteil! Solosex ist mit Abstand die ungefährlichste Form von Sex. Niemand kann dabei ungewollt schwanger werden, sich mit sexuell übertragbaren Krankheiten anstecken oder sexualisierte Gewalt erleben. Heute wissen wir sogar, dass Masturbieren diverse gesundheitliche Vorteile mit sich bringt: Es kann uns mit Hormonen wie Dopamin oder Oxytocin sowie Endorphinen versorgen, kann so Stress reduzieren, die Schlafqualität verbessern, die Stimmung heben, kann Kopfschmerzen oder Menstruationskrämpfe lindern, sogar das Risiko für Blasenentzündungen senken oder Prostataerkrankungen vorbeugen.[87] Masturbation ist eine wichtige Komponente sexueller Gesundheit. Außerdem erfüllt sie eine weitere wichtige Funktion: das Kennenlernen des eigenen Körpers. Unabhängig von den Erwartungshaltungen, den Wünschen oder auch dem Tempo und Timing einer anderen Person können wir uns voll und ganz der eigenen Lust widmen und lernen, was sich für uns gut anfühlt. Das ist eine gute Voraussetzung für eine erfüllende sexuelle Interaktion mit anderen, in der wir dann Wünsche und Grenzen besser kommunizieren können. Auch deshalb ist es fatal, dass ein Großteil der weiblichen Jugendlichen sich vor ihrem ersten Sex mit einer anderen Person noch nie selbst sexuell befriedigt haben.▾ Wir sollten anerkennen, dass Solosex ein eigenständiger und wertvoller

▾ Das trifft auf 75 % der weiblichen und 0 % der männlichen Jugendlichen in Deutschland zu, so: Aude, André und Matthiesen, Silja (2012): «Mädchen und Selbstbefriedigung», *BZgA-Forum*, 3(3), S. 19 ff.

Bestandteil von Sexualität und sexueller Gesundheit ist. Dann können wir die Funktion von Pornos als Masturbationshilfe auch positiv bewerten.

Auch das, was unter Schlagworten wie Eskapismus oder Alltagsflucht negativ aufgeladen und in ungesunde Suchtmuster verortet wird, hat eine gute Seite: Pornos können eine kleine Auszeit sein. Wie andere Unterhaltungsmedien können auch sie uns helfen, berufliche oder private Sorgen kurz zu vergessen oder uns einfach nur einen Moment für uns selbst zu nehmen. Selbstbestimmt und bewusst genutzt können Pornos ebenso wie ein gutes Essen, ein spannender Roman oder ein Schaumbad durchaus Selfcare sein. Ich möchte nicht so weit gehen und Pornos mit Meditation vergleichen, aber sie besitzen die Fähigkeit, uns aus dem Kopf in den Körper zu holen, und können so gezielt eingesetzt werden – zum Beispiel als Einschlafritual. Gerade durch die Muskelan- und -entspannung bei der Pornonutzung kann diese entspannungsfördernd wirken.

Natürlich kann man ohne Pornos masturbieren (und ich halte es auch für sinnvoll, das immer wieder mal zu tun!), um all die Vorteile dieser Praxis zu genießen. Aber im Masturbieren zum Porno liegen zusätzliche Chancen. Anders als in unserem eigenen Kopfkino können wir darin zum Beispiel auf neue Stellungen, Spielarten, Toys, Worte, Dynamiken, Szenarien etc. stoßen, die uns gefallen. Wenn wir Pornos offen begegnen, können sie uns inspirieren. Das ist mir persönlich in meiner beruflichen Auseinandersetzung mit Pornos besonders bewusst geworden. Denn dabei suche ich ja nicht gezielt nach Inhalten, die mich erregen sollen, sondern bin von verschiedenen Erkenntnisinteressen geleitet. Ich wäre privat zum Beispiel nicht auf die Idee gekommen, mir Pornos anzusehen, in denen Männer Sex mit Männern haben. Aber als ich das zu Recherchezwecken tat, bemerkte ich, wie unerwartet erregend ich sie fand. Mittlerweile hat es sich für mich, wie übrigens für viele hetero Frauen, zu einem Lieblingsgenre entwickelt. Auf eine ähnliche Art und Weise sind Pornfilmfestivals für mich zu Orten geworden, an denen ich häufig Neues entdecke – nicht nur in der Pornografie, sondern auch in meinen Erregungsmustern. Ich erinnere mich zum Beispiel genau an eine *Fem-Dom-Puppy-Play*-Szene[88], ein Szenario weiblicher Dominanz in Form eines Frauchen-Hündchen-Rollenspiels, die mir innerhalb von Minuten diesen für mich zuvor eher befremdlichen Kink näher gebracht hat. Wer weiß, ob ich ohne diesen Porno-Aha-Moment heute eine Hundeleine im Sortiment hätte. Genau das sehen manche Menschen als Gefahr von Pornos, ich sehe es als Chance. Und damit bin ich nicht allein. Auch in Studien berichten Frauen, dass Pornos ihren sexuellen Horizont erweitern und sie sich lustbringende Verhaltensweisen daraus abschauen.[89] Pornoguckende Frauen kommen öfter und leichter zum Orgasmus (Korrelation!).[90] Es liegt nahe, dass Eigenschaften wie sexuelle Neugierde und Masturbationsfreudigkeit sowohl zu mehr Pornonutzung als auch zu mehr sexueller Befriedigung führen. Dennoch widerspricht es einer oft angenommenen negativen Wirkweise auf die sexuelle Zufriedenheit von Frauen. Auch in der subjektiven Selbsteinschätzung überwiegen die positiven Effekte der eigenen Pornonutzung, wie etwa die Bereicherung des Sexlebens.[91] Menschen benutzen in Befragungen Formulierungen wie «es macht mich glücklich», «es ist aufregend», «unterhaltsam» oder «gibt mir Lebensfreude».[92]

Wir können in Pornos aber nicht nur Neues und Ungeahntes entdecken, sondern auch lange schlummernde Wünsche erkennen und annehmen. Pornonutzer*innen berichten, dass sie durch Pornos ihre eigene ausgeprägte Libido oder bestimmte Kinks akzeptieren gelernt haben – insbesondere wenn ihnen ihr Elternhaus Schuldgefühle mitgegeben hatte. «Pornographie hat mir erlaubt zu erkennen, dass diese Art von Sex okay ist ... dass ich normal bin», sagt ein Proband.[93] An anderer Stelle beschreibt eine Studienteilnehmerin: «Anderen Frauen zuzusehen, wie sie bestimmte sexuelle Dinge tun, gibt mir die Erlaubnis, das auch auszuprobieren. Ich fühle mich weniger unsicher mit meinem Körper, meinen Geräuschen oder wie albern ich beim Sex aussehe.»[94] Das kann ich selbst so nur unterschreiben. Was die einen also als Verrohung oder gesteigerte Devianz von Sexualität verstehen mögen, lässt sich ebenso als Befreiung betrachten – von Schuld, Scham und Selbstzweifeln. Halleluja!

Viel Lärm um nichts?

Wenn Masturbieren also in Wirklichkeit so gesund ist und *NoFap* nur ein Haufen mehr oder weniger rechter Maskulinisten, ist dann die ganze «Pornosucht»-Unterhaltung völlig überflüssige Panikmache? Nein! Es gibt durchaus Menschen, die unter ihrer Pornonutzung und deren Konsequenzen leiden. Sie sollten gehört und ernst genommen werden und die Hilfe bekommen, die sie brauchen. Dafür wiederum braucht es Forschung, also Gelder, und eine Diagnose. Betroffene sollen Sichtbarkeit bekommen, damit andere Betroffene sich darin wiederfinden können. All das hat seine Berechtigung! ABER: Was gegenwärtig passiert, ist, dass verschiedene Interessensgruppen diesen Leidensdruck instrumentalisieren. Denn weder der Kirche noch den Rechten noch den Radikalfeministinnen noch den Maskulinisten geht es beim Verbreiten des Pornosucht-Narrativs zentral darum, Betroffenen zu helfen. Vielmehr benutzen sie den realen Leidensdruck einer kleinen Gruppe von Menschen, um irrationale Ängste bei der breiten

Gesellschaft zu schüren und darüber letztlich ihre eigene Agenda durchzusetzen – sei es die strengere Regulierung von Pornografie, das Aufrechterhalten der Institution Ehe, moralische Überzeugungen oder ein abstruses Männlichkeitsbild. Die Profiteure sind verschiedene Gruppierungen und ein wachsender Markt einer «Pornosucht»-Selbsthilfe-Industrie, die Betroffenen im schlimmsten Fall sogar schadet.

Das Problem ist also nicht, *dass* es eine öffentliche Unterhaltung über problematische Pornonutzung gibt, sondern die Art und Weise, *wie* sie geführt wird. Der aktuelle – moralisierende und generalisierende, wissenschaftsferne bis -feindliche – Panikdiskurs einer «öffentlichen Gesundheitskrise» hilft niemandem. Wir brauchen eine differenzierte und faktenbasierte mediale Berichterstattung, die jene auffängt, informiert und zu passenden Hilfsangeboten weiterleitet, die tatsächlich eine Pornonutzungsstörung entwickelt haben – ohne jenen, die gesund sind, einzureden, krank zu sein. «Moderne Medizin kann viel für die Kranken tun, aber sie sollte vorsichtig sein, wie sie mit den Gesunden umgeht.»[95] Auch wenn «Pornosucht» in Zukunft als solche anerkannt wird, ist das kein Beweis für die Schädlichkeit von Pornonutzung für Nicht-«Süchtige». Die allermeisten Menschen haben einen gesunden Umgang mit Pornos – aber nicht unbedingt einen selbstbewussten.

Das Pornosucht-Narrativ ist vor allem deshalb so erfolgreich, weil es auf den fruchtbaren Nährboden von jahrelanger Scham trifft. Wenn ich meine ganze Jugend hindurch schon dachte, dass etwas mit mir falsch sein muss, weil ich so viel und gerne masturbiere, dann kommt ein Krankheitsbild fast einer Erlösung gleich. Denn für Krankheiten können wir nichts. Eine Sucht beherrscht uns und nimmt damit auch die Last der Verantwortung von unseren Schultern. Allem voran müssen wir deshalb das Stigma um Pornonutzung abbauen, damit zwischen echten Symptomen und sexualmoralisch bedingtem Leidensdruck unterschieden werden kann. Solange wir uns kollektiv für unser Pornoschauen schämen, sind wir anfällig für allerlei fragwürdige Erklärungsansätze. Scham ist so nicht nur ein unangenehmes Gefühl, sondern kann geradezu gefährlich werden.

VI
BIN ICH NORMAL?
VON FALSCHEN LESBEN, MILFS & TENTAKELN

Schon mal von *post-nut-clarity* gehört? Wer den Begriff nicht kennt, kennt womöglich das Gefühl. Die Post-Abspritz-Klarheit beschreibt diesen Moment nach dem Masturbieren, in dem die Geilheit verschwindet, der Verstand wieder einsetzt, wir auf den Bildschirm mit dem noch vor sich hin laufenden Porno schauen und uns fragen: Warum zum Teufel erregt mich das? Es ist im Kern ein Gefühl von Dissoziation zwischen dem pornoschauenden und dem post-orgasmischen Ich. Für viele Menschen ist sie mit Scham oder Schuldgefühlen verbunden. In Studien berichten Pornonutzer*innen immer wieder von einem «schlechten Gewissen» nach dem Masturbieren.[1] Dabei spielt die Diskrepanz zwischen dem eigenen Handeln und den eigenen Werten eine Rolle – nicht nur, aber in besonderem Maße bei religiösen Menschen.[2] Wie in den vorausgegangenen Kapiteln schon deutlich geworden ist, drehen sich moralische Skrupel teils um den Konsum von Pornos überhaupt, teils um den vermeintlichen Betrug von Partner*innen, teils um die Häufigkeit oder um den Kontext. Oft kreist das schlechte Gewissen aber auch um die konkreten Inhalte. Was stimmt nicht mit mir, dass ich *dazu* masturbiere? Bin ich vielleicht pervers? – so die besorgten Stimmen im Kopf mancher Pornogucker*innen. Je weniger normativ die Pornoszenen, desto größer die Schamgefühle.[3] Denn die zentrale Frage, die dahintersteckt und die Menschen in Sachen Sex permanent herumtreibt, lautet: Bin ich normal? In den letzten Jahren meiner Arbeit ist mir keine Frage so oft begegnet wie diese. «Ich bin hetero, aber seh gerne Männern beim Sex zu, ist das normal?», «Ich stehe auf Gangbang-Pornos, als FRAU, ist das normal?», «Mich erregen Pornos mit Marge Simpson, ist das normal?». Und so weiter und so fort. Menschen aller Geschlechter sowie verschiedener Altersgruppen und sozialer Milieus tragen diese stille Sorge mit sich herum, wenn es um ihr Pornoverhalten geht. «Völlig normal!», höre ich mich wieder und wieder zu meinen gestressten Gegenübern sagen und fühle mich wie die Pornopäpstin. *Ego te absolvo masturbationem.* Dann sehe ich diese Erleichterung in ihren Augen und wie jahrelang angestaute Scham von ihnen abfällt, weil sie es endlich jemandem gebeichtet haben und nicht dafür verurteilt wurden. Dieser Drang, normal zu sein, ist laut Michel Foucault erst entstanden, als das Konzept psychischer Krankheiten und die Institution der Psychiatrie aufkamen – «normal» wurde zum erstrebenswerten Gegensatz von «gestört». Dementsprechend regulierte sich die Bevölkerung ab dem 18. Jahrhundert selbst. In einer «Normalisierungsgesellschaft», so Foucault[4], braucht es keinen Staat, der Gesetze und Strafen erlässt: Menschen unterwerfen sich auch freiwillig gewissen Regeln und Normen. Das moderne Subjekt strebt danach, normal zu sein – so auch das pornoschauende Subjekt.

Was heißt überhaupt normal? Wir benutzen diesen Begriff ja meist normativ, praktisch als Synonym für *richtig*. Aber die erste Wortbedeutung von «normal» ist eigentlich «gewöhnlich» oder «üblich». Dementsprechend gelten «ungewöhnliche» sexuelle Wünsche und Neigungen medizinisch als Paraphilien – vom griechischen *pará* für «abseits» und *philía* für «Liebe». Abermals eine Erfindung des 19. Jahrhunderts! Wir erinnern uns an Krafft-Ebing aus dem letzten Kapitel: In seiner *Psychopathia Sexualis* hat er das Konzept der «abnormen» sexuellen Neigungen in die Welt gebracht. Viele davon sind bis heute im *DSM* gelistet.▾ Mehrere Studien zeigen allerdings, dass Fantasien, die als Paraphilien und somit als «ungewöhnlich» gelten, in Wirklichkeit weit verbreitet sind – so weit, dass viele von ihnen als statistisch typisch bezeichnet werden können.[5] Insbesondere voyeuristische, masochistische und sadistische sowie fetischistische, also objektbezogene, Fantasien kamen häufig vor.[6] Die bislang größte Studie zu sexuellen Fantasien in den USA kommt zu ähnlichen Ergebnissen: Das Spiel mit Dominanz und Unterwerfung ist die zweithäufigste Fantasie der Amerikaner*innen und auch das Fantasieren von *Gender Bending* – dem Spiel mit Geschlechterrollen, zum Beispiel in Form von *Crossdressing* – ist üblich.[7] Sprich: Was gesellschaftlich und medizinisch als «normal» verstanden wird, hat wenig mit der reellen Verbreitung sexueller Vorlieben zu tun. Das führt dazu, dass viele Menschen sich für «unnormal» halten und dafür schämen, obwohl sie eigentlich vollkommen gängige Fantasien hegen.

Die sexuelle Scham ist auch etwas, was wir gewissermaßen der Aufklärung zu verdanken haben. Sie wurde vielleicht nicht im 19. Jahrhundert erfunden, aber spitzte sich damals massiv zu. Der fortschreitende «Zivilisationsprozess», um hier noch mal Norbert Elias aufzugreifen, bedeutete auch ein kontinuierliches «Vorrücken der Schamgrenzen».[8] Mit der vermeintlichen Verfeinerung der westlichen Gesellschaften verfeinerten sich auch die Verhaltensweisen, zum Beispiel die Ess- und Ausscheidungsgewohnheiten. So setzte sich im 19. Jahrhundert die Gabel durch, die Klospülung wurde erfunden, und Benimmbücher wie der Knigge hatten Hochkonjunktur. Dabei wurden alle «menschlichen Verrichtungen», so Elias, zunehmend «hinter die Kulisse des gesellschaft-

▾ Darunter: Exhibitionismus, Fetischismus, Frotteurismus, Pädophilie, sexueller Masochismus, sexueller Sadismus, Voyeurismus, Transvestitismus.

lichen Lebens verdrängt und mit Schamgefühlen belegt» – so auch die Sexualität. Diese umgab im Bürgertum «eine Aura der Peinlichkeit» und Sprachlosigkeit, die wir leider bis heute nicht wirklich überwunden haben.[9] Vor allem, wenn es um Pornogewohnheiten und die darin auftauchenden sexuellen Fantasien geht. Diese behalten wir meist für uns, erst recht jene, die wir für «nicht normal» halten. Daraus entwickelt sich eine Art Teufelskreis des Schweigens. Wenn wir aus Angst vor der Bewertung anderer nicht über unsere Pornopräferenzen sprechen, dann können wir auch nicht herausfinden, dass wir mit ihnen gar nicht allein, sondern in guter Gesellschaft sind. Mit anderen Worten: NORMAL! Um diesen fehlenden Austausch etwas auszugleichen, hilft ein Blick in die gängigsten Pornopräferenzen. Was gucken sich besonders viele Menschen gerne an?

Pornoklickgewohnheiten

Einen faszinierenden Einblick in die Pornofantasien von Menschen rund um den Globus bietet *Pornhub*. Die seit 2007 bestehende Website des kanadischen Unternehmens *Mindgeek* veröffentlicht regelmäßig Daten▾ zum Klickverhalten ihrer User*innen. Auch wenn die Plattform aus vielerlei Gründen kritisch zu betrachten ist, ist nun mal Fakt, dass eine Großzahl aller Pornonutzer*innen hier ihre Pornos beziehen. Nach eigenen Angaben besuchen täglich mehr als

▾ Es handelt sich dabei natürlich nicht um gesicherte empirische Studienergebnisse, sondern vor allem um die gelungene Marketingstrategie eines Megakonzerns. Die Angaben sind deshalb mit Vorsicht zu genießen, gelten aber in Ermangelung belastbarer wissenschaftlicher Daten als eine der aufschlussreichsten Quellen, die über das weltweite Pornokonsumverhalten zur Verfügung stehen.

100 Millionen Menschen *Pornhub*, knapp ein Drittel davon sind Frauen.▾ Dabei werden 80 % des gesamten Traffics von den 20 klickstärksten Ländern verantwortet: Spitzenreiter sind die USA, Deutschland befindet sich auf Platz 7. Die digitalen Spuren, die die User*innen hinterlassen, dienen uns als «kulturelle Momentaufnahmen»[10], die davon erzählen, was wer in Pornos sucht, und dazu einladen, darüber nachzudenken, warum das so ist. *Pornhub* ist eine Kategorienseite, auf der alle Clips durch Verschlagwortung organisiert sind.[11] Wenn User*innen auf einen dieser Tags klicken, sehen sie alle damit markierten Videos. Ein Blick in die gängigsten Kategorien erlaubt also einen guten Überblick über gesellschaftlich weit verbreitete Pornopräferenzen und damit auch sexuelle Fantasien. Hier sind die internationalen Top-12-*Pornhub*-Kategorien im Jahr 2022[12]:

LESBIAN
EBONY
JAPANESE
THREESOME
ANAL
MILF
TRANSGENDER
MATURE
OUTDOOR
POPULAR WITH WOMEN
AMATEUR
HENTAI

Und? Überrascht? Zoomen wir mal näher rein.

▾ *Pornhub* ermittelt das Geschlecht via *Google Analytics*, was nicht zu 100 % präzise ist und weder nicht-binäre noch trans Personen abbildet.

Falsche Lesben

Auf der ganzen weiten Welt wurde 2022 keine Kategorie auf *Pornhub* häufiger angeklickt als LESBIAN. Auch in Deutschland rangiert sie auf Platz 2. Das ist keinesfalls eine Trenderscheinung. Schon 2017 galt LESBIAN als Top-Kategorie der letzten 10 Jahre und gehört seitdem beständig zu den Top 3. Von ihrer andauernden Popularität können wir einige grundlegende Erkenntnisse ableiten. Allem voran, dass Porno Fiktion ist. Pornos bilden Sex nicht einfach ab, sie inszenieren Sex. Denn was User*innen unter dem Schlagwort LESBIAN auf Seiten wie *Pornhub* finden, ist in den allermeisten Fällen *kein* lesbischer Sex. Vielmehr ist es der Versuch von hetero Männern, Sex zwischen zwei, meistens ebenfalls heterosexuellen, Frauen so zu inszenieren, dass es zuschauende hetero Männer erregt.[13] *Girl on girl,* wie es im Industriejargon heißt, drückt eigentlich präziser aus, was diese Videos zeigen. LESBIAN-Porno bildet genau genommen eine Männerfantasie ab. Daran wird, zweitens, deutlich: Für die Erregung eines cis-männlichen Zuschauers ist eine cis-männliche Identifikationsfigur nicht zwingend notwendig. Das widerspricht gewissermaßen der virulenten Pornokonvention, stets erigierte Penisse und Ejakulationen in Nahaufnahme zu zeigen. Man könnte sogar die Frage stellen, ob der Reiz von LESBIAN-Clips nicht *gerade* in der Abwesenheit eines solchen meist überdurchschnittlich großen und überdurchschnittlich ausdauernden Penis liegt. Vielleicht, weil dieser von Zuschauenden mit Penis vielmehr als unangenehme Konkurrenz wahrgenommen wird, denn als erregende Identifikationsfläche?

Die dritte Erkenntnis der LESBIAN-Vorliebe lautet: Es gibt eine Diskrepanz zwischen dem Sex, den wir haben, und dem, den wir gerne anschauen. Sex *mit* zwei Frauen ist eine gängige Sexfantasie unter hetero Männern, aber entspräche dem THREESOME (Dreier) als Pornokategorie. Diese ist ebenfalls beliebt, funktioniert aber über andere Bilder und Mechanismen. Vor allem über den Reiz, von zwei Frauen gleichzeitig begehrt und entweder bedient oder benutzt zu werden. Bei THREESOME-Szenen imaginiert sich ein männlicher Zuschauer in eine Situation mit zwei Frauen hinein. Bei LESBIAN-Szenen aber scheint das Spannende gerade darin zu liegen, etwas zu sehen, was dem eigenen Erleben nicht entspricht. Es ist die aufregende Schlüssellochperspektive in eine sexuelle Welt, zu der man selbst nicht dazugehört.

Das gilt so ähnlich auch für hetero Frauen, die LESBIAN-Porno schauen. Das weibliche *Pornhub*-Publikum klickt die Kategorie sogar noch mal um satte 69 % häufiger als das männliche. Studien bestätigen diese Präferenz.[14] Auch umgekehrt existiert dieses Phänomen, wie etwa eine lesbische Studienteilnehmerin zum Thema Pornonutzung von Frauen formuliert: «Obwohl mich der Gedanke, Sex mit einem Mann zu haben, anwidert, schaue ich gerne Creampie-Pornos.»[15] Mit CREAMPIE meint sie Videos, in denen das Sperma ähnlich einer Sahnefüllung aus einer Vagina herausläuft. Eine Diskrepanz zwischen der eigenen sexuellen Orientierung und dem Sex, den Menschen auf dem Bildschirm lustvoll betrachten, ist nicht ungewöhnlich. Während es eine weit verbreitete Angst unter hetero Männern ist, «schwul zu werden», wenn sie Schwulenpornografie auch nur anschauen, ist dieser Konflikt bei hetero Frauen, die gerne LESBIAN-Porno schauen, so gut wie nicht vorhanden.[16] Ein Grund dafür ist sicherlich auch die gesellschaftlich noch immer weit verbreitete Annahme, lesbischer Sex sei «ja gar kein richtiger Sex» – die sich auch lesbische Frauen immer wieder anhören müssen. Selbst juristisch wurde der Sex zwischen zwei Frauen insofern anders bewertet, als dass ein Film ohne erigierten Penis nicht als pornografisch gewertet wurde. So waren frühe lesbische Pornos, die *Beaver Loops*, in den USA schon vor der Legalisierung 1969 zulässig, erst die Anwesenheit eines erigierten Penis qualifizierte Inhalte als pornografisch. Im frühen Porno etablierte sich so ein Szenenaufbau, bei dem die lesbische Sexszene als Ausgangspunkt, quasi als Vorspiel, für den «richtigen» Sex diente, für den dann ein Mann dazustieß.[17] Heutiger LESBIAN-Porno trägt zu dieser Klischeevorstellung von lesbischem Sex als immer nur zärtlich und somit unbedrohlich bei. In tatsächlich lesbischen Pornos – also von Lesben für Lesben – wird hingegen oft minutenlang hart gefistet, gespritzt, geohrfeigt, an Strap-Ons gewürgt, werden Hände fixiert, Brüste abgebunden, die Klitoris bis zum Zittern mit *Magic Wands* bearbeitet, es gibt viel Speichel, hartes Zupacken, Leder-*Butches*, Latexhandschuhe, Lecktücher und selten drei Zentimeter lange Gelnägel, zumindest nicht an Mittel- und Zeigefinger. Natürlich nicht nur – es gibt nicht DEN lesbischen Sex –, aber es ist schon auffällig, wie weit queerer Porno und LESBIAN-Porno auseinanderklaffen.

Ganz anders als mit der zum Vorspiel verharmlosten lesbischen Sexualität verhält es sich mit schwulem Sex: Sexuelle Berührungen zwischen Männern, ganz besonders anale Stimulation und Penetration stellen für viele hetero Männer eine Bedrohung oder gar den Verlust von Männlichkeit dar. Das schlägt sich in ungeschriebenen Pornogesetzen nieder: In hetero Szenen mit mehreren Männern – zum Beispiel in den beliebten Kategorien GANGBANG oder MMF (zwei Männer, eine Frau) – findet in aller Regel keinerlei sexuelle Interaktion zwischen den männlichen Performern statt, um das zart besaitete hetero Männerpublikum nicht zu verstören. In den letzten Jahren werden sogenannte *Bi-curious*-Elemente zwar etwas häufiger im Mainstreamsegment sichtbar, sind dann aber auch deutlich als BISEXUAL gekennzeichnet: Achtung, Achtung, hier fassen womöglich Männer Männer an!

Ganz in diesem Sinne ist der gesamte Content von *Pornhub* klar unterteilt in: SCHWUL und ALLE, wie es dort so schön heißt. Im schwulen Teil der Seite fehlt die Kategorie LESBIAN komplett. Die Kategorie STRAIGHT GUYS (= hetero Männer) gibt es hingegen nicht nur, sondern erfreut sich auch großer Beliebtheit. 2022 war sie die meistgeschaute Kategorie auf *PornhubGay.*[18] Die Inhalte, die darunter zu finden sind, zeigen häufig (vermeintlich) hetero Männer, die zu Sex mit Männern überredet oder gezwungen werden. Der Reiz liegt hier vorwiegend im Machtspiel bzw. einem «Ich will, was ich nicht haben kann»-Mechanismus, mit dem viele Pornoszenarien spielen. Die Tatsache jedenfalls, dass schwule Männer auf *Pornhub* nichts so oft suchen wie hetero Männer, ist ein schönes Sinnbild dafür, dass Pornofantasien oft anders funktionieren als analoges Begehren. Einige Kategorien auf *PornhubGay* greifen inhaltlich wie sprachlich Spezifika der Gay Community auf: Schönheitsideale wie BUBBLE BUTT, Rollenverteilungen wie TWINK oder DADDY, oder übliche Praktiken wie CRUISING oder GLORYHOLE. Auch BAREBACK, was penetrativen Analsex ohne Kondom beschreibt, ist eine beliebte Kategorie, die ab Mitte der Zweitausender ein Momentum erlebt hat.[19] Ansonsten zeichnen sich dort im Großen und Ganzen die gleichen Trends ab wie im hetero Segment: AMATEUR, OUTDOOR und HENTAI.

Aber nun zurück zu den falschen Lesben bzw. zu den hetero Frauen. Diese geben an, gerne LESBIAN-Pornos zu schauen, weil sich darin alles um weibliche Lust dreht. Logisch: Wenn kein Mann anwesend ist, kann sich eine Szene auch nicht um dessen Befriedigung drehen. Sie mag zwar so inszeniert sein, dass sie dem Mann vor dem Bildschirm gefällt, aber dessen Lust wird hier nicht sichtbar. Innerhalb der erzählten Welt des LESBIAN-Pornos wird jede Interaktion durch den sexuellen Drive der gezeigten Frauen motiviert. Niemand verlangt etwas von ihnen, niemand zwingt sie zu etwas, und sie müssen sich um keinen (*On-Screen-*)Penis kümmern. Die gezeigten Frauen(-Figuren) haben einfach Lust auf Sex, und genau das macht es für viele Frauen so heiß. Es gibt keinen Grund, davon auszugehen, dass nicht genau *das* auch für die zusehenden *Männer* reizvoll ist. Ich finde es spannend, wie wir die Beliebtheit von LESBIAN-Pornos unter Männern meist als die ultimative Objektifizierung von Frauenkörpern problematisieren, während wir deren Beliebtheit unter Frauen völlig anders herleiten. Wenn ein Pornogenre, das keine abspritzenden Penisse, dafür aber lustvolle Frauen zeigt, derart beliebt bei Männern ist, könnten wir daraus nicht auch schließen, dass diese genau das sehen wollen? Dass weibliche Lust und *Agency*, also Handlungsmacht, sie genauso – wenn auch womöglich aus anderen Gründen – erregt wie Frauen? Zumindest gilt das für den nächsten Porno-Publikumsliebling:

Falsche Mütter

Ein weiterer Dauerbrenner im *Pornhub*-Universum sind MILF-Pornos. Das Akronym steht für «*Mom I'd like to fuck*», zu Deutsch: «Mutter, die ich gerne ficken würde». Als herabwürdigender Slang-Begriff unter kalifornischen College-Studierenden in den 1990ern geboren, wurde er durch die Figur Stifler's Mom in der Komödie *American Pie* (1999) bekannt. Mittlerweile ist er sogar in den *Duden* eingegangen, wo MILF definiert wird als «sexuell attraktive reifere, erfahrene Frau».

Um diese Figur drehen sich auch die vielen Pornoproduktionen, die den Begriff ab den 2000er Jahren popularisieren. Wobei «reif» in der Welt des Pornos meistens nur Ü30 bedeutet. Die Durchschnitts-MILF ist 33 Jahre alt, unter 10 % sind über 40, unter 5 % über 50.[20] Es gibt übrigens auch die GILF-Kategorie (*Grandmother I'd like to fuck*), die aber weitaus seltener geklickt wird. Das Gleiche gilt für das männliche Pendant DILF (*Dad I'd like to fuck*). Bei den *AVN-Awards* wurde 2008 zum ersten Mal die MILF des Jahres gekürt, inzwischen gibt es fünf weitere MILF-Kategorien. Die US-Performerinnen Kendra Lust und Cherie DeVille räumten hier in den letzten 10 Jahren am häufigsten ab, beide sind Jahrgang 1978. Auf *Pornhub* rangiert MILF momentan auf Platz drei der meistgesuchten Begriffe weltweit. Zwar suchen Männer besonders häufig nach ihr, aber auch beim weiblichen Publikum landet MILF auf Rang sieben der Topkategorien. 2015 war in Deutschland noch TEEN die beliebteste Kategorie auf *Pornhub*. Obwohl sich darunter in Wirklichkeit keine Teenager finden – das wäre illegal –, fetischisiert diese Kategorie (inszenierte) Jugendlichkeit. 2017 wurde TEEN von MATURE und MILF aus den Top 5 verdrängt und ist mittlerweile in den Top 30 nicht mehr zu sehen. Das bedeutet nicht, dass dieses Genre nicht mehr existiert, aber insgesamt haben die MILFs den TEENs den Rang abgelaufen. Die entsprechenden Inhalte unterscheiden sich nicht nur durch das (scheinbare) Alter der Performerinnen, sondern vor allem durch die abgebildete Dynamik. Während in der TEEN-Kategorie mit (inszenierter) Unerfahrenheit gespielt wird, ist hier das Gegenteil der Fall: MILFs initiieren häufig den Sex, geben das Tempo der Interaktion vor, haben einen höheren Status und insgesamt tendenziell mehr Kontrolle in der Situation als ihr männliches Gegenüber.[21] Entgegen dem Objektstatus, der ihnen in ihrem Namen zukommt, treten sie als sexuelle Subjekte auf.

MILFs wissen, was sie wollen, und holen es sich. Die Begriffe «aggressiv» und «Verführung» tauchen oft in Titeln von Filmen dieser Kategorie auf.[22] Meist sind es Frauen, die à la Mrs. Robinson deutlich jüngere Männer verführen, oft Lehrerinnen, Chefinnen, Ärztinnen oder sonstige Autoritätspersonen. Die Kategorie fällt auch mit dem Genre der CHEATING WIVES (betrügende Ehefrauen) zusammen, in dem die unstillbare sexuelle Lust verheirateter Frauen mittleren Alters im Mittelpunkt steht. Ein typisches Szenario ist auch das der hausfräulichen, backenden oder putzenden Mutter, die einen Freund des Sohnes verführt. Anders als im ebenfalls populären STEP-MOM-Bereich (Stiefmutter), wo bewusst mit inzestuösen Fantasien gespielt wird, ist ein tatsächlicher Bezug zur Mutterrolle bei MILFs aber nicht zwingend gegeben. Freud'sche psychoanalytische Erklärungsansätze für den Erfolg dieser Kategorie nach ödipalen Mustern sind daher nur bedingt überzeugend.[23] Es geht vielmehr darum, dass die Performerinnen älter sind und sexuelle Erfahrenheit sowie Selbstbewusstsein ausstrahlen. Dennoch bricht der Archetyp der MILF allein durch das begriffliche Zusammenführen von Mütterlichkeit und sexueller Begehrbarkeit mit der gesellschaftlichen Entsexualisierung von Müttern. So hat diese vermeintlich objektifizierende Bezeichnung auch empowerndes Potenzial.[24] Sie sagt: Mütter sind weiterhin sexuelle Wesen. Ein notwendiger Gegenentwurf zu dem anhaltenden Ideal der aufopferungsvollen Mutter, die ab dem Moment der Befruchtung ihrer Eizellen jede Rolle außer der der Heiligen ablegt.

Nicht nur die Rollendynamik und das Alter machen den Reiz von MILF-Pornos aus, sondern auch ein bestimmter Körpertyp: In der Regel sind in Pornos dieser Machart eher kurvige Frauen mit großen Brüsten, runden Hintern und langen gestylten Haaren zu sehen. Die Performerinnen sind stärker geschminkt, tragen klassische Dessous oder schicke Kleidung, sind selten tätowiert. Sie haben gänzlich andere optische Marker als Performerinnen in der TEEN-Kategorie: zierliche Frauen mit kleineren Brüsten, teils in niedlich geblümter Kleidung, mit Zöpfen oder Zahnspangen. Im Hinblick auf die gezeigten Praktiken, wie oft zum Beispiel Blowjobs oder Analsex zu sehen sind, unterscheiden sich MILF- und TEEN-Pornos im Übrigen kaum.[25]

Die enorme Beliebtheit des MILF-Genres bricht mit zwei gängigen Erwartungen an Pornos: Erstens, dass Jugend *die* Währung für Frauen auf dem heterosexuellen Attraktivitätsmarkt wäre. Und zweitens, dass in Pornos immerzu dominante Männer und folgsame Frauen zu sehen seien. Auch außerhalb der MILF-Kategorie initiieren Frauen – laut einer Inhaltsanalyse von knapp 900 Szenen der meistverkauften Pornofilme von 2003 – fast doppelt so häufig den Sex.[26] Dass Performerinnen, die im Porno den Ton angeben, sich immer größerer Beliebtheit erfreuen, zeigt sich zudem in der wachsenden Popularität von FEMDOM-Filmen, in denen weibliche Dominanz im Zentrum steht. Frauen sind im Porno alles andere als passiv, und auch vor dem Bildschirm tut sich was:

Was Frauen wollen

Im Jahr 2017 explodierten die Anfragen nach «*Porn for Women*». Mit 1500% Zuwachs wurde es Top-Trend des Jahres. Entsprechend legte *Pornhub* eine Kategorie mit dem (unsäglichen) Namen FEMALE FRIENDLY an, die aber von ihrer Zielgruppe für die ausgewählten Inhalte kritisiert wurde. Wie *Pornhub* erklärt, beinhaltete die Kategorie jene Videos, die für ein weibliches Publikum *vermarktet* wurden, anstelle von jenen, die tatsächlich von Frauen *geklickt* wurden. Sprich: Die

Annahmen über die Sehwünsche von Frauen stimmten nicht mit deren Präferenzen überein. Was für eine Überraschung! Diesen Fehler hat *Pornhub* 2018 korrigiert und generiert in der umbenannten Kategorie POPULAR WITH WOMEN Inhalte, die tatsächlich «beliebt bei Frauen» sind. Dass diese Kategorie existiert, ist ein deutliches Anzeichen dafür, dass auch im Mainstreambereich Frauen inzwischen als Publikum mitgedacht werden. Laut *Pornhub* sind 36 % ihrer internationalen User*innen weiblich, Deutschland liegt mit 26 % unter diesem Durchschnitt. Bei einem Blick in die Top-Kategorien des Jahres 2022 fällt als Erstes auf, dass sich die Vorlieben von dem als weiblich eingeordneten Publikum kaum von dem als männlich eingeordneten unterscheiden. Die Top 15 stimmen fast vollständig überein: HENTAI, LESBIAN, AMATEUR lieben scheinbar alle! Einige wenige Kategorien weichen im Rang ein bis drei Plätze voneinander ab, die Kategorie BIG TITS taucht nur in den Top 15 der Männer auf, BIG DICKS nur in den Top 15 der Frauen. Ansonsten zeigen die Rankings das, was schon diverse Studien gezeigt haben: Frauen haben nicht grundlegend andere sexuelle Fantasien als Männer. Das sollten wir einfach mal anerkennen, statt im Pornonutzungsverhalten – genau wie in allen anderen Verhaltensweisen oder Präferenzen – permanent und krampfhaft nach Geschlechterunterschieden zu suchen. In allen Lebensbereichen sollten wir endlich von dieser elendigen Männer-kommen-vom-Mars-und-Frauen-von-der-Venus-Logik wegkommen – ob es um Pornos, Getränke oder Lieblingsfarben geht. Wir sind individuelle Menschen und unsere sexuellen Fantasien sind nicht von unserem Geschlecht, schon gar nicht von «der Natur» bestimmt. Weder suchen alle Frauen das Gleiche in Pornos noch suchen sie grundsätzlich etwas anderes darin als Männer.

Trotzdem lassen sich ein paar Besonderheiten beim Suchverhalten von Frauen finden. Besonders hervor sticht PUSSY LICKING, also Cunnilingus. Frauen suchen danach 400 % häufiger als Männer. Da die meisten Menschen mit Vulva nicht durch reine Penetration zum Orgasmus kommen, sondern durch die externe Stimulation der Klitoris-Eichel▾ per Zunge, Hände oder Spielzeug, ist das wenig überraschend. Noch dazu ist die orale Befriedigung der Vulva weniger selbstverständlich in Pornos zu sehen als jene des Penis: Eine Inhaltsanalyse zeigte, dass dreimal so viel Zeit für Blowjobs aufgewendet wird als für Clitjobs (ein Wort, das ich gerne etablieren würde!).[27] Cis Frauen suchen im Porno offenbar proaktiv nach Praktiken, die ihnen selbst beim Sex Lust bereiten. Das Gleiche gilt für die häufigen Suchen nach FINGERN oder TOYS.

Ein anderer deutlicher Trend zeigt allerdings, dass Frauen nicht nur die eigene Lust inszeniert sehen wollen, sondern auch den männlichen Körper. So genießt die Kategorie SOLO MALE besondere Beliebtheit, welche masturbierende Männer zeigt. Dazu passt, dass weibliche Userinnen für knapp 50 % der Klicks auf *PornhubGay* verantwortlich sind. Die Präferenz von hetero Frauen für Schwulenpornos wurde in diversen Studien bestätigt.[28] Überrascht? Warum sollten hetero Frauen es weniger heiß finden, Männern beim Sex mit Männern zuzusehen als hetero Männer Frauen beim Sex mit Frauen? Wir finden das nur deshalb erklärungsbedürftig, weil es in hetero Kontexten trotz selbstdarstellerischer *Instagram*- oder *Tinder*-Sixpack-Kultur noch immer ungewohnt ist, dass der männliche Körper zu sexuellem «*eye candy*»[29] objektifiziert wird. Aber hetero Frauen schauen gerne nackte Männer an. Und je mehr nackte Männer, desto besser. Porno-

▾ Wer hier stolpert, liest am besten umgehend *CLIT: Die aufregende Geschichte der Klitoris* (2022) von Louisa Lorenz und lässt sich erleuchten.

darsteller, die auf *Pornhub* übermäßig häufig von Frauen gesucht werden, kommen ebenfalls aus dem Gay-Bereich, wie zum Beispiel Josh Moore. Alles, was für das Hetero-Männer-schauen-LESBIAN-Porno-Phänomen gilt, gilt umgekehrt auch hier: Frauen können es reizvoll finden, als Voyeurin an einer anderen sexuellen Welt teilzuhaben, und die Abwesenheit eines, hier weiblich gelesenen, anderen, konkurrierenden Körpers kann sie entlasten. Die gängige Annahme, dass es notwendig wäre, die Lust von Geschlechtsgenoss*innen im Porno zu sehen, um erregt zu werden, wird hier erneut in Frage gestellt.[30]

Ein wesentlicher Unterschied besteht aber darin, dass hetero Frauen bei GAY-Pornos eher einen Nebeneffekt statt wie hetero Männer bei LESBIAN-Porno die Zielgruppe darstellen. Zwar gibt es auch im Gay-Porn-Bereich das Phänomen «*Gay for Pay*»[31], also Performer, die nur für die Kamera, aber nicht privat Sex mit Männern haben, aber die Inhalte sind dennoch für ein schwules Publikum und oft auch von schwulen Produzenten gemacht. Der *Gay Male Gaze*, wenn man so will, überschneidet sich aber mit dem *Hetero Female Gaze* – vor allem, wenn es um die visuelle Freude am männlichen Körper und die Inszenierung männlicher Lust geht. Wenn man das einen Schritt weiterdenkt, stellt sich die Frage, warum wir so selbstverständlich davon ausgehen, dass ausschließlich Männer gerne Erektionen, Sperma oder Blowjobs in Pornos sehen? Der andere wesentliche Unterschied ist, dass der *Hetero Male Gaze* im Mainstreamporno überall dominiert und *auch* von LESBIAN-Porno bedient wird. Frauen hingegen müssen auf Schwulenpornos zurückgreifen, um den *Hetero Female Gaze* zu finden. Ich zum Beispiel schaue GAY-Porno unter anderem deshalb gerne, weil Männer dort stöhnen. Das ist nämlich eine klaffende Lücke im Großteil des Mainstream-hetero-Bereichs. Mit anderen Worten: Wer weiß, wie attraktiv Gay Porn für hetero Frauen wäre, wenn das hetero Angebot einfach anders gestaltet wäre?

Vor dem Hintergrund gängiger Genderklischees mag ein Aspekt weiblichen Klickverhaltens besonders überraschend sein: Frauen suchen auf *Pornhub* besonders häufig ROUGH SEX, THREESOME, DOUBLE PENETRATION, GANGBANG, BONDAGE oder HARDCORE – häufiger sogar als Männer. Scheiß auf Kerzenschein und Rosenblätter, kann ich da nur sagen! Die Spuren, die Frauen auf *Pornhub* hinterlassen, widersprechen eindeutig der weit verbreiteten Annahme, dass Frauen vor allem Zärtlichkeit und Romantik sehen möchten. 2015 war die unter Frauen am schnellsten wachsende Kategorie CUCKOLDING, eine BDSM-Praxis, bei der eine Frau ihren submissiven Ehemann demütigt, indem sie vor seinen Augen Sex mit einem meist jüngeren, athletischeren, «besser bestückten» anderen Mann hat. Auch die FETISCH-Kategorie ist besonders populär unter Frauen. Gerade in Deutschland suchen sie überdurchschnittlich viel nach FEET, Fußcontent, und PISSING, Urinspielen.

Grundsätzlich wissen wir nur wenig über weibliche Pornopräferenzen. Die Forschung kreist zwar in großen Teilen um Frauen, nimmt sie aber permanent als Opfer, selten als Nutzerinnen von Pornos in den Blick.[32] Wenn Frauen überhaupt zu ihrem Pornokonsum befragt werden, dann meist nur dazu, ob oder warum sie Pornos schauen, aber nicht *welche*. Einige Studien messen die vaginale Reaktion auf verschiedene Inhalte, vermitteln damit aber leider den falschen Eindruck, dass genitale Erregung dasselbe wäre wie mentale. Dem ist nicht so![33] Darum gilt auch weder Lubrikation noch eine Erektion allein als Consent. Bei Befragungen, der anderen gängigen Methode, ist hingegen anzunehmen, dass – in Anbetracht der Berge von Stigmata um weibliche Sexualität, Masturbation und erst recht Pornonutzung – die soziale Erwünschtheit die Ergebnisse verfälscht. Womöglich erzählen *Pornhub*-Klickzahlen also die wahrheitsgemäßere Geschichte. Dass Frauen dort oft nach härteren sexuellen Spielarten, Kontrollverlust und Fesselspielen suchen, passt zu den empirischen Ergebnissen.[34] Diese zeigen, dass Fantasien von Vergewaltigungsszenarien unter Frauen weit verbreitet sind. Mit bis zu über 60 %[35] sogar so weit, dass sie als «normal», im Sinne von typisch, gelten können.[36] Die Häufigkeit von Vergewaltigungsszenen in von Frauen produzierten Erotika, Fan Fiction etc. bestätigt das. Es braucht keine Studie, um mit Sicherheit sagen zu können, dass keine der befragten Frauen diese Fantasien in die Realität umsetzen möchte. Gerade deshalb sind sie für viele Frauen schambehaftet. Dabei ist paradoxerweise ein Erklärungsansatz für die Häufigkeit dieser Fantasien gerade, dass das Element des Gezwungenwerdens für Frauen unbewusst als Umgehen der eigenen sexuellen Schuld dient. Im Sinne von: Niemand kann mich als Schlampe abwerten, wenn es nicht mein eigener Wille war.[37] Es ist unfassbar traurig, wie einleuchtend ich das finde. Aber der springende Punkt ist: Auch – bzw. *gerade* – das, was in der Realität angstbesetzt ist, kann im Porno erregend sein.

Der Reiz des Verbotenen

Die Inhalte von Pornoseiten werden nicht nur anhand von sexueller Orientierung (LESBISCH, BISEXUELL), Personenmerkmalen wie dem Alter (MILF, TEEN) oder der Ethnie (SCHWARZ, LATINA, ASIAN), Körperattributen (GROSSE TITTEN, ROTHAARIGE, TÄTOWIERT), Personenkonstellationen (DREIER, GANGBANG, SOLO FRAU) oder Szenarien (IM FREIEN, BABYSITTER, CUCKOLD) kategorisiert – sondern auch anhand von Sexualpraktiken wie BLOWJOB, PUSSY LICKING oder MASTURBATION. Eine besondere Anziehungskraft übt dabei die Kategorie ANAL aus. Sie belegt weltweit den 5. Platz, in mehreren europäischen Ländern sogar den ersten, darunter Deutschland. Und es sei hier betont, dass sich das nur auf den nicht-schwulen Teil der Seite bezieht, auf dem die Regel herrscht, dass «ausschließlich penislose Körper von penishaften penetriert werden».[38] ANAL ist im hetero Porno also klar gegendert: Mann steckt Penis in Frauenarsch! Wer sehen will, wie ein hetero cis Mann von einer Frau mit einem Strap-On anal penetriert wird, sucht konkret nach PEGGING – dieses wird zwar immer populärer, ist aber derzeit noch eine Randerscheinung im Mainstreamporno.[▾] Analsex hingegen ist mit 10–50% aller Videos ungefähr so oft im hetero Porno vertreten wie Küssen.[39] Zum Vergleich: 50–90% aller hetero Clips zeigen penetrativen Vaginalsex. Die enorme Popularität von ANAL wird manchmal als Zeichen dafür gelesen, dass Analsex mittlerweile normalisiert ist. Ich denke, das Gegenteil ist der Fall: Die Beliebtheit von ANAL-Pornos attestiert die anhaltende Tabuisierung von Analsex. Das Verbotene bestimmt viele sexuelle Fantasien[40] und übt im Porno eine große Anziehungskraft aus. Man denke nur an die Beliebtheit von *fauxcest*, also Pornos mit Inzestfantasien. Das Stigma um Analsex hängt sowohl mit der Verknüpfung von Sex und Fortpflanzung als auch mit HIV und mit Homofeindlichkeit zusammen. In vielen Ländern war Analsex – auch heterosexueller – früher sogar verboten, teilweise bis ins 21. Jahrhundert hinein. In

▾ Übrigens: Männer fantasieren genauso oft wie Frauen davon, anal penetriert zu werden (etwa 20% oft, 20% manchmal, 20% selten). Allerdings fantasiert nur ein kleiner Teil der Frauen (7%) davon, einen Mann anal zu penetrieren, vgl. Lehmiller, Justin (2018): *Tell me what you want.*

Saudi-Arabien ist er es noch heute. Ausgerechnet dort ist ANAL die mit Abstand beliebteste Pornokategorie, und das ist vermutlich kein Zufall. Neben dem Reiz des Verbotenen kann auch die Erotisierung von Macht zur Popularität von ANAL-Pornos beitragen. Die Fantasie (nur die Fantasie!), zu einer sexuellen Handlung überredet/gezwungen zu werden oder jemanden zu überreden/zu zwingen, ist für viele Menschen umso reizvoller, je stigmatisierter diese ist. Wer die Suchkombination «Anal Überraschung» eingibt, findet etliche Videos, in denen ein Penis unangekündigt ins «falsche Loch» gesteckt wird (*Please don't try this at home!*). Pornotitel mit Elementen wie «erstes Mal anal» oder «anale Jungfrau» spielen außerdem mit analer Unerfahrenheit. Auch die erste Analszene einer Performerin gilt als ein besonderer Meilenstein, den Fans oft sehnsüchtig erwarten, und im klassischen Studiopornosystem bekommen Performerinnen für Analszenen grundsätzlich ein höheres Honorar.

Auch die Zahlen zum Sexualverhalten sprechen eher gegen eine umfassende Normalisierung von Analsex. Zwar geben mehr und mehr Menschen an, schon einmal Analsex gehabt zu haben,▾ jedoch ist er für die wenigsten eine regelmäßige Sexpraktik.[41] Nur 3 % deutscher Studierender geben an, beim letzten Sex Analsex praktiziert zu haben.[42] Damit zählt er weiterhin zu den ungewöhnlichen Praktiken. Unter hetero Sexualpartner*innen ist die Bereitschaft zu Analsex gegendert: Männer sind ihm gegenüber (als penetrierender Part) tendenziell offener als Frauen (als penetrierter Part).[43] So bleibt diese Neugierde für viele hetero Männer unerfüllt,

▾ Und zwar 40 % laut Herbenick, Debby et al. (2017): «Sexual diversity in the United States: Results from a nationally representative probability sample of adult women and men», *PLoS ONE* 12(7).

wodurch die Lust auf ANAL-Pornos als digitale Ersatzbefriedigung steigen kann. Grundsätzlich ist Analsex eine der vielen Praktiken, die in Pornos einfacher wirken als sie es sind. Während analoger Analsex üblicherweise Vorbereitung wie Dehnung oder Reinigung, Hilfsmittel wie Gleitgel oder Plugs, Sicherheitsvorkehrungen für sexuell übertragbare Krankheiten, Vertrauen und Wohlbefinden miteinander sowie Kommunikation voraussetzt, wird dies in Pornos meist nicht gezeigt. Wie bei allen anderen Unterhaltungsmedien auch, genießen wir das Unkomplizierte einer Fantasie(-Sex)-Welt, in der schier alles möglich scheint. Pornos zeigen «die Möglichkeiten, die jenseits unseres täglichen sexuellen Erlebens liegen, und genau das ist der eigentliche Reiz».[44]

Pornowunderland

Diese Lust an den grenzenlosen Möglichkeiten greift wohl auch bei einem der auffälligsten Trends am Pornomarkt: HENTAI.[45] *Hentai* ist japanisch und bedeutet so viel wie «pervers». Der Begriff wird nur außerhalb des japanischen Sprachraums als Genrebezeichnung für pornografische Mangas (Comics) und Animes (Zeichentrickfilme) im Allgemeinen verwendet. In Japan selbst heißen diese *ero* (erotisch), *18-kin (18verboten)* oder *seijin* bzw. *adoruto* (erwachsen). Hentai beschreibt dort nur eine Unterkategorie sexuell expliziter Mangas, die nicht-normative sexuelle Handlungen beinhalten.[46] Im westlichen Sprachgebrauch dient Hentai als Sammelbegriff für animierte Pornofilme aus Japan. Obwohl diese spezifisch japanische sexuelle wie ästhetische Elemente verwenden, finden die Inhalte international Anklang. Wurde das Genre in den 1990er Jahren noch als zu extrem für den

US-DVD-Markt empfunden, ist Hentai mittlerweile im Mainstream angekommen.[47] Das mag auch damit zusammenhängen, dass kulturelle Produkte aus dem asiatischen Raum – wie K-Pop, *Pokémon*, *Studio-Ghibli*-Animes oder die Serie *Squid Game* – immer präsenter und beliebter werden. Auf *Pornhub* ist HENTAI heute weltweit auf Platz 12 der meistgeklickten Kategorien. Unter den Suchbegriffen, also was User*innen eigenständig in die Suchleiste von *Pornhub* eintippen, rangiert HENTAI sogar auf dem ersten Platz.

Der Reiz des Genres liegt in dem exzessiv Fiktiven, das einen ultimativen Zufluchtsort aus den Realitäten des Alltags schafft. Da im HENTAI keine realen, sondern nur gezeichnete Personen vorkommen, sind der Darstellung von Körpern oder sexuellen Praktiken keine Grenzen gesetzt. Uns begegnen darin überdimensionale Körperteile, Doppelpenisse, Miniaturmenschen und Riesen sowie raumfüllende Mengen an Sperma. HENTAI öffnet die Türen für das Fantastische fernab der «Schranken sexueller Tabuisierungen».[48] Neben menschlichen Figuren treten alle möglichen Tiere und Fabelwesen auf, wobei animierte Oktopusse besonders begehrt sind. Tentakel-Porno hat in der japanischen Kultur Tradition,[49] die bis zu Katsushika Hokusais Holztafeldruck «*Der Traum der Fischersfrau*» (1814) zurückreicht. Zur Popularität von Tentakeln im Porno hat auch beigetragen, dass sich durch diese die strengen japanischen Zensurgesetze umgehen lassen. Nach dem bis heute geltenden Artikel 175 des japanischen Strafgesetzbuches von 1907 ist der Vertrieb, Verkauf und das Bereitstellen von «obszönem Material» strafbar.[50] Was «obszön» bedeutet, ist dort wie in Deutschland nicht weiter definiert, aber die rechtliche Auslegung führt dazu, dass Pornos, ob real oder animiert, in Japan nur zensiert veröffentlicht werden. Genitalien sind von vornherein per digitalem Mosaik verpixelt. Daher ist UNZENSIERT (無修正)

auch einer der populärsten Suchbegriffe in Japan.▼ Die japanische Pornoindustrie ist äußerst kreativ, wenn es darum geht, sexuelle Inhalte trotz strenger Verbote auf den Bildschirm zu bringen. Tentakel sind keine Genitalien und müssen somit nicht zensiert werden.[51] Gewieft. Der japanische Begriff für extreme Tentakel-Erotika lautet *shokush goukan*, was so viel bedeutet wie Tentakel-Vergewaltigung. Tatsächlich wird die sexuelle Interaktion mit Tentakeln in diesen Pornos oft als nicht einvernehmlich dargestellt.[52] Das sorgt ebenso für ein negatives Bild von HENTAI, wie die kindliche Darstellung von humanoiden Figuren, insbesondere der sogenannten *Lolicons* (von Lolita-Komplex). Deren Gesichter folgen einem Kindchenschema mit riesigen Augen, während ihre Brüste ebenso riesig sind. Häufig tragen sie Schuluniformen, haben piepsige Stimmen und erröten kichernd, wenn Sex auch nur erwähnt wird. Beides wirft die Frage auf: Ist im HENTAI alles erlaubt, nur weil es gezeichnet ist?

HENTAI hat aber auch ganz andere Gesichter. Zum Beispiel spielt Queerness in diesem Genre eine große Rolle. «*Boys Love*» (*Yaoi*) bezeichnet ein Genre, das sich auf Sex zwischen Männern fokussiert und vorwiegend von und für Frauen kreiert wird. Das lesbische Gegenstück heißt *Yuri*. Geschlecht ist im HENTAI oft ambivalent oder fluide. Androgyne, transgeschlechtliche und transhumanistische Elemente sind selbstverständlicher Teil dieses Genres.[53] Die *Futanaris*, zum Beispiel, haben eine Vulva und einen Penis, *Succuben* sind lüsterne weibliche Dämonen mit Flügeln. Es gibt diverse Vermischungen mit Genres wie Horror, Thriller

▼ In Europa kann HENTAI unzensiert gezeigt werden. *MyHentai.porn* ist die einzige Firma, die diese hier legal vertreibt und die Filme zudem aufwendig deutsch synchronisieren lässt. Der Inhaber Sinan Sahin, der damit in die Fußstapfen seines Vaters tritt, hat die schönsten Anekdoten über die eingefleischte HENTAI-Fan-Community zu erzählen.

oder Science-Fiction, aber ebenso kann HENTAI regelrecht romantisch bis kitschig sein. HENTAI ist ein heterogenes Genre, und es ist unmöglich, einzugrenzen, was genau die Tausenden von Menschen suchen, die weltweit täglich diesen Begriff bei *Pornhub* eintippen. Zweifelsohne übt es eine enorme Faszination aus. Dabei stellt HENTAI abermals die gängige Annahme in Frage, dass Pornopräferenzen den eigenen sexuellen Präferenzen entsprechen müssten[54] – oder wollen wirklich SO VIELE Menschen Sex mit einem Oktopus haben?

Auf der Suche nach uns selbst

Einen Kontrast zum HENTAI-Wunderland bildet die Kategorie AMATEUR. Während Ersteres mit seinen überzeichneten Fantasiefiguren so gut wie keine Identifikationsfläche bietet, befriedigt Letztere die Sehnsucht nach Körpern, die dem eigenen gleichen, nach Sex, der dem eigenen ähnelt.[55] Amateurpornografie ist im Gegensatz zu den meisten anderen Kategorien nicht nur ein Genre, sondern mittlerweile auch ein eigener Industriezweig. Sie kam mit der Videotechnologie in den 1980ern als Privatvergnügen auf, produziert von Menschen, die sich gerne zu Hause oder in Swinger-Kontexten beim Sex filmen und das mit Gleichgesinnten teilen wollten. Sie verbreitete und kommerzialisierte sich ab den 2000er Jahren durch die neuen Möglichkeiten des Web 2.0.[56] Insbesondere der partizipative Charakter, also die Interaktion zwischen Creator*innen und User*innen bis hin zu Live-Webcam-Angeboten, trägt zu ihrem anhaltenden Erfolg bei. *OnlyFans*, als Mischform aus Social Media und Pornoplattform, ist ein Paradebeispiel für dieses Erfolgskonzept. So ist die Amateurpornografie grundlegend von Studioproduktionen zu unterscheiden. Ihre Kernqualität bzw. zentrale Vermarktungsstrategie ist die Authentizität. Amateurpornos vermitteln den Eindruck, wir könnten einen unverstellten Blick in das Sexleben anderer, «ganz normaler» Menschen werfen und an ihrer Lust teilhaben.▾ Sie laden dazu ein, uns mit den gezeigten Figuren zu identifizieren, zu denken: «Das könnte mein Schlafzimmer sein! Das könnte ich sein!» Auch deshalb entwickelte sich AMATEUR ab 2007 zur beliebten Kategorie auf *Pornhub*. 2022 war REALITY der Suchtrend des Jahres, und auch unter der viel geklickten Kategorie OUTDOOR sind vorwiegend Amateurclips zu finden.

Die enorme Beliebtheit von AMATEUR-Pornos ist bemerkenswert. Vielleicht zerbricht an ihr ja endlich der Mythos, Männer würden durch die von ihnen tagein, tagaus konsumierten Pornos in operiert-optimierter Hochglanzoptik im Alltag nicht mehr mit der Durchschnittlichkeit ihrer Lebensrealität zurechtkommen. In Wirklichkeit suchen sehr viele von ihnen auf Pornoseiten nach möglichst «echtem» Sex zwischen möglichst «echten» Körpern. Längst sind große Studios auf den Erfolgszug aufgesprungen. Unter AMATEUR finden sich auf *Pornhub* mittlerweile etliche professionelle Studioproduktionen, die eine DIY-Amateur-Ästhetik lediglich imitieren. Vermutlich ein Grund dafür, dass die Sucheingaben für REAL AMATEUR HOMEMADE steigen – man will «echte» Amateure sehen! Derweil sind einige Amateure kommerziell so erfolgreich, dass die Grenze

▾ Die Annahme, dass nicht-kommerzielle Amateurpornografie als Fenster zur menschlichen Sexualität als Körperpraxis dienen kann, treibt auch das DFG-Forschungsprojekt *Die Praxen der Amateurpornographie* an. Erste Einblicke gibt es hier: Benkel, Thorsten und Lewandowski, Sven (2021): *Kampfplatz Sexualität: Normalisierung – Widerstand – Anerkennung*.

zum Profibereich verschwimmt.[57] So hat sich die paradoxe Bezeichnung «ProAm», für Profi-Amateur, etabliert.[58] Fiona Fuchs, eine der bekanntesten deutschen Creator*innen auf dem Amateurpornoportal *MyDirtyHobby* – das wie *Pornhub* auch zum *MindGeek*-Imperium gehört[59] –, ist hierfür ein Paradebeispiel. Die Fiktionalität, die Gemachtheit der Clips unter dem AMATEUR-Label rückt durch mittelmäßige Beleuchtung, geminderte Bildqualität, Handkameras und alltägliche Locations in den Hintergrund. So stark, dass mich regelmäßig erwachsene Männer fragen, ob dieses oder jenes Format – bei dem beispielsweise Frauen auf der Straße angesprochen werden und spontan gegen Geld Sex vor der Kamera haben – denn ECHT sei? Es tut mir sehr leid, Illusionen zu zerstören, aber wer auf den *Bumsbus* oder das *FakeTaxi* wartet, wartet vergeblich!

Dass Menschen sich selbst oder das Alltägliche im Porno suchen, schlägt sich auch in deutschen Suchtrends nieder. Die länderspezifische Aufschlüsselung der *Pornhub*-Suchbegriffe zeigt, dass in Deutschland vor allem eins gesucht wird: deutscher Content! DEUTSCH und GERMAN sind hierzulande seit Jahren die beliebtesten Suchbegriffe. Der Grund dafür ist weniger ein merkwürdiger Porno-Patriotismus, sondern das Bedürfnis, Inhalte aus dem eigenen Sprach- und Kulturraum zu sehen. So erklärt sich auch die Tatsache, dass sich heute unter den in Deutschland meistgesuchten Begriffen auf *Pornhub* TURKISH findet. 2018 taucht er erstmals in den nationalen Suchtrends auf und klettert 2022 auf den vierten Platz, besonders häufig suchen Menschen in Berlin nach ihm. In Deutschland leben knapp drei Millionen türkeistämmige Menschen, mehr als aus jedem anderen Herkunftsland. Logisch, dass auch sie auf *Pornhub* Inhalte mit Vertrautem suchen. Eine gewisse Sehnsucht nach Medieninhalten in der Erstsprache ist unter Menschen mit Migrationsbiografie keineswegs ungewöhnlich – warum sollte das im Porno anders sein? Tatsächlich führt der Suchbegriff TURKISH vor allem zu türkischsprachigen Ergebnissen, was dafür spricht, dass diese Inhalte auch für ein entsprechendes Publikum gedacht sind. Auch in anderen Ländern wie Frankreich, Polen oder Brasilien ist die *Pornhub*-Suche nach der eigenen Nationalität zu beobachten. Nur im englischsprachigen Raum scheint das nicht notwendig, da man sowieso vornehmlich auf englische Inhalte stößt, ohne explizit nach ihnen suchen zu müssen. US-Produktionen dominieren insgesamt den Pornomarkt, was auch daran erkenntlich wird, dass in den meisten Ländern amerikanische Performer*innen präferiert werden. In Deutschland ist in den Top 5 Fiona Fuchs mittlerweile die einzige deutsche Performerin zwischen US-Größen wie Lana Rhoades, Eva Elfie oder Abella Danger. 2014 waren es mit Lexy Roxx, Gina Wild, Vivian Schmitt und Sexy Cora noch vier von sieben.

Bei einem Blick auf die *Pornhub*-Infografik zur internationalen Verteilung der beliebtesten Kategorien sieht man sofort, dass EBONY im gesamten afrikanischen sowie US-amerikanischen Raum die Pornosuchanfragen dominiert. EBONY bedeutet übersetzt «Ebenholz» und soll in Anlehnung an die sehr dunkle Farbe für Schwarze Menschen stehen. Zoomt man näher in die USA hinein, sieht man, dass User*innen in den Südstaaten wie Mississippi, Alabama oder Florida im bundesweiten Vergleich überdurchschnittlich oft nicht nur nach EBONY suchen, sondern auch nach verwandten Kategorien mit *race*-Bezug wie etwa BBC (Abkürzung für «großer Schwarzer Schwanz») oder INTERRACIAL (‹gemischt-ethnisch›, steht in aller Regel für Sex zwischen einer *weißen* Frau und einem Schwarzen Mann). Es scheint nahe liegend, dass hierin abermals das Bedürfnis von Menschen hervorscheint, sich selbst im Porno zu sehen. Dort, wo Schwarze Menschen einen besonders hohen Teil der Bevölkerung ausmachen, wird auch besonders häufig nach entsprechenden Kategorien gesucht. Im Grunde ist das nicht so viel anders als das Phänomen, dass der beliebteste Suchbegriff in Deutschland «*deutsch*» ist, im russischen Raum «*Russian*», im indischen «*Indian*» und so weiter – oder? Doch!

Der koloniale Blick

Ein wichtiger Unterschied ist die verwendete Sprache: «Ebony» stammt zwar durchaus aus der Schwarzen Community▾, ist als Selbstbezeichnung heute aber eher selten bzw. gilt als antiquiert. Für die meisten Schwarzen Pornonutzer*innen wäre es intuitiver, auf der Suche nach sich selbst BLACK als Suchbegriff einzugeben. Auch ist EBONY im Gegensatz zu den übrigen genannten Beispielen keine Nationalitätenbezeichnung, sondern zielt auf optische Merkmale, genauer: die Hautfarbe, ab. Der entscheidende Unterschied ist aber die ausgeprägte Popularität auch außerhalb der genannten Regionen. Weltweit ist EBONY die zweitbeliebteste Pornokategorie, während Schwarze Menschen etwa 12 % der Weltbevölkerung ausmachen. Es ist rechnerisch mehr als unwahrscheinlich, dass allein die identitätsstiftende Suche Schwarzer Menschen nach Körpern, die dem eigenen ähneln, für diesen Rang verantwortlich ist. Wahrscheinlicher ist, dass die Fetischisierung Schwarzer Körper durch nicht-Schwarze Menschen hier eine zentrale Rolle spielt. Die Inhalte, die unter diesem Schlagwort auftauchen, bestätigen das. In

▾ Ein erfolgreiches Magazin für eine afroamerikanische Zielgruppe trägt beispielsweise diesen Namen, und es liefert auch den ersten Teil des von Schwarzen Professoren geprägten Kofferworts «*Ebonics*» für afroamerikanisches Englisch.

der Kategorie EBONY tummeln sich rassistische Stereotype. Allen voran: der große, animalische, hypersexuelle Schwarze Mann. Ein Bild, dessen kulturgeschichtliche Wurzeln weit zurückreichen. Im Kolonialismus konstruierten Europäer*innen Schwarze Menschen oft als das primitive, triebgesteuerte Andere, um ihre eigene Dominanz zu untermauern.[60] Der Versuch, diese vermeintliche Unterlegenheit an physiologischen Merkmalen festzumachen, zeigt sich in dem Mythos des überdimensionalen Schwarzen Penis.[61] Was einst als Abwertung diente, wird heute im CUCKOLDING-Genre umgekehrt: Szenarien, in denen *weiße* Männer gedemütigt werden, indem ihre Frau vor ihren Augen Sex mit einem Schwarzen Mann hat. Der große Schwarze Penis wird zur Konkurrenz stilisiert, wobei die Erniedrigung wiederum dem Lustgewinn des *weißen* Publikums dienen soll.

Der hypervirile Schwarze Mann ist im Porno eine sowohl lust- als auch angstbesetzte Figur. Wie auch in allen anderen Medien, werden Schwarze Männer darin deutlich häufiger als aggressiv dargestellt als *weiße* – insbesondere, wenn sie mit *weißen* Frauen zu sehen sind.[62] Das angeblich unstillbare und gewaltsame Begehren Schwarzer Männer für *weiße* Frauen ist ein alter Topos, der im Stummfilm-«Klassiker» *The Birth of the Nation* (1915) popkulturelle Verbreitung fand. Um das Ende der Sklaverei als Fehler zu deklarieren, wurde die Vergewaltigung *weißer* Frauen damals zur Folge der Befreiung Schwarzer Sklaven stilisiert.[63] In Deutschland wiederholt sich diese rassistische Logik heute in dem «Ausländer-vergewaltigen-unsere-Frauen»-Narrativ. Dieses wurde besonders um die Vorfälle der Silvesternacht in Köln 2015 laut und im zu Recht vehement kritisierten *Focus*-Titelbild mit schwarzen Handabdrücken auf einem nackten *weißen* Frauenkörper inszeniert.[64] Der vermeintlich notwendige Schutz von (*weißen*)

Frauen wird schon lange für sehr viel Mist instrumentalisiert.

Im Porno wird diese irrationale Angst sexuell aufgeladen. INTERRACIAL Porn spielt mit dem Tabu der in den USA noch bis in die 1960er Jahre hinein verbotenen sogenannten «Rassenmischung». *Behind the Green Door* (1972) war der erste populäre Pornofilm, der eine *interracial* Sex-Szene gezeigt hat, was damals bahnbrechend war.[65] Noch 1930 hatte der *Motion Picture Production Code* die «vollständige Nacktheit und geschlechtliche Beziehung zwischen Angehörigen der weißen und der schwarzen Rasse» verboten.[66] Man kann zwar argumentieren, dass INTERRACIAL-Porno zur Sichtbarkeit und Normalisierung von gemischt-ethnischem Sex beigetragen hat. Die Art und Weise, wie dieser in so verschlagworteten Clips dargestellt wird, betont *race*-Unterschiede aber mehr, als sie aufzulösen. Erst wenn diese nicht benannt würden, wäre das ein Schritt in Richtung Normalisierung. Das Gegenteil passiert auf der Seite *Blacked.com*, übrigens von einem *weißen* Mann ins Leben gerufenen.▾ Sie zeigt ausschließlich Hochglanzvideos von Schwarzen, stereotypisierten Männern beim Sex mit besonders blassen *weißen* Frauen und lässt dabei von Basketballspieler bis Rapper kein *race*-Klischee aus. Einer der beliebten Performer der Seite trägt den Künstlernamen «Mandingo»[67] – dieser Begriff, abgeleitet von dem westafrikanischen Volk der Mandinka, ist ein *racial* Archetyp, der für den «gut bestückten Sklaven» steht.[68] In ihm steckt das Begehren *weißer* Frauen für große Schwarze Penisse,[69] welches *Blacked.com* profitabel inszeniert. Die *weißen* Frauen werden dort nämlich in keiner Weise «übermannt». Vielmehr

▾ Über die rassistischen Strukturen in der Pornoindustrie habe ich für diesen Text mit verschiedenen US-Performer*innen gesprochen: «Schwarze Körper, weißer Profit» (2020), *Missy Magazine*.

sehen wir ihnen vor jeder Sexszene dabei zu, wie sie davon träumen, ENDLICH mal Sex mit einem Schwarzen Mann zu haben.

Das weibliche Pendant zu Mandingo ist das Jezebel-Stereotyp: die unersättliche, sexuell aggressive, verführende Schwarze Frau.[70] Auch dieses kolonialrassistische Bild wird in EBONY-Pornos fortgeschrieben.[71] Insbesondere der ausgeprägte Hintern – der analog zum großen Penis früher als körperliches Zeichen vermeintlicher sexueller Devianz Schwarzer Frauen herbeigezogen wurde – taucht darin als hervorgehobenes Element auf.[72] Die Darstellung Schwarzer Frauen gestaltet sich jedoch diverser als das eindimensionale Bild des BBC. Verschiedene Stimmen machen außerdem darauf aufmerksam, dass Schwarze Frauen – entgegen gängiger Interpretationen – in Pornos durchaus *Agency* haben: Sie existierten dort nicht nur für *weiße* Zuschauer*innen, sondern empfinden selbst Lust im Angeschaut-Werden.[73] Auch in rassifizierten Pornos seien Momente Schwarzer Lust zu finden, die mit struktureller Unterdrückung brechen und eine emanzipierende Qualität erlangen. Schon in den 1980er Jahren hätten Schwarze Pornostars wie Jeannie Pepper oder Angel Kelly dominante Vorstellungen von Schwarzer weiblicher Sexualität «sowohl aufrechterhalten als auch durchbrochen».[74] Ähnlich wie bei der Beurteilung von Sexismus sollten wir also aufpassen, dass wir nicht unseren rassistischen Blick mit rassistischen Inhalten verwechseln. Und dennoch gibt es Letztere zweifelsohne.

Neben EBONY, BBC und Co gibt es diverse andere rassifizierte *Pornhub*-Kategorien, die allesamt einer «westlich zentrierten Ethnisierung» folgen.[75] Besonders beliebt ist dabei ASIAN. Im hetero Bereich finden sich darunter entsprechend des weit verbreiteten «Lotusblüten»-Stereotyps vor allem devote, asiatisch gelesene Frauen.[76] Im Gay-Bereich vor allem der feminisierte asiatisch aussehende Bottom.[77] Die LATINA-Kategorie hingegen zielt vor allem auf einen bestimmten Körpertyp, was populäre Suchbegriffe wie THICK LATINA oder BIG BOOTY LATINA belegen. Unter dem Begriff «*border sex*» werden aber auch Clips verhandelt, in denen die Figur der illegalen migrantischen Latina an der US-mexikanischen Grenze fetischisiert wird.[78] Ein ähnliches Phänomen gibt es auch in Deutschland: «*Refugee Porn*», sogenannte Flüchtlingspornografie. Als 2015, vor allem infolge des Bürgerkriegs in Syrien, fast eine Million Schutzsuchende in Deutschland aufgenommen wurden und Angela Merkel mit ihrem «Wir schaffen das!»-Slogan eine neue Willkommenskultur einzuläuten schien, stiegen auf gängigen Pornoseiten gleichzeitig die Suchanfragen nach REFUGEE. Und sie führten tatsächlich zu mehr und mehr Inhalten, die Szenen mit vermeintlichen Geflüchteten zeigten. Diesen Pornos ging es aber keineswegs darum, Identifikationsflächen für arabische Menschen zu schaffen,▾ sondern vielmehr um deren Fetischisierung für ein *weißes* Zielpublikum. Das ist schon deshalb zu erahnen, weil die Titel in aller Regel nicht in arabischer Sprache auf den Pornoseiten auftauchen. In den Inhalten dieser Clips spiegeln sich zudem gängige antimuslimische rassistische Stereotype: «Arabische Männer werden als besonders gewalttätig, arabische Frauen als besonders unterwürfig dargestellt.» Die in aller Regel nicht wirklich muslimischen Darstellerinnen tragen dabei meist Kopftuch, weswegen das Genre auch «*Hijab Porn*» heißt, was irreführend emanzipierend klingt.[79] Oft beinhalten diese Pornos Abhängigkeitsfantasien, in denen *weiße* Männer die

▾ Diese Analyse ist Mohamed Amjahid zu verdanken, der sie in seinem auch sonst sehr lesenswerten Buch *Der weiße Fleck. Eine Anleitung zu antirassistischem Denken* (2021, Piper) weiter ausführt.

prekäre Situation geflüchteter Frauen sexuell ausnutzen. Gegenwärtig lässt sich, wenn auch in deutlich kleinerem Umfang, ein ähnlicher Trend erkennen: Im März 2022, vor dem Hintergrund des Angriffskriegs gegen die Ukraine und den damit verbundenen Fluchtbewegungen, sind Suchanfragen nach «Ukraine» auf *Pornhub* gestiegen.[80] Videos wie «Ukrainischer Flüchtling bezahlt ihre Miete» bedienen abermals die Machtfantasien *weißer* Männer von migrantischen Frauen. Viele Pornos sind eine Weiterführung des kolonialen Blicks.

Das exotisierte «Fremde»

Der Mechanismus der Fetischisierung des Anderen ist nicht nur im Zusammenhang mit rassifizierten Menschen zu beobachten, sondern auch bei anderen marginalisierten Gruppen. Da Pornos Körper in den Fokus stellen, trifft das vor allem auf Menschen mit bestimmten, vermeintlich nicht-normativen körperlichen Merkmalen zu. So zeigen sich ähnliche Muster wie bei *race porn* auch bei der fetischisierenden Darstellung von dick_fetten Menschen in der Kategorie BBW (Big Beautiful Women) oder von Menschen mit sichtbaren Behinderungen in abwertend so betiteltem MIDGET- oder AMPUTEE-Porn. Das vermeintlich Fremde und dessen Marker werden auch hier exotisiert und erotisiert, als gleichermaßen beängstigend und faszinierend konstruiert.

Das gilt besonders für einen weiteren Pornotrend: TRANSGENDER. Seit 2014 wird diese Kategorie kontinuierlich populärer, tauchte 2017 erstmals in den weltweiten Top 20 auf und landete 2022 auf Platz 7 der beliebtesten Pornokategorien. Ist das, wie es *Pornhub* selbst behauptet, ein Anzeichen dafür, dass unsere Gesellschaft immer inklusiver wird? Verschiedene Aspekte sprechen dagegen. Ein Blick auf die internationale Verteilung der Suchanfragen verrät, dass Menschen in Mittel- und Südamerika besonders viel TRANSGENDER-Porno konsumieren. Gleichzeitig werden dort 70 % aller Morde an trans Personen begangen.[81] Die meisten davon in Brasilien, wo TRANSGENDER die beliebteste *Pornhub*-Kategorie überhaupt ist. Ebenso ist bei der Verteilung innerhalb der USA kein Zusammenhang zwischen liberaleren Staaten und der Beliebtheit von TRANSGENDER erkennbar. Wäre diese ein Indikator für progressive Werte, wäre anzunehmen, dass sie unter jüngeren Menschen größer sein müsste. Die Alterskohorte von 18 bis 24 schaut aber am seltensten, User*innen ab 55 am häufigsten TRANSGENDER-Clips. Rein rechnerisch ist es unwahrscheinlich, dass die hohen Suchanfragen durch trans Personen selbst zustande kommen. Bereits 2017 waren das mehr als eine Million jeden Tag, und seitdem ist die Nachfrage noch mal massiv gestiegen. Der Bevölkerungsanteil von trans Personen ist unklar, kann mit Zahlen zwischen 0,3 und 0,8 % aber unmöglich die enormen Klickzahlen verantworten.

Dass TRANSGENDER-Inhalte weder aus der trans Community kommen noch sich an diese richten, lässt sich auch an der Sprache erkennen, die Anbieter bei deren Vermarktung verwenden. Lange fand man die Inhalte vor allem unter abwertenden Begriffen wie «*tranny*» oder «*shemale*», die bis heute auf Pornoseiten kursieren. 2017 änderte die führende auf TRANSGENDER spezialisierte Pornofirma auf Druck der trans Community hin ihren Namen von *ShemaleYum.com* zu *GroobyGirls.com*.[82] Ein kleiner Meilenstein. Dank einer Petition der trans Performerin Chelsea Poe wurden auch die «*Tranny Awards*» in «*Transgender Erotica Awards*» umbenannt. Auch wenn die Sprache im TRANSGENDER-Porno-Business sich allmählich wandeln mag, gilt das nur bedingt für die Inhalte. Noch immer finden sich unter diesem Label vor allem fetischisierende Darstellungen von trans Frauen. Diese entsprechen fast immer einem homogenen Bild, welches mit dem Kontrast von Hyperfemininität – sprich: lange Haare, künstliche Nägel, viel Make-up, schlanke Figur und große Brüste – auf der einen und einem meist großen, erigierten Penis auf der anderen Seite spielt. Letzter gilt als so zentral, dass trans Performer*innen gemeinhin davon ausgehen, dass eine geschlechtsbestätigende Operation ein Karriereende bedeutet. Viele trans Performer*innen verzichten vor entsprechenden Pornoshootings bewusst auf ihre Testosteron-Blocker oder greifen zu Potenzmitteln, um eine Erektion gewährleisten zu können.[83] Nicht ohne Grund wurde das Genre lange abwertend als «*chicks with dicks*» («Mädels mit Schwänzen») bezeichnet.

In der Mainstream-Pornoindustrie bedeutet trans Porno also fast immer trans*femininer* Porno. Das liegt sicherlich nicht zuletzt an der Zielgruppe, die zu 98 % aus cis Männern besteht.[84] Worin liegt für sie der Reiz von TRANSGENDER-Pornos? Daten zu cis-männlichen Kunden von trans-weiblichen Sexarbeiterinnen legen nahe, dass diese es genießen, mit ihnen Dinge erleben zu können, die sonst nicht mit hetero Männlichkeit vereinbar sind.[85] Das könnte bedeuten, dass auch Pornos mit trans Frauen für hetero Männer der akzeptabelste Weg sind, homoerotisch konnotierten Fantasien nachzugehen. Sie können sich beim Zusehen vorstellen, penetriert zu werden oder einen Penis anzufassen und in den Mund zu nehmen, ohne dabei einen Mann zu begehren. Fast alle Mainstreamfirmen vermarkten ihre TRANSGENDER-Inhalte als «*straight specialty*» für Männer.[86] Womöglich greift aber auch hier der Reiz des Verbotenen. Trans Frauen zu begehren ist gesellschaftlich stigmatisiert, und TRANSGENDER-Inhalte bedeuten für viele hetero Männer einen Tabubruch. Ähnlich wie bei rassifizierten Inhalten wird das angstbesetzte Andere sexualisiert.

Schon lange gelten TRANSGENDER-Inhalte als lukrativer Markt.[87] Das erfolgreiche Pornostudio *Evil Angel* nannte es bereits vor 10 Jahren sein beliebtestes und einnahmenstärkstes Genre.[88] Seitdem wurden etliche neue Studios mit TRANSGENDER-Fokus gegründet, aber keines davon ist trans geführt. Cis Männer machen TRANSGENDER-Filme für cis Männer und profitieren davon. So wie *weiße* Menschen mit Schwarzen Körpern Profit machen, indem sie fetischisierende Darstellungen an andere *weiße* Menschen verkaufen.

Auch wenn eine wachsende Nachfrage nach TRANSGENDER-Inhalten eher nicht auf wachsende Akzeptanz hindeutet, stellt sich die Frage, ob die Popularität des Genres trotzdem positive Konsequenzen für die trans Community haben kann. «Nirgendwo sind trans Personen so sichtbar wie im Porno», verkündete die wichtigste Pornonachrichtenseite zum *Transgender Day of Visibility* 2019.[89] Damit haben sie nicht Unrecht. «Für viele Menschen, ob trans oder nicht, war und ist Pornografie der erste Berührungspunkt mit trans Identitäten, erst recht mit nackten trans Körpern», bestätigen auch Wissenschaftler*innen.[90] Tatsächlich geben nur 11 % aller Menschen an, persönlich jemanden zu kennen, der*die trans ist.[91] Medienrepräsentationen übernehmen also eine zentrale Rolle in der Vorstellung davon, was Trans-Sein bedeutet. Können TRANSGENDER-Inhalte «das Begehren für ein transgeschlechtliches Sexobjekt kultivieren»?[92] Und ist das Bild der begehrenswerten trans Person, egal wie stereotyp, dennoch ein wertvolles? Insbesondere für trans Personen, die sich selbst in den Medien so gut wie nie als sexuell begehrenswerte Wesen, sondern häufig als abstoßend oder lächerlich▼ repräsentiert sehen? Hat jede Form von Sichtbarkeit einen Mehrwert? Oder anders gefragt: Besser fetischisiert als unsichtbar? Ich werde mir nicht anmaßen, das zu beantworten, finde aber spannend, wie auch hier wieder die Frage nach der Grenze zwischen Subjekt und Objekt ins Zentrum rückt – sowie danach, wer entscheidet, wo diese verläuft.

Die große weite Pornowelt

Dieser kleine Rundumschlag durch die beliebtesten Pornofantasien macht insbesondere eins deutlich: DEN Porno gibt es nicht. Selbst das Mainstreampornoangebot, wie es auf Standardseiten wie *Pornhub* zu finden ist, ist enorm breit und facettenreich. Ich finde das vor allem deshalb so wichtig zu betonen, weil in der öffentlichen Unterhaltung und selbst in der Forschung zu Pornos der tatsächliche Inhalt dieses Mediums entweder ganz ignoriert oder einfach (falsch) angenommen wird. Die Frage, *ob* jemand Pornos schaut, sollte in allen Kontexten um die Frage ergänzt werden: *welche* Pornos? Die weit verbreitete Vorstellung von dem «immergleichen Rein und Raus» könnte heute nicht weiter von der Realität entfernt sein. Das liegt vor allem daran, dass das Internet den Porno demokratisiert hat. Mussten zu Pornokinozeiten in den 1970er Jahren noch große Gruppen gleichzeitig zufriedengestellt und Pornos somit möglichst massentauglich gestaltet werden, hat bereits der Heim-Video-Konsum, und dann erst recht die Digitalisierung eine Ausdifferenzierung in verschiedenste Vorlieben erlaubt. Und dabei sind wir ja noch nicht mal in die unendlich vielen kleinen Nischen der

▼ Ich empfehle hierzu die *Netflix*-Doku *Disclosure: Hollywoods Bild von Transgender* (2020).

Pornowelt abgetaucht. Wer auf die Dinge steht, die dieses Kapitel beleuchtet hat, ist in besonders guter, im Sinne von großer Gesellschaft. Das soll aber natürlich nicht heißen, dass davon abweichende Fantasien nicht «normal» wären. Wer in Pornos von platzenden Luftballons, eingegipsten Beinen, erwachsenen Männern in Windeln, in Latexsäcke verpackten Körpern, Menschen, die sich auf Kuchen setzen, Zahnspangen, Melkmaschinen, Pupsgeräuschen, Muttermilch oder Urin aus Silberkelchen erregt wird, ist vielleicht in der Unterzahl – aber keineswegs allein! Es gibt für jeden Kink eine Community von Menschen, die ihn teilt. Statistisch gesehen ungewöhnlich ist noch lange nicht problematisch. Die sogenannte *Rule 34* des Internets besagt: Wenn du es dir vorstellen kannst, gibt es auch Pornos dazu. Und das bedeutet: Es gibt auch noch andere Menschen, die das geil finden.

So wie die Inhalte ist auch das Publikum diverser als meist angenommen. Es besteht vielleicht noch immer vorwiegend aus hetero Männern – aber lange nicht mehr ausschließlich. Und was diese suchen, ist ebenfalls vielfältiger, als die meisten denken. Genauso multidimensional wie die Inhalte im Porno, sind die Beweggründe, sie anzuklicken. Eine bestimmte Kategorie kann uns anziehen, weil sie unserem eigenen Erleben ähnelt oder maximal weit davon entfernt ist. Weil wir das Dargestellte unbedingt in die Realität umsetzen wollen oder auf keinen Fall. Weil wir uns selbst darin sehen oder gerade nicht. Weil es besonders authentisch oder besonders unrealistisch ist. Weil wir das Vertraute suchen oder das Fremde, was wir beängstigend oder begehrenswert finden oder beides. Es gibt nicht nur eine klare Logik, der Pornopräferenzen folgen, sondern etliche Widersprüche und Gleichzeitigkeiten. Hetero Frauen suchen auf *Pornhub* vor allem nach schwulen Männern, schwule Männer nach hetero Männern und hetero Männer nach Lesben, die in Wirklichkeit hetero Frauen sind. Es ist ein Sammelsurium teils unergründlicher und oft fluider kollektiver wie individueller Sehnsüchte, und es wird Zeit, Pornofantasien als so komplex anzusehen, wie sie sind.

Sind wir nicht alle ein bisschen pervers?

Jemand sagte mal: Wer Pornos kritisiert, «fürchtet sich nicht vor der Pornografie, sondern vor sich selbst».[93] Da ist was dran. Wir begegnen uns im Porno nicht nur im Sinne einer lustvollen Identifikationsfläche, sondern auch im Sinne unserer verborgensten, unangenehmsten Wünsche. Unserer Sehnsucht nach Erniedrigung oder Macht, unseren rassistischen oder sexistischen Fantasien, den schwierigen, manchmal hässlichen Seiten unseres Begehrens. Freud würde vermutlich sagen: unserem «Es»! Ich bin ja bei allem, was mit Sex zu tun hat, kein sonderlicher Fan von ihm, aber sein Modell der menschlichen Psyche finde ich hilfreich. Demzufolge ist das Es «der dunkle, unzugängliche Teil unserer Persönlichkeit» – ein «Kessel voll brodelnder Erregung».[94] Dort regieren die Triebe, vor allem die Libido, und es folgt uneingeschränkt dem «Lustprinzip». Das Es «kennt keine Wertungen, kein Gut und Böse». Im Gegensatz zu ihm steht das «Ich» als kontrollierende Instanz. Es folgt rational dem «Realitätsprinzip» und bestimmt unser bewusstes Handeln, indem es versucht, sich gegen das Es durchzusetzen. Das Ich muss sich wiederum der Bewertung durch das «Über-Ich» aussetzen: unser Gewissen. Die elterliche Verbotsinstanz, so Freud, wird internalisiert als beobachtender, mahnender strafender Teil unserer Persönlichkeit. Das Über-Ich folgt einem strengen moralischen Maßstab, Werten und Normen. Einfach gesagt: Wenn das Es einen Inzest-Porno sehen will, versucht das Ich uns davon abzuhalten, und wenn wir es dennoch tun, hebt das Über-Ich den moralischen Zeigefinger. Ergo: Wir fühlen uns schuldig. Mir hilft dieses Bild in Momenten, in denen mich ein schlechtes Gewissen überkommt. Ich stell mir oft vor, wie mein Es, mein Ich und mein Über-Ich beim Pornogucken miteinander streiten, und muss schmunzeln. Die Sache mit dem skrupellosen Es-Lustmolch ist, dass er im Unbewussten lebt, wir ihn zu verdrängen gelernt haben und selten mit ihm konfrontiert werden. Im Porno aber schaut uns das Es gnadenlos ins Gesicht. Das kann überfordernd sein.

In einer Umfrage berichten junge Erwachsene, dass sie das Gefühl haben, im Porno Grenzen zu überschreiten, die sie in ihrer gelebten Sexualität ziehen: «Ich würde das im echten Leben nie tun.»[95] Die Tatsache, dass sie im Porno von etwas erregt werden, das sie in der Realität als falsch bewerten, löst Schuldgefühle bei ihnen aus. Dabei ist das überhaupt nicht ungewöhnlich. Die Forschung zeigt, «dass sexuelle Fantasien von Menschen aller Geschlechter ganz oft alltagsfern, normverletzend, gewalthaltig und politisch inkorrekt sind».[96] Uns erregen dabei oft Dinge, die wir nicht erleben möchten. «Das Imaginäre der Pornographie liegt gerade in jenem Reich der Wünsche, die mehr gewünscht als gelebt werden wollen.»[97] Sowohl die Angst vor bestimmten Dingen als auch der Tabubruch mancher Szenarien sind dabei sexuell aufgeladen. Das bedeutet auch: Es sind nicht verschwörerische Pornoproduzent*innen, die sich im stillen Kämmerlein zweifelhafte Sexszenarien ausdenken, von denen dann unsere ach so reinen Fantasiewelten korrumpiert und beschmutzt werden. Pornos gestalten sich so, wie sie es tun, weil Menschen das sehen wollen! Damit will ich nicht leugnen, dass ein Wechselspiel existiert. Unsere Sehwünsche können von Pornotrends beeinflusst oder von Pornoseitenalgorithmen gelenkt werden und *Pornhub*-Kategorien sich als Wahrnehmungsschubladen einschleichen. Aber grundsätzlich sind Pornos exakt so problematisch, und auch so vielfältig, wie wir es sind. Zu denken, unser eigenes Kopfkino sei weniger grenzwertig als das, was in Pornos zu sehen ist, ist naiv. Ich spreche sicherlich nicht nur für mich, wenn ich sage, dass die mit Abstand abgefucktesten Pornos in meiner Fantasie entstehen!

Statt mit Pornos müssen wir also, wenn überhaupt, mit uns selbst ins Gericht gehen. Dabei aber bitte Nachsicht mit uns walten lassen. Das soll nicht heißen, dass wir unsere Pornopräferenzen nicht kritisch reflektieren sollten. Im Gegenteil. Aber uns allen ist geholfen, wenn wir dabei, wie meine Therapeutin sagen würde, nicht sofort in die Wertung gehen. Wir tragen keine Schuld für die Fantasien, die wir haben, und sie machen uns nicht zu schlechten Menschen. Selbstverurteilung ist fehl am Platz, Selbstreflexion aber nicht.

Ich halte es für wertvoll, einen Schritt zurückzutreten, unsere Pornofantasien zum Analyseobjekt zu machen und uns zu fragen: Wie funktionieren meine sexuellen Fantasien? Worauf springe ich an? War das schon immer so? Mit welchen Fantasien fühle ich mich unwohl? Liegt das daran, dass ich sie moralisch verurteile oder weil sie mir Sorgen bereiten? Zeigen sich darin vielleicht unbearbeitete Themen? Erregt mich beispielsweise die Erniedrigung im Porno als Machtspiel oder aus Selbstwertkonflikten heraus? Haben manche Fantasien lebensgeschichtliche, womöglich traumatische, Wurzeln? Und retraumatisiere ich mich dann jedes Mal mit entsprechenden Inhalten oder finde ich darin ein heilsames Ventil? Erregen mich problematische, wie rassistische oder sexistische, Inhalte gerade, *weil* sie meinen eigenen Werten so fundamental widersprechen? Oder teile ich diese menschenverachtenden Werte vielmehr und gebe mich ihnen im Porno unverfroren hin? Übertrage ich das Gesehene auf Menschen, denen ich in der realen Welt begegne? Fetischisiere ich sie? Und das Wichtigste: Wie geht es mir mit meinen Fantasien? Ist das Schamgefühl größer als die Lust? Sollte ich bestimmten Inhalten aus dem Weg gehen, um achtsam mit mir zu sein? Spoiler Alert: Diese Fragen zu beantworten, ist sauschwierig und bedarf unter Umständen vieler Jahre Therapiearbeit. Sie sich aber überhaupt erst mal zu stellen, ist schon mehr, als die meisten von uns je an Pornoreflexion praktiziert haben.

Mich hat neulich jemand gefragt, wie *ich* es denn geschafft hätte, diese Scham vor dem Sprechen über Pornos und für meine eigene Pornonutzung hinter mir zu lassen. Die ehrliche Antwort lautet: noch gar nicht! Auch für mich ist das alles ein anhaltender Lernprozess. Sich von alten Mustern, stereotypen Geschlechterrollen und tiefsitzenden ungeschriebenen kulturellen Gesetzen zu lösen, braucht Zeit. Aber Stück für Stück bewerte ich mich selbst immer ein bisschen weniger für meine sexuellen Fantasien, erlaube mir meine Lust immer ein bisschen mehr und werde so Tag für Tag etwas freier. Das wünsche ich uns allen.

VII
PORNOS NEU DENKEN
LIEBESERKLÄRUNG AN DIE LUST & DIE AMBIVALENZ

Pornos sind ein Spiegel der Gesellschaft. Es ist nur logisch, dass uns darin jene Sexismen, Rassismen, Rollenverteilungen, Machtstrukturen oder Schönheitsideale begegnen, die auch sonst allgegenwärtig in unserer (Bild-)Kultur sind. Wenn man den Spiegel zerstört, verschwindet zwar das Spiegelbild, aber das, was es zuvor abbildete, bleibt. Mit anderen Worten: Pornos sind Symptom, nicht Ursache. Das ist deshalb so zentral, weil es bedeutet, dass sie auch nicht die entscheidende Stellschraube für gesellschaftliche Veränderung sind. Im Widerstand gegen Pornografie geraten die zugrunde liegenden Probleme aus den Augen: toxische Männlichkeit, Partnerschaftsgewalt, *rape culture*, rassistische Strukturen, Genderstereotype, Bodyshaming und vieles mehr – *darüber* sollten wir reden! Aber das sind schwierige Themen und schwer zu ertragende Wahrheiten über unsere Gesellschaft, bei denen wir stets auch unsere eigene Mitschuld in den Blick nehmen müssten. Da kommen uns Pornos als bequemer Sündenbock gerade recht. Obwohl sie eigentlich vielmehr ein Brennglas für tiefer liegende gesellschaftliche und strukturelle Probleme sind, werden sie zum einfachen Schuldigen für selbige gemacht.

Und das seit 200 Jahren! Unser kulturelles Verständnis von Porno als soziale Gefahr blickt auf eine lange Geschichte zurück. Das 19. Jahrhundert unterdrückte die Sexualität und machte sie – angetrieben von einem neuen «Willen zum Wissen» – zugleich obsessiv zum Thema[1]: in der Wissenschaft, der Medizin, der Pädagogik. Doch das Kreisen um den Sex befreite ihn nicht etwa, sondern stigmatisierte, pathologisierte und hierarchisierte ihn vielmehr. Sex und Darstellungen von Sex wurden in der Moderne zur Bedrohung. Selbst die Aufbruchsstimmung der zweiten Hälfte des 20. Jahrhunderts konnte damit nicht brechen. Auf gelockerte Gesetze folgten verhärtete Fronten. Alte Ängste kochten hoch, als die Pornografie den öffentlichen Raum betrat. Zu ihren alten Gegner*innen gesellten sich neue hinzu und formten fragwürdige Allianzen. Mit jedem Sichtbarkeitsschub von Pornos erstarkte der Widerstand gegen sie. Kein Wunder also, dass auf den Siegeszug des Internets ein Backlash folgte, der bis heute anhält.

Die Masturbationspanik und die Medienpanik des 19. Jahrhunderts leben weiter und finden immer neue Ausdrucksformen wie Anhänger*innen. Im Fokus der vermeintlichen Schutzmaßnahmen stehen nach wie vor die Jugend und die Frauen, die noch immer permanent für unmündig erklärt werden. Aber auch Männer avancieren zunehmend zu hilflosen Opfern der ach so übermächtigen Pornografie. Ihnen allen schadet der um sie gesponnene Panikdiskurs jedoch mehr, als er ihnen helfen würde. Er spielt vor allem denjenigen in die Karten, die konservative, christliche, misogyne bis rechte Werte vertreten. Er schürt Ängste, reproduziert Scham, zementiert Geschlechterstereotype und stellt sich einer Bildungsrevolution in den Weg. Undifferenzierte, alarmistische Medienberichterstattung verbreitet massenwirksam Desinformation und Generalisierungen. Die in Schädigungsannahmen und normativer Bias festgefahrene Forschung liefert dafür regelmäßig neues Futter. Die Politik bewegt sich mehr rück- als vorwärts. Mit dem allgemeinen Rechtsruck in Deutschland gewinnt auch der Anti-Porno-Diskurs an Aufwind. Porno ist Kulturkampf, und ich beobachte mit Bauchschmerzen, dass derzeit die Falschen gewinnen.

Dabei gibt es faktisch gar keinen Grund zur Panik: Unstrittig erwiesene, also replizierbare und repräsentative Ergebnisse zu negativen Folgen *gesunder* Nutzung von *legaler* Pornografie gibt es nicht. In der Wissenschaft zeichnet sich ein deutlich ambivalenteres Bild als in den Medien und somit in der Wahrnehmung der breiten Bevölkerung. Zwar herrscht nach über 50 Jahren Pornografiewirkungsforschung noch immer Uneinigkeit, aber so einfach, wie es in der öffentlichen Unterhaltung oft scheint – dass die bösen Pornos unser Selbstbewusstsein, unsere Beziehungen, unsere Werte und unsere Libido nahezu eigenmächtig zerstören –, ist es definitiv nicht. Stattdessen tut sich ein breites Spektrum von möglichen positiven bis potenziell negativen Wirkungsweisen auf: Im schlechtesten Fall sind Pornos eine ungesunde Flucht aus schwierigen Gefühlen, die zur Lüge in unseren Partnerschaften werden und unser negatives Körperbild oder aggressive Veranlagung verstärken. Im besten Fall sind Pornos ein befreiendes Unterhaltungsmedium, das uns bei der Selbstakzeptanz unterstützt, uns klarer mit unseren Partner*innen kommunizieren und gemeinsam wie allein sexuell zufriedener sein lässt. Die «Wahrheit» liegt nicht zwischen diesen Polen, sondern vielmehr im Individuum. Je nachdem, welche Werte, welche Erfahrungen, welches Selbstwertgefühl, welche soziale Situation, welches Aggressionspotenzial etc. wir mitbringen und welche Art von Porno wir in welchen Kontexten aus welchen Motiven konsumieren, sind wir anfälliger für verschiedene Effekte. Eine universelle Schädlichkeit oder auch Harmlosigkeit von Pornos anzunehmen, ist immer eine unzulängliche Pauschalisierung. Wir brauchen mehr und *andere* – ergebnisoffene, wertfreie, inklusive – Pornoforschung. Dafür müssen ewig mediendeterministische

Ansätze einem interaktionistischen Modell weichen. Die Frage: «Was machen Pornos mit uns?», sollte weniger im Fokus stehen als die Frage: «Was machen wir mit Pornos?» Das Bild der passiven Pornogucker*innen ist überholt. Erst wenn wir Pornogucker*innen als aktive Mediennutzer*innen verstehen, können wir dem Thema in seiner individuellen Komplexität gerecht werden.

«Frau Oeming, sind Sie für oder gegen Pornografie?», werde ich gern gefragt. Man merkt sofort, wie bescheuert diese Frage ist, wenn man Porno durch ein anderes Medium ersetzt: «Sind Sie für oder gegen Literatur?» «Welche Literatur? Welche Epoche? Welches Genre? Welcher Kulturraum?», würden wir intuitiv entgegnen und vielleicht anerkennen, dass es natürlich jede Menge problematische Bücher gibt, aber Literatur als Ganzes nun mal Ausdrucksform unserer Gesellschaft ist. Mit Pornos ist das kein bisschen anders. Aber die Debatten rund um Pornografie haben Aktivist*innen in ein Anti- und ein Pro-Porno-Lager geteilt. Die eine Seite agiert entlang der Annahme: «Porno ist Grund für alles Übel!» Die andere unter dem Credo: «Porno befreit uns alle!» Beides ist verkürzt. Porno ist nicht *nur* Unterdrückungs- oder *nur* Befreiungsinstrument. Porno fetischisiert marginalisierte Gruppen und nicht-normative Körper, bietet ihnen aber auch einen Ort, sich auszudrücken und sich selbst zu finden. Porno schreibt die Rassismen und Sexismen unserer Gesellschaft fort und bricht mit ihnen. Er festigt die bestehenden Grenzen und fordert sie zugleich heraus. Porno hat emanzipatorisches Potenzial und kann dennoch ausbeuterisch sein. Ich hätte auch gerne simple Antworten, aber stattdessen lauern überall Ambivalenzen. Diese gilt es aufzuzeigen, anzuerkennen und mitzudenken.

Es wird Zeit, die 200 Jahre alte Angst vor der Erregung zu überwinden, die in Pompeji erfundene ewige Sonderstellung von expliziten Darstellungen aufzugeben und Pornografie grundlegend umzudenken: nicht mehr als soziale Gefahr, sondern als fiktionale Mediengattung, sexuelles Unterhaltungsangebot und lustbringende kulturelle Praxis. Ich wünschte, wir könnten Pornos einfach als das wahrnehmen und schätzen, was sie heute primär sind: Erregungshilfen. Und das genauso als Teil unserer Kultur anerkennen wie andere Unterhaltungsmedien, die uns als Lachhilfen, Spannungshilfen oder Weinhilfen dienen. So werden in den Filmwissenschaften die Komödie, das Melodrama und der Horrorfilm als «Körpergenres» zusammengefasst, weil sie uns lachen oder weinen lassen, uns erschrecken oder eben erregen. «Die Unterschiede zwischen Pornographie und anderen Formen von Kultur sind weniger bedeutsam als ihre Gemeinsamkeiten».[2] Ja, Pornos können Kunst sein, Politik sein, Aufklärung sein – müssen sie aber nicht, um einen Platz in unserer Gesellschaft zu verdienen. Ihre Funktion als Lustmittel genügt als Daseinsberechtigung vollkommen.

Pornos sind erregend, und das hat einen Wert. Die Lustfunktion gehört neben der Fortpflanzungs-, der Beziehungs- und der Identitätsfunktion zu den grundlegenden Funktionen menschlicher Sexualität. Ihre Erfüllung ist für die meisten ein Grundbedürfnis. Dennoch nimmt sie in der gesellschaftlichen Wahrnehmung eine untergeordnete Rolle ein. Während die reproduktive Dimension faktisch mehr und mehr in den Hintergrund rückt, diktiert sie noch immer viele unserer Normvorstellungen von Sex. Genauso sprechen wir bis heute von «Liebe machen», um einer sonst profanen körperlichen Tätigkeit über ihren Beziehungskontext einen sozialen Wert zu geben. Lust nur um der Lust willen bleibt stigmatisiert. Nicht zuletzt, weil wir in einem neo-liberalen System leben und Lust darin nicht gerade als produktiv gilt. Bis heute sind wir in vielerlei Hinsicht eine lustfeindliche Gesellschaft. Erst wenn es uns gelingt, Lust und Erregung selbst als etwas Gutes statt etwas Nutzloses oder gar Bedrohliches zu begreifen, können wir auch Pornos so verstehen. Statt krampfhaft zu versuchen, sie dadurch aufzuwerten, dass sie «mehr als nur Masturbationshilfen» seien, sollten wir sie als solche schätzen. Pornos sind zum Wichsen da, und das ist auch gut so!

Die sogenannte sexuelle Revolution ist ein unvollendeter gesellschaftlicher Emanzipationsprozess – wie können wir ihn zu Ende oder zumindest weiterbringen? Statt weiter wie im 19. Jahrhundert mit Panik und Zensur um uns zu werfen, sollten wir alle Ressourcen in sexuelle Bildung investieren. Es ist höchste Zeit, in unserem Sprechen und Nachdenken über Pornografie von einem Gefahren- und Schutzdiskurs in einen Lust- und Kompetenzdiskurs zu kommen. Dafür braucht es eine Gesprächskultur, die offen, neugierig und achtsam statt ängstlich, repressiv und wertend ist. Ob wir wollen oder nicht: Pornos sind Teil unserer Kultur und bleiben es. Wir müssen aufhören, davor die Augen zu verschließen, und endlich anfangen, als Individuen wie als Gesellschaft einen bewussten und kritischen, aber auch gelassenen und lustvollen Umgang mit diesem Medium zu finden. Denn Pornos sind letzten Endes das, was wir daraus machen.

ANHANG

DANK

Dieses Buch fühlt sich an wie ein neues Kapitel, aber auch wie das Ende einer Reise, die ohne viele Menschen so nicht möglich gewesen wäre. Ich danke allen, die den Unibetrieb trotz allem zu einem wertvollen Raum für mich gemacht haben. Besonders Frank Kelleter, der seit dem ersten Semester ein wichtiger Mentor für mich war und geblieben ist. Der Feminist-Badass-Professorin Greta Olson. Meiner US-Porn-Studies-Familie. Nicole Prause, Alan McKee und Nikola Döring für ihre differenzierte Arbeit. Meinen Mitstreiter*innen Leonie Zilch und Patrick Catuz. Der weltbesten Kollegin Stela Dujakovic. Und all meinen wunderbaren Studierenden, mit denen ich gemeinsam lernen durfte. Danke an alle, die mir Türen geöffnet haben, besonders Babette Tischleder, Christoph Ribbat, Anja Johannsen, Gesa Husemann und Johanna Degen. An alle Autor*innen, die Vorbilder und Ratgeber*innen für mich sind, besonders Mithu Sanyal, Saskia Vogel, Dr. Bitch Ray und Margarete Stokowski. Allen Pornoproduzent*innen und Performer*innen, die mir immer neue Analysegegenstände schenken. Ganz besonders Paulita Pappel, meiner ultimativen Partnerin in Crime. Allen Sexarbeiter*innen, von denen ich lernen durfte. Allen Sexualpädagog*innen, die angstfrei zu Pornos arbeiten. Allen Journalist*innen, die meine Worte in die Welt tragen. Meinen Anwälten, meinem Psychiater sowie der Organisation *HateAid*. All meinen Hater*innen, die sich als endlose Quelle trotziger Motivation erwiesen haben. Aber noch mehr meinen treuen Follower*innen. Und allen, die auch im Gegenwind hinter mir stehen. Meiner Familie, besonders meinen beiden Fan-Girl-Schwestern und meiner Mutter, die einen beeindruckenden Annäherungsprozess mit meiner Arbeit hingelegt hat. Meiner Berliner Zweitfamilie, die immer so niedlich mitfiebert. Vor allem Christine, ohne die ich wohl schon im Steuerknast säße. Ich danke allen, die dieses Buch mit in die Welt gebracht haben. Meinem Verlag, der Mut bewiesen hat. Meiner Knaller-Agentin Franziska Günther. Meiner Lektorin Antje Röttgers, die das alles schon im Sommer 2019 mit mir erträumt und nun endlich umgesetzt hat. Und all jenen, die meinen Schreibprozess begleitet haben. Dem klugen Jannis Engel. Dem kreativen Ultra Tommy. Meiner heimlichen Zweitagentin Anna Humbert. Louisa Lorenz, deren wertvolle Anmerkungen dieses Buch zu einem besseren gemacht haben. Mik, in dem ich einen hervorragenden Pornogesprächspartner, Frühleser, Fütterer, und Mutmacher gefunden habe. Jeannine, die bei jedem einzelnen Schritt und jeder einzelnen Krise meines langen Pornowegs an meiner Seite stand und der das Quellenverzeichnis sowie vieles mehr in diesem Buch zu verdanken ist. Jonas, der Jeannine den Rücken für mich frei gehalten und mich oft versorgt hat. Und dem kleinen Theo, der mich selbst an den frustrierendsten Schreibtagen aus dem Kopf ins Spielen holen konnte und der dieses Buch in 15 Jahren hoffentlich nicht mehr brauchen wird, weil unsere Gesellschaft sich einen entscheidenden Schritt weiterbewegt hat. Und zu guter Letzt: Danke an alle, die sich die Zeit zum Lesen genommen haben. Möge es ein Anstoß dafür sein, weiter über Pornos nachzudenken und zu sprechen.

Danke!

QUELLEN

Sämtliche Internetquellen wurden zuletzt abgerufen am 25. Mai 2023.

I. Alle gucken, keine*r spricht – Wie wir heute mit Pornos umgehen

1 Pornhub (2019): The 2019 Year in Review, *pornhub.insights.*

2 Statistics and Data (2022): Most visited website 1996/2022, *statisticsanddata.org.*

3 Similarweb (2023): Meistbesuchte Websites in Deutschland, *similarweb.com.*

4 Martyniuka, Urszula, & Dekker, Arne (2018): Pornografienutzung von Erwachsenen in Deutschland, *Zeitschrift für Sexualforschung,* 31 (3), S. 237–249.

5 Ertel, Henner (1990): *Erotika und Pornografie: Repräsentative Befragung und psychophysiologische Langzeitstudie zu Konsum und Wirkung*. München, S. 477.

6 Quandt, Thorsten, & Vogelgesang, Jens (2017): Jugend, Internet und Pornografie, in: Rössler, Patrik, & Rossmann, Constanze (Hg.): *Kumulierte Evidenzen*. Springer, S. 91–118.

7 Vogelsang, Verena (2017): *Sexuelle Viktimisierung, Pornografie und Sexting im Jugendalter: Ausdifferenzierung einer sexualbezogenen Medienkompetenz*. Springer VS, S. 2017

8 Pornhub (2022): The 2022 Year in Review, *pornhub.insights.*

9 Lau, Way et al. (2021): Impact of COVID-19 on pornography use, *PLoS One,* 16 (12).

10 Thomas, Fabian (2021): Die Porno-Pandemie, *spiegel.de.*

11 Degen, Johanna L. (2022): Teach LOVE: Psychologische Weiterbildung mit Herz und Expertise, *FORUM BZgA*, 2, S. 19–21.

12 Quandt, Thorsten, & Vogelgesang, Jens (2017): Jugend, Internet und Pornografie, in: Rössler, Patrik, & Rossmann, Constanze (Hg.): *Kumulierte Evidenzen*. Springer, S. 91–118.

13 Selbst unter tendenziell offenen, pornoaffinen Erwachsenen geben lediglich 29 % an, im Alltag über Pornos zu sprechen, vgl. Schmidt, Ribana (2018): *Feministische und ethische Pornografie,* Nomos.

14 Schetsche, Michael, & Lautmann, Rüdiger (2012): Pornographie, in:

Albrecht, G., & Groenemeyer, A. (Hg.): *Handbuch soziale Probleme*. Springer, S. 886.

15 Ipsos (2019): Global views on vices – 2019, *ipsos.com.*

16 Böhm, Markus, & Kleinz, Torsten (2023): Schon ein Retweet kann zum Problem werden, *spiegel.de.*

II. Gefährliche Bilder – Die Erfindung der Pornografie

1 Herz, Marion (2005): *PornoGRAPHIE. Eine Geschichte*. LMU München.

2 Diese sowie nachfolgende Angaben zur frühen Begriffsverwendung stammen aus Kendrick, Walter (1996): Origins, in: *The Secret Museum*. U of California P, S. 1–33.

3 Herz, Marion (2005): *PornoGRAPHIE. Eine Geschichte*. LMU München.

4 Hunt, Lynn (1993): *The Invention of Pornography*. Zone.

5 Hettche, Thomas (2003): *Stellungen: Vom Anfang und Ende der Pornografie*. DuMont, Vorwort.

6 Huss, Bernhard (2013): *Pseudopornographische Zyklik.* Diaphanes.

7 Sigusch, Volkmar (2015): Drei Thesen zu Pornographie, *Psychoanalyse im Widerspruch,* 27 (54), S. 10.

8 Lewandowski, Sven (2011): *Die Pornographie der Gesellschaft*. transcript, S. 153.

9 Allhutter, Doris (2009): *Dispositive digitaler Pornografie. Campus,* S. 123.

10 Flaßpöhler, Svenja (2007): *Der Wille zur Lust: Pornographie und das moderne Subjekt*. Campus, S. 15.

11 Sade, Marquis de (2006): *Die 120 Tage von Sodom.* Anaconda Verlag, S. 75.

12 Wenn nicht anders vermerkt, stammen die nachfolgenden Angaben zu diesem Thema aus Kendrick, Walter (1996): *The Secret Museum*. U of California P.

13 Faulstich, Werner (1994): *Die Kultur der Pornographie*. Wissenschaftler-Verlag.

14 Müller, Karl Otfried (1830): *Handbuch der Archäologie der Kunst*. Max.

15 Fiorelli, Giuseppe (1866): *Catalogo del Museo Nazionale di Napoli: Raccolta Pornografica*.

16 Herz, Marion (2005): *PornoGRAPHIE. Eine Geschichte.* LMU München.

17 Elias, Norbert (1939): *Über den Prozeß der Zivilisation*. Suhrkamp.

18 Delacampagne, Christian (2005): *Die Geschichte des Rassismus*. Artemis & Winkler, S. 141.

19 Hunt, Lynn (1993): *The Invention of Pornography*. Zone, S. 13.

20 Herz, Marion (2005): *PornoGRAPHIE. Eine Geschichte*. LMU München, S. 38.

21 Seesslen, Georg (1993): *Der pornographische Film*. Ullstein, S. 361.

22 Schumacher, Nina (2017): *Pornografisches: eine Begriffsethnografie*. Ulrike Helmer Verlag, S. 21–26.

23 Starke, Kurt (2010): *Pornografie und psychosexuelle Entwicklung*. Psychosozial, S. 8.

24 Alle Versionen des Paragrafen finden sich hier: *https://lexetius.com/StGB/184,1*.

25 Rechtsprechung BGH, 22. 07. 1969 – 1 StR 456 / 68.

26 OLG Düsseldorf, Urteil vom 28. März 1974.

27 BGH 1 StR 485 / 13

28 Unabhängige Beauftragte für Fragen des sexuellen Kindesmissbrauchs (2021): Strafrecht und sexueller Missbrauch.

29 Schmidt, Anja (2022): *Missbrauchsdarstellungen statt Kinderpornographie? Rechtliche Expertise zur Ersetzung der Begriffe der Kinder- und Jugendpornographie in den §§ 184b, 184c StGB*. FDP-Landtagsfraktion NRW.

30 Anja Schmidt argumentiert hier überzeugend für eine grundlegende Reformierung des Pornografiestrafrechts: Kritik des Pornographiestrafrechts am Maßstab gleicher sexueller Selbstbestimmung (2022), in: *Gender & Crime*. Nomos, S. 51.

31 BGHSt., Bd. 37, S. 57.

32 BVerfGE 83, 130.

33 BGHSt 37, 55.

34 US Dept of Justice (1986): *Final Report of the Attorney General's Commission on Pornography*. Rutledge Hill P, S. 227.

35 Grimm, Petra, et al. (2010): *Porno im Web 2.0. Die Bedeutung sexualisierter Web-Inhalte in der Lebenswelt von Jugendlichen*. Vistas, S. 136.

36 Jacobellis v. Ohio (1964)

III. Nur Sexobjekte? – Von *PorNO* bis «Frauenpornos»

1 Srinivasan, Amia (2022): *Das Recht auf Sex*. Klett-Cotta, S. 75.

2 Herzog, Dagmar (2005): *Die Politisierung der Lust: Sexualität in der deutschen Geschichte des 20. Jahrhunderts*. Siedler.

3 Eitler, Pascal (2015): Die «Porno-Welle»: Sexualität, Seduktivität und die Kulturgeschichte der Bundesrepublik, in: Bänziger, Peter-Paul, u. a. (Hg.), *Sexuelle Revolution? Zur Geschichte der Sexualität im deutschsprachigen Raum seit den 1960er Jahren*. Transcript.

4 Eismann, Wolf (2021): 28. 1. 1975: In Deutschland wird Pornografie legalisiert, *SWR*.

5 Platz, Sarah (2020): «Sie sind ein würdeloses Weib»: Frau in Hose sorgte für Bundestagseklat, *ntv*.

6 Ein aufschlussreicher Überblick zum Porno der 1970er Jahre – und bis in die 1930er zurück – findet sich bei Seesslen, Georg (1993): *Der pornografische Film*. Ullstein.

7 Escoffier, Jeffrey (2014): Beefcake to Hardcore: Gay Pornography and the Sexual Revolution, in: Schaefer, Eric (Hg.): *Sex Scene: Media and the Sexual Revolution*. Duke UP.
8 Blumenthal, Ralph (1973): «Hardcore» grows fashionable – and very profitable, *The New York Times*.
9 Offermann, Stefan, & Steiml, Silke (2014): «I want the right to see a dirty picture.» Die feministische Auseinandersetzung mit Pornografie von der sexuellen Revolution bis zu den Porn Studies, in: Feminismus Seminar (Hg.): *Feminismus in historischer Perspektive: Eine Reaktualisierung.* transcript.
10 Brownmiller, Susan (1999): *In Our Time: Memoir of a Revolution*. The Dial, S. 298–299.
11 Dworkin, Andrea (1987): *PorNOgraphie – Männer beherrschen Frauen*. Fischer, S. 15 ff.
12 Lautmann, Rüdiger (1987): Das pornographische Dilemma, in: Schuller, Alexander, & Heim, Nikolaus (Hg.): *Vermessene Sexualität*. Springer, S. 99–121.
13 MacKinnon, Catharine A. (1994): *Nur Worte*. Fischer, S. 20.
14 Dworkin, Andrea (1987): *PorNOgraphie – Männer beherrschen Frauen*. Fischer, S. 18.
15 Steinem, Gloria (1986) Introduction, in: Lovelace, Linda: *Out of Bondage*. Berkley Books.
16 MacKinnon, Catharine A. (1994): *Nur Worte*. Fischer, S. 20 ff.
17 Morgan, Robin (1980): Theory and Practice: Pornography and Rape, in: Lederer, Laura (Hg.): *Take Back the Night*. William Morrow, S. 139.
18 Rückert, Corinna (2004): *Die neue Lust der Frauen.* Rowohlt, S. 32 f.
19 Maina, Giovanna, & Zecca, Federico (2016): Harder than fiction: the stylistic model of gonzo pornography, *Porn Studies* 3 (4), S. 337–350.
20 Offermann, Stefan, & Steiml, Silke (2014): «I want the right to see a dirty picture.» Die feministische Auseinandersetzung mit Pornografie von der sexuellen Revolution bis zu den Porn Studies, in: Feminismus Seminar (Hg.): *Feminismus in historischer Perspektive: Eine Reaktualisierung.* Transcript, S. 43.
21 Ebd.
22 Strossen, Nadine (1993): A Feminist Critique of ‹the› Feminist Critique of Pornography, *Virginia Law Review*, 79 (56), S. 1099–1190.
23 Duggan, Lisa & Hunter, Nan D. (2006): *Sex Wars: Sexual Dissent and Political Culture.* Routledge, S. 44.
24 Strossen, Nadine (1993): A Feminist Critique of ‹the› Feminist Critique of Pornography, *Virginia Law Review*, 79 (56), S. 1099–1190.
25 Siehe hierzu auch Bronstein, Carolyn (2011): *Battling Pornography.* Cambridge UP; Kaminer, Wendy (1992): Feminists Against the First Amendment, *The Atlantic*.
26 In: Abcarian, Robin (1995): Chances Are, Women Can Decide for Themselves, *The Los Angeles Times*.

27 Siehe z. B.: Califia, Pat (1986): The Obscene, Disgusting, and Vile Meese Commission Report, in: *Public Sex: The Culture of Radical Sex*. Cleis.

28 MacKinnon in Leo, John (1986): Pornography: the Feminist Dilemma, *Time*.

29 Srinivasan, Amia (2022): *The Right to Sex*. Bloomsbury, S. 37.

30 Klemesrud, Judy (1985): Joining Hands in the Fight Against Pornography, *New York Times*.

31 Lederer, Laura (1980): *Take Back the Night*. William Morrow, S. 132.

32 Offermann, Stefan, & Steiml, Silke (2014): «I want the right to see a dirty picture.» Die feministische Auseinandersetzung mit Pornografie von der sexuellen Revolution bis zu den Porn Studies, in: Feminismus Seminar (Hg.): *Feminismus in historischer Perspektive: Eine Reaktualisierung*. transcript.

33 Schwarzer, Alice (Hg.) (1990): *PorNO. EMMA-Sonderband 5. Die Kampagne – Das Gesetz – Die Debatte*. EMMA Frauenverlags GmbH.

34 Dieses und die nachfolgenden Zitat aus und zu dem *EMMA*-Gesetzesentwurf finden sich in: Schwarzer, Alice (1994): *PorNo*. KiWi, S. 43–67.

35 Hildebrand, Lucas (2016): Historical Fantasies – 1970 s Gay Male Pornography in the Archives, in: Bronstein, Carolyn, & Strub, Whitney (Hg.): *Porno Chic and the Sex Wars*. U of Massachusetts P, S. 327–348.

36 Seesslen, Georg (1993): *Der pornographische Film*. Ullstein, S. 390.

37 Schwarzer, Alice (Hg.) (1990): *PorNO. EMMA-Sonderband 5. Die Kampagne – Das Gesetz – Die Debatte*. EMMA Frauenverlags GmbH, S. 69.

38 Ebd., S. 40.

39 Rauch, Judith (1987) in: *EMMA* 11.

40 Lautmann, Rüdiger (1987): Das pornographische Dilemma, in: Schuller, A., & Heim, N. (Hg.): *Vermessene Sexualität*. Springer, S. 99–121.

41 Ertel, Henner (1990): Erotika und Pornografie: Repräsentative Befragung und psychophysiologische Langzeitstudie zu Konsum und Wirkung. München, S. 475 f.

42 Im Vorwort zu Dworkin, Andrea (1987): *PorNOgraphie – Männer beherrschen Frauen*. Fischer.

43 Bridges, Ana J., et al. (2010): Aggression and Sexual Behavior in Best-Selling Pornography Videos: A Content Analysis, *Violence Against Women*, 16 (10), S. 1065–1085.

44 Barron, Martin & Kimmel, Michael (2000): Sexual violence in three pornographic media: Toward a sociological explanation, *The Journal of Sex Research*, 37 (2), S. 161–168.

45 Fritz, Niki, et al. (2020): A descriptive analysis of the types, targets, and relative frequency of aggression in mainstream pornography, *Archives of Sexual Behavior*, 49 (8), S. 3041–3053.

46 Fritz, Niki, & Paul, Bryant (2017): From Orgasms to Spanking: A Content Analysis of the Agentic and Objectifying Sexual Scripts in Feminist, for Women, and Mainstream Pornography, *Sex Roles* 77 (2).

47 Bridges, Ana J., et al. (2010): Aggression and Sexual Behavior in Best-Selling Pornography Videos: A Content Analysis, *Violence Against Women*, 16 (10), S. 1065–1085.

48 McKee, Alan, et al. (2008): *The porn report.* Melbourne University Publishing, S. 53.

49 Seida, Kimberly, & Shor, Eran (2021): *Aggression in Pornography: Myths and Realities.* Routledge.

50 Die Filme im Sample wurden von der Seite *Crashpadseries* bezogen.

51 Fritz, Niki, & Paul, Bryant (2017): From Orgasms to Spanking: A Content Analysis of the Agentic and Objectifying Sexual Scripts in Feminist, for Women, and Mainstream Pornography, *Sex Roles*, 77 (2).

52 Die Filme wurden von der Plattform *Pornhub* bezogen.

53 McKee, Alan (2005): The objectification of women in mainstream pornographic videos in Australia, *Journal of Sex Research*, 42, S. 277–290.

54 Carotte, Elise R., et al. (2020): Sexual Behaviors and Violence in Pornography: Systematic Review and Narrative Synthesis of Video Content Analyses, *J Med Internet Res,* 22 (5), e16702.

55 Klaassen, Marleen J., & Peter, Jochen (2015): Gender (In)equality in Internet Pornography: A Content Analysis of Popular Pornographic Internet Videos, *The Journal of Sex Research*, 52 (7), S. 721–735.

56 Wright, Paul J. (2016): A Meta-Analysis of Pornography Consumption and Actual Acts of Sexual Aggression in General Population Studies, *Journal of Communication*, 66 (1), S. 183–205.

57 Lim, Megan (2016): The impact of pornography on gender-based violence, sexual health, and well-being, *Journal of Epidemiology and Community Health,* S. 70; Alan McKee et al. (2022): *What Do We Know About the Effects of Pornography After Fifty Years of Academic Research?* Routledge.

58 D'Amato, Anthony (2006): Porn Up, Rape Down, *Northwestern Public Law Research Paper* No. 913013 und Ferguson, Christopher J., & Hartley, Richard D. (2022): Pornography and Sexual Aggression – Can Meta-Analysis Find a Link, *Trauma, Violence, & Abuse* 23 (1), S. 278–287.

59 Weller, Konrad (2009): Wie nutzen Jugendliche Pornografie und was bewirkt sie?, in *Pro Familia Magazin* 37 (1), S. 11 f.

60 Malamuth, Neil et al. (2000): Pornography and Sexual Aggression: Are there Reliable Effects and Can We Understand Them?, *Annual Review of Sex Research*, 11, S. 26–91.

61 Schwarzer, Alice (Hg.) (1990): *PorNO. EMMA-Sonderband 5. Die Kampagne – Das Gesetz – Die Debatte*. EMMA Frauenverlags GmbH, S. 33.

62 Bovenschen, Silvia (1997): Auf falsche Fragen gibt es keine richtigen Antworten, in: Vinken, Barbara (Hg.): *Die nackte Wahrheit. Zur Pornographie und zur Rolle des Obszönen in der Gegenwart*. dtv, S. 50.

63 Strossen, Nadine (1995): *Defending Pornography: Free Speech, Sex, and the Fight for Women's Rights*. Prentice Hall & IBD, S. 34.

64 Seesslen, Georg (1993): *Der pornographische Film*. Ullstein, S. 389.

65 Butler, Heather (2004): What Do You Call A Lesbian With Long Fingers? The Development of Lesbian and Dyke Pornography, in: Williams, Linda (Hg.): *Porn Studies*. Duke UP. Siehe hierzu auch Dworkin, Andrea (1987): *Intercourse*. Free Press.

66 Dworkin, Andrea (1987): *PorNOgraphie – Männer beherrschen Frauen*. Fischer, S. 267.

67 Betty Friedan zitiert in Leo, John (1986): Pornography: The Feminist Dilemma. *Time.*

68 Echols, Alice (1983): Cultural Feminism: Feminist Capitalism and the Anti-Pornography Movement, *Social Text*, 7, S. 37.

69 Brownmiller, Susan (1975): *Against Our Will: Men, Women and Rape*. Ballantine.

70 Wie beispielsweise hier: Kaplan, Carey, & Crona Rose, Ellen (1993): Strange Bedfellows: Feminist Collaboration, *Signs* 18 (3), S. 547–561.

71 Kipnis, Laura (1999): *Bound and Gagged. Pornography and the Politics of Fantasy in America.* Duke UP, S. vii.

72 Schneiders, Thorsten G. (2010): Die Schattenseite der Islamkritik, in: Schneiders, Thorsten G. (Hg.), *Islamfeindlichkeit: Wenn die Grenzen der Kritik verschwimmen.* Springer. Siehe auch: Bitzan, Renate (2014): Kann es einen «Feminismus von rechts» geben?, *bpb.*

73 Alexander, Katharina (2019): Ihr Übergriff auf eine junge Muslima zeigt, wie rassistisch Alice Schwarzer ist, *ZEIT ONLINE*.

74 Schwarzer, Alice, im Interview mit Schirrmacher, Frank (2006): Die Islamisten meinen es so ernst wie Hitler, *FAZ*.

75 Schwarzer, Alice (Hg.) (2010): *Die große Verschleierung. Für Integration, gegen Islamismus.* Kiepenheuer & Witsch.

76 Schmollack, Simone (2017): Die Ausweitung der Kampfzone, *Der Freitag*.

77 West, Caroline (2020): *Dancing in the shadows of the outer limits: an exploration of the experiences of female pornography performers and feminist discourses on their experience*. Dublin City U.

78 MacKinnon, Catharine A. (1994): *Nur Worte*. Fischer, S. 22.

79 Griffith, James D. (2012): Pornography Actresses: An Assessment of the Damaged Goods Hypothesis, *The Journal of Sex Research*, 50 (7), S. 621–632.

80 Vogel, Saskia (2023): Beyond Deep Throat – Part I. *Granta.*

81 Strub, Whitney (2010): *Perversion for Profit.* Columbia UP.

82 MacKinnon, Catharine A. (1989): *Toward A Feminist Theory of The State*. Harvard, S. 196.

83 Strossen, Nadine (1995): *Defending Pornography: Free Speech, Sex, and the Fight for Women's Rights*. Prentice Hall & IBD.

84 Lingo, Nancy S. (2016): Making Sense of Linda Lovelace, in: Bronstein, Carolyn, & Strub, Whitney (Hg.) *Porno Chic and the Sex Wars.* U of Massachusetts P, S. 104–122.

85 Beides McNeil, Legs (2005): *The other Hollywood*. Regan Books, S. 439.
86 Bronstein, Carolyn (2011): *Battling pornography: The American Feminist Anti-Pornography Movement, 1976–1986*. Cambridge UP, S. 257 ff.
87 West, Caroline (2020): *Dancing in the shadows of the outer limits: an exploration of the experiences of female pornography performers and feminist discourses on their experience*. Dublin City University.
88 Katz, Leanne (1993): Introduction: Women, Censorship and «Pornography», *NYS Law Review*, 38 (1–4), S. 16.
89 Catharine MacKinnon zitiert in Abcarian, Robin (1995): Chances Are, Women Can Decide for Themselves, *LA Times.*
90 Katz, Leanne (1993): Introduction: Women, Censorship and «Pornography», *NYS Law Review*, 38(1–4), S. 15.
91 Ellis, Kate, et al. (1990): Feminism and Pornography, *Feminist Review*, 36, S. 16.
92 Corbman, Rachel (2015): The Scholars and the Feminists: The Barnard Sex Conference and the History of the Institutionalization of Feminism, *Feminist Formations*, 27 (3), S. 49–80.
93 Siehe hierzu Srinivasan, Amia (2022): *The Right to Sex.* Bloomsbury, S. 33 ff.
94 In: Linden, Robin Ruth, et al. (Hg.) (1982): *Against Sadomasochism.* Frog in the Well.
95 Schwarzer, Alice (1991): *EMMA*, Heft 2.
96 Bronstein, Carolyn (2011): The Battle over Lesbian S/M, in *Battling pornography: The American Feminist Anti-Pornography Movement, 1976–1986*. Cambridge UP, S. 282 ff.
97 Samois (Hg.) (1981): *Coming to Power: Writing and Graphics on Lesbian S/M.* Alyson.
98 Foucault, Michel, im Interview mit B. Gallagher und A. Wilson (1982): Sex, Macht und die Politik der Identität.
99 Rubin, Gayle S. (2012): The Leather Menace, in: *Deviations.* Duke UP.
100 Samois (Hg.) (1981): *Coming to Power: Writing and Graphics on Lesbian S/M.* Alyson, S. 8.
101 Rubin, Gayle S. (2012): The Leather Menace, in: Rubin, Gayle S.: *Deviations.* Duke UP, S. 124.
102 Passig, Kathrin, & Strübel, Ina (2009): *Die Wahl der Qual*. Rowohlt, S. 71.
103 Ellis, Kate, et al. (1990): Feminism and Pornography, *Feminist Review*, 36, S. 17.
Samois (Hg.) (1981): *Coming to Power: Writing and Graphics on Lesbian S/M.* Alyson, S. 30.
Bronstein, Carolyn (2011): *Battling pornography: The American Feminist Anti-Pornography Movement, 1976–1986*. Cambridge UP, S. 52.

104 Ellis, Kate, et al. (1990): Feminism and Pornography, *Feminist Review*, 36, S. 17.
105 Srinivasan, Amia (2022): *The Right to Sex.* Bloomsbury, S. 35.
106 Mulvey, Laura (1975): Visual Pleasure and Narrative Cinema, *Screen*, 16 (3), S. 6–18.
107 Williams, Linda (1989): *Hard Core*. U of California P, S. 58 u. 65.
108 Koch, Gertrud (1989): Zum pornographischen Kino, in: *Was ich erbeute, sind Bilder. Zum Diskurs der Geschlechter im Film,* Roter Stern.
109 Zur Geschichte schwuler Pornografie siehe Escoffier, Jeffrey (2009): *Bigger Than Life: The History of Gay Porn Cinema from Beefcake to Hardcore.* Running Press.
110 Appel, Markus, & Gnambs, Timo (2022): Women in fiction: Bechdel-Wallace Test results for the highest-grossing movies of the last four decades, *Psychology of Popular Media*.
111 Lauzen, Martha M. (2019): The Celluloid Ceiling: Behind-the-Scenes Employment of Women on the Top 100, 250, and 500 Films of 2019, San Diego State University.
112 Prommer, Elizabeth, & Siegemund, Satu (2022): *Siebter Regie-Diversitätsbericht des Bundesverbandes Regie e. V. (BVR) für die Jahre 2019 und 2020.*
113 Pro Quote Film e. V. (2018): Status Quote, *proquote-film.de.*
114 Mills, Bree (2019): *Teenage Lesbian*. [Film]
115 Millward, Jon (2013): Deep Inside: A study of 10 000 Porn Stars, Jon Millward.
116 Sprinkle, Annie, & Cody, Gabrielle (2006): *Hardcore from the Heart: The Pleasures, Profits and Politics of Sex in Performance*. Continuum International Publishing Group.
117 Friedman, Deb, & Yankowski, Lois (1976): Feminist Alliance Against Rape: Snuffing Sexual Violence, *Quest: A Feminist Quarterly,* 111 (2).
118 Alilunas, Peter (2016): *Smutty little movies*. U of California P, S. 24 f.
119 Sprinkle, Annie (2001): Auszug aus *Herstory of Porn*, *in:* Cody, Gabrielle: *Hardcore von Herzen.* Nautilus, S. 58.
120 Für diese und die nachfolgenden Beobachtungen zu dem Film siehe Williams, Linda (1993): A Provoking Agent: The Pornography and Performance Art of Annie Sprinkle, *Social Text*, 37, S. 117–133.
121 Siehe hierzu Schaschek, Sarah (2014): Strategies of Imitation in Queer Pornography, *Pornography and Seriality*, Palgrave Macmillan, S. 145–175.
122 Garnellen, Kay (2013): *TransAction.* [Film]
123 Mérrit, Laura (2012): PorYes, in: Schuegraf, Martina, & Tillmann, Angela (Hg.): *Pornografisierung von Gesellschaft*. UVK Verlagsgesellschaft, S. 371.
124 PorYes Feminist Porn Award: Hintergrund, *poryes.de*
125 Catuz, Patrick (2013): *Feminismus Fickt! Perspektiven feministischer Pornografie.* LIT, S. 14.

126 Cornell, Drucilla (1995): *Die Versuchung der Pornographie.* Suhrkamp, S. 27.

127 Ryberg, Ingrid (2009): Maximierte Sichtbarkeit. Visuelle Strategien in feministischer und lesbischer Pornografie, *montage AV*, 18 (2), S. 119–136.

128 Zum Squirting-Hype der 2000er im Mainstream-Bereich siehe das wunderbare Kapitel in Haerdle, Stephanie (2020): *Spritzen: Geschichte der weiblichen Ejakulation.* Nautilus Flugschrift, S. 210 ff.

129 Taormino, Tristan, et al. (2013): *The Feminist Porn Book*, Feminist P CUNY, S. 12.

130 Ahlers, Christoph J. (2015): *Himmel auf Erden und Hölle im Kopf*, Goldmann, S. 290.

131 Faulstich, Werner (1994): *Die Kultur der Pornographie*. Wissenschaftler-Verlag, S. 152.

132 Williams, Linda (1989): *Hard Core*. U of California P, S. 144.

133 SheSociety (2018): The Increase Of Female Directors In The Porn Industry, *shesociety.com.au*.

134 Comella, Lynn (2016): Remembering a legend: Candida Royalle, 1950–2015, *Porn Studies*, 3 (1), S. 96–98.

135 Salmon, Catherine & Symons, Donald (2003): *Warrior Lovers: Erotic Fiction, Evolution and Female Sexuality*. Yale UP, S. 67 ff.

136 Schetsche, Michael, & Lautmann, Rüdiger (2012): Pornographie. in: Albrecht, Günter, & Groenemeyer, Axel (Hg.): *Handbuch sozialer Probleme*. VS Verlag, S. 892.

137 Grawinkel, Katja (2014): Zuwider, in: Andergassen, Lisa, et al. (Hg.): *Explizit! Neue Perspektiven zu Pornografie und Gesellschaft*. Bertz & Fischer, S. 144 f.

138 Ertel, Henner (1990): *Erotika und Pornografie: Repräsentative Befragung und psychophysiologische Langzeitstudie zu Konsum und Wirkung*. München, S. 475; oder Lehmiller, Justin (2018): *Tell me what you Want.* Hachette, S. 71 ff.

139 Crane, Antonia (2010): Recession Sex Workers #7: How to be a Girl: Courtney Trouble's Subversive Smut, *therumpus.net*.

140 Stallings, L. H. (2018): Shine Louise Houston: An Interstice of Her Own Making, in: Juhasz, Alexandra, & Welbon, Yvonne (Hg.): *Sisters in the Life: A History of Out African American Lesbian Media-Making*. Duke U P, S. 191–204.

141 Lee's Aufsatz Uncategorized in *The Feminist Porn Book* (2013) ist sehr empfehlenswert.

142 Rönicke, Katrin (2019): *Beate Uhse – Ein Leben gegen Tabus*. Residenz, S. 140.

143 Wolf, Katharina (2006): «Porno ist Politik!»: Endlich – der erste Sexfilm von Frau für Frau, *bild.de*

144 *Stern*, Heft Nr. 40 vom 27. September 2007.

145 Lust, Erika (2009): *X Porno für Frauen*. Heyne, S. 24.

146 Llopis, Maria (2014): Die Pornografie, die wir verdienen in: Andergassen, Lisa (Hg.) *Explizit! Neue Perspektiven zu Pornografie und Gesellschaft.* Bertz, S. 139.

147 Turner, Gustavo (2019): Is Porn Valley Ready for Erika Lust?, *xbiz.*

148 Brüning, Jürgen (2009): Jürgen Brüning, in: Feige, Marcel (Hg.): *Alles über Porno: die Szene zwischen Internet, High-End, Reality und Alternative.* Schwarzkopf & Schwarzkopf, S. 343.

149 Judging Criteria for FPAs, *feministpornawards.com.*

150 Feminist Porn Award: Kriterien für PorYes, *poryes.de*

151 Taormino, Tristan, et al. (2013): *The Feminist Porn Book*, Feminist P CUNY, S. 12.

152 Cornell, Drucilla (1995): *Die Versuchung der Pornographie.* Suhrkamp, S. 45.

153 Faulstich, Werner (1994): *Die Kultur der Pornographie*. Wissenschaftler-Verlag, S. 258.

154 Marko, Georg (2008): *Penetrating Language: A Critical Discourse Analysis of Pornography*. Narr Verlag.

155 Willemsen, Roger (1997) Über das Obszöne, in: Vinken, Barbara (Hg.): *Die nackte Wahrheit. Zur Pornographie und zur Rolle des Obszönen in der Gegenwart*. dtv, S. 138.

156 McKee, Alan, et al. (2008): *The Porn Report.* Melbourne UP, S. 58 ff.

157 Rubin, Gayle (2011): *Deviations.* Duke UP, S. 127.

IV. Aber die KINDER!!! – Porno als Medienpanik

1 Zitiert in (2020): Schwer jugendgefährdend – Offensive gegen Portale, *merkur.de.*

2 Joachim Heinrich Campe, zitiert in König, Dominik von (1977): Lesesucht und Lesewut, in: Göpfert, Herbert G. (Hg.): *Buch und Leser. Vorträge des ersten Jahrestreffens des Wolfenbütteler Arbeitskreises für Geschichte des Buchwesens, 13. und 14. Mai 1976*. Hauswedell.

3 Rautenberg, Ursula, & Schneider, Ute (2015): *Lesen: Ein interdisziplinäres Handbuch*. De Gruyter.

4 Johann Adam Bergk, zitiert in Grimm, Jürgen (2018): Unterhaltung ist Information! Edutainment im Spannungsfeld von Vergnügen und Belehrung, in: Mitschka, Konrad, & Unterberger, Klaus (Hg.): *Public Open Space: Zur Zukunft öffentlich-rechtlicher Medien*. facultas.

5 Zschokke, Heinrich (1821): Die Lesesucht, in: *Andachtsbuch für die Jugend*. S. 130–139.

6 Drotner, Kirsten (1999): Dangerous Media? Panic Discourses and Dilemmas of Modernity, in: *Paedagogica Historica* 35 (3), S. 593–619.

7 Schlüpmann, Heide (1982): Kinosucht, in: *Frauen und Film*, 33, S. 45–52.

8 Grimm, Jürgen (2008): Medienwirkungsforschung, in: Sander, Uwe, et al. (Hg.): *Handbuch Medienpädagogik*. VS Verlag für Sozialwissenschaften, S. 314–327.

9 United States. Commission on Obscenity and Pornography (1970): *The Report of the Commission on Obscenity and Pornography – September 1970*. U. S. Government Printing Office.

10 Nixon, Richard (1970): *Statement About the Report of the Commission on Obscenity and Pornography*. The American Presidency Project.

11 Quandt, Thorsten, & Vogelgesang, Jens (2017): Jugend, Internet und Pornografie, in: Rössler, Patrik, & Rossmann, Constanze (Hg.): *Kumulierte Evidenzen*. Springer, S. 91–118.

12 Ein hilfreicher tabellarischer Überblick über die vorliegenden nationalen bzw. internationalen Studien zum Themenfeld Pornografiewirkung findet sich im Anhang von Vogelsang, Verena (2017): *Sexuelle Viktimisierung, Pornografie und Sexting im Jugendalter: Ausdifferenzierung einer sexualbezogenen Medienkompetenz*. Springer VS.

13 Lemke, Richard, & Weber, Mathias (2016): Was wir über die Wirkung von Pornographie wissen (und warum wir vieles nicht wissen), in: Schmidt, Anja: *Pornographie: Im Blickwinkel der feministischen Bewegungen, der Porn Studies, der Medienforschung und des Rechts*. Nomos, S. 87–122; Döring, Nicola (2013): Sexuell explizite Medienangebote: Produktion, Inhalte, Nutzung und Wirkungen, in: Schweiger, Wolfgang, & Fahr, Andreas (Hg.): *Handbuch Medienwirkungsforschung*. Springer VS, S. 419–436. Vogelsang, Verena (2017): *Sexuelle Viktimisierung, Pornografie und Sexting im Jugendalter: Ausdifferenzierung einer sexualbezogenen Medienkompetenz*. Springer VS.

14 McKee, Alan, et al. (Hg.) (2022): *What Do We Know About the Effects of Pornography After Fifty Years of Academic Research?* Routledge.

15 Mehr zu dieser Forschungsproblematik findet sich bei Lemke, Richard, und Weber, Mathias (2016): Was wir über die Wirkung von Pornographie wissen (und warum wir vieles nicht wissen), in: Schmidt, Anja: *Pornographie: Im Blickwinkel der feministischen Bewegungen, der Porn Studies, der Medienforschung und des Rechts*. Nomos, S. 87–122.

16 Quandt, Thorsten, und Vogelgesang, Jens (2017): Jugend, Internet und Pornografie, in: Rössler, Patrik, und Rossmann, Constanze (Hg.): *Kumulierte Evidenzen*. Springer, S. 91–118.

17 Klein, Björn (2021): *Die Wirkung von Internet-Pornografie auf Kinder und Jugendliche: Wirkungstheorien, empirische Studien und pädagogische Konzeptualisierungen auf dem Prüfstand*. Alma Marta, S. 62

18 Medienpädagogischer Forschungsverbund Südwest (Hg.) (2000): *JIM 99/2000: Jugend, Information, (Multi-)Media. Basisuntersuchung zum Medienumgang 12- bis 19-Jähriger in Deutschland*.

19 Ebd.

20 Medienpädagogischer Forschungsverbund Südwest (Hg.) (2004): *JIM 2004: Jugend, Information, (Multi-)Media. Basisuntersuchung zum Medienumgang 12- bis 19-Jähriger in Deutschland*.

21 BAUER Media Group (2009/2016): *BRAVO Dr.-Sommer-Studie.* München.

22 Nämlich nach § 184 StGB und § 4 JMStV.

23 Weller, Konrad (2013): PARTNER 4: Sexualität & Partnerschaft ostdeutscher Jugendlicher im historischen Vergleich, S. 42.

24 BAUER Media Group (2009/2016): *BRAVO Dr.-Sommer-Studie.* München.

25 Kriminologisches Forschungsinstitut Niedersachsen e. V. (Hg.) (2017): *KFN Forschungsbericht NR. 131: Jugendliche in Niedersachsen. Ergebnisse des Niedersachsensurveys 2013 und 2015.*

26 Pastötter, Jakob, et al. (2008): Sex-Studie 2008 – Sexualverhalten in Deutschland, Deutsche Gesellschaft für Sozialwissenschaftliche Sexualforschung und City University London in Zusammenarbeit mit ProSieben.

27 Weber, Mathias (2011): Eine Online-Befragung zur Mediennutzung Jugendlicher und ihrem Bild der weiblichen Geschlechtsrolle, *Zeitschrift für Sexualforschung* 24 (1), S. 31–48.

28 Vogelsang, Verena (2017): *Sexuelle Viktimisierung, Pornografie und Sexting im Jugendalter: Ausdifferenzierung einer sexualbezogenen Medienkompetenz.* Springer VS, S. 94.

29 Auch in anderen westlichen Industriestaaten wie den USA, Niederlanden oder Großbritannien zeigt sich ein ähnliches Bild, siehe dazu Weber, Mathias (2009): Die Nutzung von Pornografie unter deutschen Jugendlichen, *BZgA Forum*, 1.

30 Döring, Nicola (2011): Aktueller Diskussionsstand zur Pornografie-Ethik: Von Anti-Porno- und Anti-Zensur zu Pro-Porno-Positionen, in: *Zeitschrift für Sexualforschung*, 24 (1), S. 1–48.

31 Medienpädagogischer Forschungsverbund Südwest (Hg.) (2000): *JIM 99/2000: Jugend, Information, (Multi-)Media. Basisuntersuchung zum Medienumgang 12- bis 19-Jähriger in Deutschland.*

32 Rihl, Alexander (2015): Pornografie und Wirkung, in: Aigner, Josef C., et al. (Hg.): *Medialisierung und Sexualisierung.* Verlag für Sozialwissenschaften, S. 257–275.

33 Wenn nicht anders gekennzeichnet, stammen alle Angaben in diesem Abschnitt aus Quandt, Thorsten, & Vogelgesang, Jens (2017): Jugend, Internet und Pornografie, in: Rössler, Patrik, & Rossmannm, Constanze (Hg.): *Kumulierte Evidenzen.* Springer, S. 91–118.

34 Altstötter-Gleich, Christine (2006): *Pornographie und neue Medien. Eine Studie zum Umgang Jugendlicher mit sexuellen Inhalten im Internet.* Pro Familia Landesverband.

35 Schmidt, Gunter, & Matthiesen, Silja (2012): Pornografiekonsum von Jugendlichen – Fakten und Fiktionen, in: Schuegraf, Martina, & Tillmann, Angela (Hg.): *Pornografisierung von Gesellschaft*, S. 247.

36 Grimm, Petra, et al. (2010): *Porno im Web 2.0. Die Bedeutung sexualisierter Web-Inhalte in der Lebenswelt von Jugendlichen.* Vistas.

37 Ebd., S. 255.

38 Rihl, Alexander (2015): Pornografie und Wirkung, in: Aigner, Josef C., et al. (Hg.) *Medialisierung und Sexualisierung.* Verlag für Sozialwissenschaften, S. 268.

39 Schmidt, Gunter, & Matthiesen, Silja (2011): What do boys do with porn?, *Z Sexualforsch* 24, S. 372.

40 Weber, Mathias (2009): Die Nutzung von Pornografie unter deutschen Jugendlichen, *BZgA Forum*, 1.

41 Aude, André, & Matthiesen, Silja (2012): Mädchen und Selbstbefriedigung. Geschlechterunterschiede in Verbreitung, Frequenz und Einstellungen zur Masturbation. *BZgA Forum*, 3 (3), S. 19–22.

42 Als Negativbeispiel wird u. a. das Buch *Generation Porno (2010)* von Gernert genannt in Döring, Nicola (2011): Pornografie-Kompetenz: Definition und Förderung, *Z Sexualforsch,* 24, S. 228–255.

43 Wettstein, Harri (2017): *Sexualaufklärung und Herausforderung Pornographie.* Springer, S. 22.

44 Pastötter, Jakob, et al. (2008): Sex-Studie 2008 – Sexualverhalten in Deutschland. Deutsche Gesellschaft für Sozialwissenschaftliche Sexualforschung und City University London in Zusammenarbeit mit ProSieben.

45 Rendtorff, Barbara (2011): Stichworte und Begriffe aus der Geschlechterforschung. in: Rendtorff, Barbara, et al. (Hg.): *Geschlechterforschung.* Kohlhammer, S. 220–233.

46 Döring, Nicola (2011): Pornografie-Kompetenz: Definition und Förderung, *Z Sexualforsch,* 24, S. 228.

47 Grimm, Petra, et al. (2010): *Porno im Web 2.0. Die Bedeutung sexualisierter Web-Inhalte in der Lebenswelt von Jugendlichen.* Vistas.

48 Löfgren-Mårtenson, Lotta, et al. (2009): Lust, Love and Life: A Qualitative Study of Swedish Adolescents' Perceptions and Experiences with Pornography, *J Sex Research*, 47 (6), S. 568–579.

49 Döring, Nicola (2022) Sex, Jugend und Pornografie, *KJug*, 67 (3), S. 97.

50 Scharmanski, Sara, & Heßling, Angelika (2021): Sexual- und Verhütungsverhalten von Jugendlichen und jungen Erwachsenen in Deutschland. Aktuelle Ergebnisse der Repräsentativbefragung Jugendsexualität, *Bundesgesundheitsblatt*, 64, S. 1372–1381.

51 Franz, Philipp, et al. (2015): Zwischen sexueller Selbstermächtigung und sexueller Sorge – Wie nutzen Studierende Pornografie?, in: Aigner, Josef C., et al (Hg.): *Medialisierung und Sexualisierung*. Digitale Kultur und Kommunikation 4. Springer VS.

52 Zu anderen Wirkungstheorien siehe z. B. Bellmund, Anja (2011): *Sexuelle Fehlentwicklung im Jugendalter*. Tectum.

53 Gagnon, John, & Simon, William (1973): *Sexual Conduct: The Social Sources of Human Sexuality.* Aldine.

54 Peter, Jochen, & Valkenburg, Patti M. (2010): Processes Underlying

the Effects of Adolescents' Use of Sexually Explicit Internet Material: The Role of Perceived Realism. *Commun Res*, 37, S. 375–399.

55 Schmidt, Gunter, & Matthiesen, Silja (2011): What do boys do with porn?, *Z Sexualforsch* 24, S. 373.

56 Weber, Mathias, & Daschmann, Gregor (2010): *Zur Nutzung pornografischer und erotischer Videoclips und Filme durch ältere Jugendliche*. Nomos, S. 186.

57 Schmidt, Gunter, & Matthiesen, Silja (2011): What do boys do with porn?, *Z Sexualforsch*, 24, S. 372.

58 Böhm, Maika, et al. (2017): Zwischen Lust und Sorge – Wie nutzen Studierende Pornografie?, in: BZgA (Hg.) *Sexualität von Studierenden im Internetzeitalter*, S. 81–107.

59 Brown, Jane, & L'Engle, Kelly (2009): Sexual Attitudes and Behaviors Associated with U. S. Early Adolescents' Exposure to Sexually Explicit Media, *Communication Research*, 36 (1), S. 129–151.

60 Hill, Andreas (2011): Pornografiekonsum bei Jugendlichen. *Zeitschrift für Sexualforschung*, 24 (4), S. 391.

61 Franz, Philipp, et al. (2015): Zwischen sexueller Selbstermächtigung und sexueller Sorge – Wie nutzen Studierende Pornografie?, in: Aigner, Josef C., et al (Hg.): *Medialisierung und Sexualisierung*. Digitale Kultur und Kommunikation 4. Springer VS.

62 Weber, Mathias, & Daschmann, Gregor (2010): *Zur Nutzung pornografischer und erotischer Videoclips und Filme durch ältere Jugendliche*. Nomos.

63 Rihl, Alexander (2015): Pornografie und Wirkung, in: Aigner, Josef C., et al. (Hg.): *Medialisierung und Sexualisierung*. Springer VS, S. 270.

64 Schmidt, Gunter, & Matthiesen, Silja (2011): What do boys do with porn?, *Z Sexualforsch*, 24, S. 372.

65 Weber, Mathias, & Daschmann, Gregor (2010): *Zur Nutzung pornografischer und erotischer Videoclips und Filme durch ältere Jugendliche*. Nomos.

66 Schmidt, Gunter, & Matthiesen, Silja (2011): What do boys do with porn?, *Z Sexualforsch*, 24, S. 375.

67 Weber, Mathias (2009): Die Nutzung von Pornografie unter deutschen Jugendlichen, *BZgA Forum*, 1.

68 Peter, Jochen, & Valkenburg, Patti M. (2008): Adolescents' Exposure to Sexually Explicit Internet material, Sexual Uncertainty, and Attitudes Toward Uncommitted Sexual Exploration, *Commun Res*, 35.

69 Weller, Konrad (2013): PARTNER 4: Sexualität & Partnerschaft ostdeutscher Jugendlicher im historischen Vergleich, S. 7.

70 Gloël, Andreas (2010): *Pornographie und Sexualverhalten: Der Porno als Orientierung und Leistungsdruck im Erleben junger Männer: Eine qualitative Studie*. Diplomica, S. 56.

71 Grimm, Petra, et al. (2010): *Porno im Web 2.0. Die Bedeutung sexualisierter Web-Inhalte in der Lebenswelt von Jugendlichen*. Vistas.

72 Hill, Andreas (2011): Pornografiekonsum bei Jugendlichen, *Zeitschrift für Sexualforschung*, 24 (4), S. 391.
73 Prommer, Elizabeth, et al. (2021): *Sichtbarkeit und Vielfalt: Fortschrittsstudie zur audiovisuellen Diversität*. Institut für Medienforschung, Universität Rostock.
74 Döring, Nicola (2013): Medien und Sexualität, in: Meister, Dorothee, et al. (Hg.): *Enzyklopädie Erziehungswissenschaft*. Beltz.
75 Lemke, Richard, & Weber, Mathias (2016): Was wir über die Wirkung von Pornographie wissen (und warum wir vieles nicht wissen), in: Schmidt, Anja: *Pornographie: Im Blickwinkel der feministischen Bewegungen, der Porn Studies, der Medienforschung und des Rechts*. Nomos, S. 87–122.
76 Paslakis, Georgios, et. al (2022): Associations between pornography exposure, body image and sexual body image: A systematic review, *J Health Psychol*, 27 (3), S. 743–760.
77 Rothman, Emily F. (2021): *Pornography and Public Health*. Oxford UP, S. 161.
78 McKee, Alan, et al. (2008): *The Porn Report*. Melbourne UP.
79 Highberg, Nels (2011): More than a comic sidekick: Fat men in gay porn, *Performing Ethos – International Journal of Ethics in Theatre and Performance*, 2 (2), S. 109–120.
80 Wie Familien- und Sexualtherapeut Dr. Marty Klein (2014) das so schön sagt: *His Porn, Her Pain* (siehe: The Myth of Porn's Perfect Bodies, Sexual Intelligence Blog).
81 Alle Angaben in diesem Abschnitt beziehen sich, sofern nicht anders angegeben, auf eine Analyse von knapp 900 Szenen aus den meistverkauften Pornofilmen 2003 aus: McKee, Alan, et al. (2008): *The Porn Report*. Melbourne UP.
82 Gorman, Stacy, et al. (2010): Free adult Internet web sites: How prevalent are degrading acts?, *Gender Issues*, 27, S. 131–145.
83 Laemmle-Ruff, Ingrid L., et al. (2019): Personal and reported partner pornography viewing by Australian women, and association with mental health and body image, in: *Sexual Health*, 16, S. 75–79.
84 McKee, Alan, et al. (2008): *The Porn Report*. Melbourne UP.
85 Roe, Dan (2017): A Surprising Number of Men Prefer Small Boobs, *Men's Health*.
86 Millward, Jon (2013): Deep Inside: A study of 10 000 Porn Stars, *Jon Millward*.
87 Länderdaten (2020): Durchschnittsgröße von Mann und Frau, *Länderdaten.info*.
88 Morrison, Todd G. (2004): «He was treating me like trash, and I was loving it ...»: perspectives in gay male pornography, *Journal of Homosexuality*, 47, S. 167–183.
89 Rosser, Simon, et al. (2013): The effects of gay sexually explicit media

on the HIV risk behavior of men who have sex with men, *AIDS and Behavior*, 17, S. 1488–1498.
90 Tylka, Tracy L. (2014): No Harm in Looking, Right? Men's Pornography Consumption, Body Image, and Well-Being, *Psychology of Men & Masculinity*, 16 (1), S. 97–107.
91 Elder, Wiliam B., et al. (2012): Sexual self-schemas of heterosexual men, *Psychology of Men & Masculinity*, 13 (2), S. 166–179.
Tylka, Tracy L. (2014): No Harm in Looking, Right? Men's Pornography Consumption, Body Image, and Well-Being, Psychology of Men & Masculinity, 16 (1), S. 97–107.
92 Peter, Jochen, & Valkenburg, Patti M. (2014): Does exposure to sexually explicit Internet material increase body dissatisfaction? A longitudinal study, *Computers in Human Behavior*, 36, S. 297–307.
93 Splendid Research (2016): Studie untersucht, wie zufrieden die Deutschen mit dem eigenen Aussehen und ihrem Körper sind, *splendid-research.com*.
94 Peter, Jochen, & Valkenburg, Patti M. (2014): Does exposure to sexually explicit Internet material increase body dissatisfaction?, in: *Computers in Human Behavior*, 36, S. 297–307.
95 Nurka, Camille, & Jones, Bethany (2013): Labiaplasty, Race and the Colonial Imagination, *Australian Feminist Studies*, 28 (78), S. 41–442.
96 Sanyal, Mithu M. (2020): *Vulva. Die Enthüllung des unsichtbaren Geschlechts*. Wagenbach, S. 181 ff.
97 Veale, David, et al. (2015): Am I normal? A systematic review and construction of nomograms for flaccid and erect penis length and circumference, *BJUI International*, 115 (6), S. 978–986.
98 Rothman, Emily F. (2021): *Pornography and Public Health*. Oxford UP, S. 157.
McKee, Alan, et al. (2008): *The Porn Report*. Melbourne UP.
99 Brennan, Joseph (2017): Size Matters: Penis Size and Sexual Position in Gay Porn Profiles, *Journal of Homosexuality*, 65 (7), S. 912–933.
100 Peter, Jochen, & Valkenburg, Patti M. (2014): Does exposure to sexually explicit Internet material increase body dissatisfaction?, *Computers in Human Behavior*, 36, S. 297–307.
101 Kvalem, Ingela L., et al. (2014): Self-perceived effects of Internet pornography use, genital appearance satisfaction, and sexual self-esteem among young Scandinavian adults, *Cyberpsychology: Journal of Psychosocial Research on Cyberspace*, 8 (4).
102 Paasonen, Susanna (2011): *Carnal Resonance: Affect and Online Pornography*. MIT PR, S. 120.
103 Rothman, Emily F. (2021): *Pornography and Public Health*. Oxford UP, S. 157.
104 Splendid Research GmbH (2016): Studie untersucht, wie zufrieden

die Deutschen mit dem eigenen Aussehen und ihrem Körper sind, *splendid-research.com*.

105 BAUER Media Group (2016): *BRAVO Dr.-Sommer-Studie*. München.

106 Döring, Nicola (2022): Sex, Jugend und Pornografie, *KJug* 67 (3), S. 95.

107 Ebd.

108 Döring, Nicola (2011): Pornografie-Kompetenz: Definition und Förderung, *Z Sexualforsch*, 24, S. 228.

109 Vogelsang, Verena (2017): *Sexuelle Viktimisierung, Pornografie und Sexting im Jugendalter: Ausdifferenzierung einer sexualbezogenen Medienkompetenz*. Springer VS.

110 Elders, Joycelyn (2002): Foreword, in: Levine, Judith (Hg.): *Harmful to Minors*. U of Minnesota P, S. X.

111 Levine, Judith (2002): *Harmful to Minors: The Perils of Protecting Children from Sex*. U of Minnesota, S. *xxxv*.

112 Döring, Nicola (2011): Pornografie-Kompetenz: Definition und Förderung, *Z Sexualforsch*, 24.

113 Attwood, Feona (2005): What do people do with porn?, Sexuality & Culture, 9 (2), S. 65–86.

V. Männerkrankheit «Pornosucht» – Die neue Masturbationspanik?

1 Quinn, Mattie (2019): Is Porn a Public Health Crisis? 16 States Say Yes, *governing.com*

2 Burke, Kelsy (2022): The False Dichotomy of Sex and Religion in America, *Sociology of Religion*, 83 (4), S. 417–433.

3 Utah State Legislature (2016): S. C. R. 9 Concurrent Resolution on the Public Health Crisis.

4 Edelmann, Benjamin (2009): Red Light States: Who Buys Online Adult Entertainment?, *Journal of Economic Perspectives*, 23 (1), S. 209–220.

5 Aran, Isha (2015): Inside the world of Mormon porn, *FusionNet*.

6 Rothman, Emily & Nelson, Kimberly M. (2020): Should Public Health Professionals Consider Pornography a Public Health Crisis?, *AJPH*, 110 (2), S. 152.

7 Dines, Gail (2016): Is Porn immoral?, *Washington Post*.

8 Drescher, Jack (2015): Out of DSM: Depathologizing Homosexuality, *Behav Science*, 5 (4), S. 565–575.

9 Foucault, Michel (2005): Subjekt und Macht, in: Defert, Daniel & Ewald, François (Hg.): *Analytik der Macht*. Suhrkamp.

10 Wenn nicht anders markiert, sind alle Angaben zur Geschichte der Masturbation entnommen aus: Laqueur, Thomas (2004): *Solitary Sex – A Cultural History of Masturbation*. Zone, S. 13.

11 Thomas von Aquin (1485): Secunda Pars Secundae Partis, *Summa Theologiae* 2 II q. 154 a. 11.

12 Elberfelder Bibel (2006): Genesis. 1. Mose, Kapitel 38, Vers 8–10. Brockhaus.

13 Tissot, Simon-Auguste (1760): *Versuch von denen Krankheiten, welche aus der Selbstbeflekung entstehen,* S. 8.

14 Freud, Sigmund (1962 [1897]): *Aus den Anfängen der Psychoanalyse – Briefe an Wilhelm Fließ aus den Jahren 1887–1902*. Fischer, S. 205.

15 Kant, Immanuel (1803): *Metaphysische Anfangsgründe der Tugendlehre.* Nicolovius.

16 Hatzinger, Martin (2012): Höhepunkte aus der Geschichte der Onanie, *Urologe*, 51, S. 1741–1745.

17 Trachsel, Martin (2020): Onaniebandage für Knaben – Eine Objektgeschichte, *medizinsammlung.uzh*

18 Finzsch, Norbert (2021): *Der Widerspenstigen Verstümmelung: Eine Geschichte der Kliteridektomie im Westen, 1500–2000.* transcript.

19 Laqueur, Thomas (2004): *Solitary Sex – A Cultural History of Masturbation.* Zone, S. 13.

20 Lautmann, Rüdiger (2012): *Soziologie der Sexualität.* Juventa.

21 Briken, Peer (2016): Das Konstrukt «sexuelle Sucht» im Zusammenhang mit forensisch psychiatrischen Fragestellungen, *Forens Psychiatr Psychol Kriminol*, 10 (3), S. 173–180.

22 Freud, Sigmund (1962 [1897]): *Aus den Anfängen der Psychoanalyse – Briefe an Wilhelm Fließ aus den Jahren 1887–1902*. Fischer, S. 205.

23 Levine, Martin P., & Troiden, Richard R. (1988): The Myth of Sexual Compulsivity, *The Journal of Sex Research*, 25 (3), S. 347–36.

24 Die zwölf Schritte der S. L. A. A. Anonyme Sex- und Liebessüchtige, *slaafws.org.*

25 Kafka, Martin P. (2010): Hypersexual disorder: A proposed diagnosis for DSM-V, *Archives of Sexual Behavior*, 39 (2), S. 377–400.

26 ICD-11 for Mortality and Morbidity Statistics (Version: 01/2023): 6C72 Compulsive sexual behaviour disorder, *icd.who.int.*

27 Rumpf, Hans-Jürgen, et al. (2021): Positionspapier: Vereinheitlichung der Bezeichnungen für Verhaltenssüchte, *SUCHT*, 67 (4), S. 181–185.

28 Engel, Jannis, et al. (2022): Diagnostik der Pornographie-Nutzungsstörung / CSBD: Instrumente und klinische Praxis, *Suchttherapie*, 23 (1), S. 19.

29 Eine Übersicht der Therapieansätze als Grundlage der ersten S1-Behandlungsleitlinie findet sich hier: Antons, Stephanie, et al. (2022): Treatments and interventions for compulsive sexual behavior disorder with a focus on problematic pornography use: A preregistered systematic review, *J Behav. Addict.*, 11 (3), S. 643–666.

30 Antons, Stephanie, & Brand, Matthias (2021): Diagnostic and Classification Considerations Related to Compulsive Sexual Behavior Disorder and Problematic Pornography Use, *Current Addiction Reports*, 8, S. 452–457.

31 Wenn nicht anders markiert, stammen die nachfolgenden Pro- und Contra-Argumente aus: Bründl, Susanne, & Fuss, Johannes (2021): Impulskontrollstörungen in der ICD-11, *Forens Psychiatr Psychol Kriminol*, 15 (20), S. 20–29.

32 Ludwig, Max (2020): Kritische Betrachtung des akademischen Diskurses zum Symptomkomplex zwanghafter sexueller Verhaltensstörung, Dissertation. Göttingen.

33 Briken, Peer (2016): Das Konstrukt «sexuelle Sucht» im Zusammenhang mit forensisch psychiatrischen Fragestellungen, *Forens Psychiatr Psychol Kriminol*, 10 (3), S. 173–180.

34 Stein, Dan J., et al. (2020): Mental, behavioral and neurodevelopmental disorders in the ICD-11: an international perspective on key changes and controversies, *BMC Med*, 18 (1), S. 1–24.

35 Ebd.

36 Ley, David, et al. (2015): Forensic Applications of «Sex Addiction» in US Legal Proceedings, *Curr Sex Health Rep*, 7, S. 108–116.

37 Braun, Petra (2019): Trotz Kinderporno-Razzia vor drei Jahren: Stiefvater missbrauchte Mädchen weiter, *bild.de*.

Mazur, Agatha (2019): Zu Oralsex gezwungen und gefilmt: Leichlinger soll Stieftochter missbraucht haben, *Kölner Stadtanzeiger*.

Krumm, Thomas (2022): «Versehentlich» Kinderpornos runtergeladen: 64-Jähriger verurteilt, *come-on.de*.

38 Felber, Tom (2018): Familienvater vor Gericht: «Ehrlich, ich wollte nur ihre Brüste sehen», *Neue Zürcher Zeitung*.

39 Nehmzow, Ralf (2007): Kinderpornos: Milde Strafe für Lehrer, *Hamburger Abendblatt*.

40 Der Standard (2023): Kinderpornografie: Können Online-Verhaltenstherapien potenzielle Opfer schützen?, *Der Standard*.

41 Rudolf Stark in Hauswald, Thomas, & Erl, Claudia (2023): Pornoland Deutschland: Von Süchtigen und Profiteuren, *BR24*. Diese Prävalenzzahlen sind noch nicht publiziert.

42 Grubbs, Joshua B., et al. (2019): Pornography Problems Due to Moral Incongruence: An Integrative Model with a Systematic Review and Meta-Analysis, *Arch Sex Behav*, 48, S. 397–415.

43 BZ (2013): Wie schlimm war Nuos Pornosucht wirklich?, *bz-berlin.de*.

44 Ming, Jiang, et al. (2003): Retracted Article: A research on the relationship between ejaculation and serum testosterone level in men, *Journal of Zhejiang University-SCIENCE*, 4, S. 236–240.

45 Taylor, Kris, & Jackson, Sue (2017): «I want that power back»: Discourses of masculinity within an online pornography abstinence forum, *Sexualities*, S. 1–19.

46 Vackurah (2017): NoFap deutsch / NoPMO – 7 Tage, *youtube.com*.

47 Zimmer, Felix, & Imhof, Roland (2020): Abstinence from Masturbation and Hypersexuality, *Archives of Sexual Behavior*, 49, S. 1333–1343.

48 Taylor, Kris, & Jackson, Sue (2017): ‹I want that power back›: Discourses of masculinity within an online pornography abstinence forum, *Sexualities*, S. 1–19.

49 Sol Brah (2016): How To Naturally Boost Your Testosterone Levels, *solbrah.com*

50 Dörr, Julian (2019): Die Radikalisierung der enthaltsamen Männer, *sueddeutsche.de*.

51 Zitiert in Weiß, René-Pascal (2018): «No Fap»-Bewegung: «Ich habe keinen mehr hoch bekommen, weil ich zu viel masturbiert habe», *stern.de*.

52 Baumgärtner, Maik, et al. (2021): Feindbild Frau, *Spiegel.de.*

53 Kracher, Veronika (2019): *Incels: Geschichte, Sprache und Ideologie eines Online-Kults,* Ventil.

54 Perliger, Arie, et al. (2023): Mapping the Ideological Landscape of Extreme Misogyny, *International Center Counter Terrorism*.

55 Baumgärtner, Maik, et al. (2021): Feindbild Frau, *Spiegel.de.*

56 Lauer, Stefan (2021): ‹No Nut November›: Wie aus einem Witz ein rechtsextremer Trend geworden ist, *belltower.*

57 Burnett, Scott (2022): The Battle for ‹NoFap›: Myths, Masculinity, and the Meaning of Masturbation Abstention, *Men and Masculinities*, 25 (3), S. 477–496.

58 Prause, Nicole, & Binnie, James (2023): Iatrogenic effects of Reboot / NoFap on public health, *Sexualities*.

59 Cole, Samantha (2019): NoFap Founder Is Suing a Neuroscientist, *Motherboard.*

60 Wie zu sehen im *YouTube*-Video Freed from Pornography by Being Satisfied in Christ (2012).

61 Die Männerbewegung von free!ndeed, *free-indeed.de.*

62 DeHaas, Ronald (2008): Internet Safety Technical Task Force Technology Submission.

63 Rider, Jennifer R. (2016): Ejaculation Frequency and Risk of Prostate Cancer, *Eur Urol*, 70 (6), S. 974–982.

64 Nguyen, Hoang M. T. (2017): Erectile Dysfunction in Young Men, *Sex Med Rev*, 5 (4), S. 1–13.

65 Jacobs, Tim, et al. (2021): Associations Between Online Pornography Consumption and Sexual Dysfunction in Young Men: Multivariate Analysis Based on an International Web-Based Survey, *JMIR Public Health Surveill 2021*, 7 (10).

66 Grubbs, Joshua, & Gola, Mateusz (2019): Is Pornography Use Related to Erectile Functioning? Results From Cross-Sectional and Latent Growth Curve Analyses, *J Sex Med*, 16 (1), S. 111–125.

67 Siehe hierzu auch: Bőthe, Beáta, et al. (2020): High-Frequency Pornography Use May Not Always Be Problematic», *J Sex Med*, 17 (4), S. 793–811.

68 Perry, Samuel L., und Whitehead, Andrew L. (2019): Only Bad for Believers? Religion, Pornography Use, and Sexual Satisfaction Among American Men, *J Sex Res*, 56 (1), S. 50–61.

69 Floyd, Christopher G., et al. (2020): The Moderating Influence of Moral Disapproval of Pornography on Couples' Sexual and Relationship Satisfaction, *J Sex Marital Ther.*, 46 (7), S. 660–682.

70 Berger, Jonathan H. (2019): Survey of Sexual Function and Pornography, *Military Medicine*, 184 (11–12), S. 731–737.

71 Landripet, Ivan, et al. (2015): Is Pornography Use Associated with Sexual Difficulties and Dysfunctions among Younger Heterosexual Men?, *J Sex Med*, 12 (5), S. 1136–1139.

72 Prause, Nicole, und Pfaus, James (2015): Viewing Sexual Stimuli Associated with Greater Sexual Responsiveness, Not Erectile Dysfunction, *Sex Med.*, 3 (2), S. 90–98.

73 Albersen, Maarten (2020) zitiert in Erektionsstörungen, *ptaforum.*

74 The National Marriage Project (2019): iFidelity: Interactive Technology and Relationship Faithfulness in 2019, *nationalmarriageproject.org*

75 Martyniuka, Urszula, & Dekker, Arne (2018): Pornografienutzung von Erwachsenen in Deutschland, *Z Sex Forsch*, 31 (3), S. 237–249.

76 Montgomery-Graham, Stephanie, et al. (2015): How the popular media rushes to judgment about pornography and relationships while research lags behind, *The Canadian Journal of Human Sexuality*, 24 (3), S. 243–256.

77 Grubbs, Joshua B., et al. (2019): Pornography Problems Due to Moral Incongruence: An Integrative Model with a Systematic Review and Meta-Analysis, *Arch Sex Behav*, 48 (2), S. 397–415.

78 Albright, Julie M. (2008): Sex in America Online: An Exploration of Sex, Marital Status, and Sexual Identity in Internet Sex Seeking and Its Impacts, *Journal of Sex Research*, 45 (2), S. 175–186.

79 Diese sowie nachfolgende Aussagen von Proband*innen stammen aus Kohut, Taylor, et al. (2017): Perceived Effects of Pornography on the Couple Relationship, *Archives of Sexual Behavior*, 46 (2), S. 585–602.

80 Albright, Julie M. (2008): Sex in America online: An exploration of sex, marital status, and sexual identity in internet sex seeking and its impacts, *Journal of Sex Research*, 45 (2), S. 175–186.

81 Kohut, Taylor, et al. (2017): Perceived Effects of Pornography on the Couple Relationship, *Archives of Sexual Behavior*, 46 (2), S. 585–602.

82 Hald, Gert Martin, & Malamuth, Neil (2008): Self-perceived effects of pornography consumption, *Arch Sex Behav*, 37 (4), S. 614–25.

83 Perry, Samuel L. (2020): Is the Link Between Pornography Use and Relational Happiness Really More About Masturbation?, *J Sex Res*, 57 (1), S. 64–76.

84 Willoughby, Brian J., et al. (2015): Differences in Pornography Use Among Couples: Associations with Satisfaction, Stability, and Relationship Processes, *Archives of Sexual Behavior*, 45 (1), S. 145–158.

85 Vaillancourt-Morel, Marie-Pier, et al. (2020): Pornography use and romantic relationships: A dyadic daily diary study, *Journal of Social and Personal Relationships*, 37 (10–11), S. 2802–2821.

86 Zillmann, Dolf (2000): Influence of unrestrained access to erotica on

adolescents' and young adults' dispositions toward sexuality, *Journal of Adolescent Health,* 27, S. 41–44.
87 Driemeyer, Wiebke (2013): Masturbation und sexuelle Gesundheit – Ein Forschungsüberblick, *Zeitschrift für Sexualforschung*, 26 (4), S. 372–383.
88 Von Ferro (2019): *Faithful Dogs* [Film]
89 Kohut, Taylor, & Fisher, William (2013): The impact of brief exposure to sexually explicit video clips on partnered female clitoral self-stimulation, orgasm and sexual satisfaction, *The Canadian Journal of Human Sexuality*, 22 (1), S. 40–50.
90 McNabney, N., et al. (2020): Effects of Pornography Use and Demographic Parameters on Sexual Response during Masturbation and Partnered Sex in Women, *Int. J. Environ. Res. Public Health*, 17 (9), S. 3130.
91 Hald, Gert M., und Malamuth, Neil (2008): Self-perceived effects of pornography consumption, *Arch Sex Behav*, 37 (4), S. 614–625.
92 Kohut, Taylor, et al. (2017): Perceived Effects of Pornography on the Couple Relationship, Archives of Sexual Behavior, 46 (2), S. 585–602.
93 Weinberg, M. S., et al. (2010): Pornography, Normalization, and Empowerment, *Archives of Sexual Behavior*, 39, S. 1389–1401.
94 Kohut, Taylor, et al. (2017): Perceived Effects of Pornography on the Couple Relationship, *Archives of Sexual Behavior*, 46 (2), S. 585–602.
95 Payer, Lynn (1992): *Disease-Mongers*. Wiley, S. 5.

VI. Bin ich normal? – Von falschen Lesben, MILFs & Tentakeln

1 Hanseder, Sophia, & Dantas, Jaya A. R. (2023): Males' Lived Experience with Self-Perceived Pornography Addiction: A Qualitative Study of Problematic Porn Use, *Int. J. Environ. Res. Public Health*, 20, S. 1497.
2 Grubbs, Joshua B., et al. (2019): Pornography Problems Due to Moral Incongruence: An Integrative Model with a Systematic Review and Meta-Analysis, *Arch Sex Behav*, 48, S. 397–415.
3 Ertel, Henner (1990): *Erotika und Pornografie: Repräsentative Befragung und psychophysiologische Langzeitstudie zu Konsum und Wirkung.* München, S. 301 f.
4 Foucault, Michel (1977): *Der Wille zum Wissen. Sexualität und Wahrheit* 1. Suhrkamp.
5 Joyal, Christian C. (2014): How Anomalous Are Paraphilic Interests?, *Archives of Sexual Behavior*, 43(7), S. 1241–1243.
6 Ahlers, Christoph J., et al. (2011): How unusual are the contents of paraphilias? Paraphilia-associated sexual arousal patterns in a community-based sample of men, *Journal of Sexual Medicine*, 8, S. 1362–1370.
7 Lehmiller, Justin (2018): *Tell me what you Want.* Hachette, S. 11.
8 Elias, Norbert (1981): *Über den Prozeß der Zivilisation*, Suhrkamp, S. 135.
9 Laut der Web Analytics-, Data Mining- und Business Intelligence-

Plattform *Similarweb* rangiert Pornhub unter den Erwachsenen-Websites nach *xvideos.com* auf dem 2. Platz weltweit.

10 Mazières, Antoine, et al. (2014): Deep tags: toward a quantitative analysis of online pornography, *Porn Studies* 1 (1–2), S. 80–95.

11 Zur Infrastruktur digitaler Pornografie siehe Allhutter, Doris (2009): *Dispositive digitaler Pornografie: Zur Verflechtung von Ethik, Technologie und EU-Internetpolitik*. campus, S. 133 ff.

12 Diese sowie alle nachfolgenden Angaben zu Suchtrends und Klickzahlen auf Pornhub beziehe ich von der Seite https://www.pornhub.com/insights/.

13 Butler, Heather (2004): What Do You Call A Lesbian With Long Fingers? The Development of Lesbian and Dyke Pornography, in: Williams, Linda (Hg.): *Porn Studies*, Duke UP.

14 Paasonen, Susanna (2021): «We watch porn for the fucking, not for romantic tiptoeing»: extremity, fantasy and women's porn use, *Porn Studies*; Meehan, Claire (2021): «Lesbian porn. Anything girl on girl»: young women's understandings of their engagement with lesbian porn, *Porn Studies*, 8 (1), S. 21–38; Chivers, Meredith L., et al. (2015): Straight but Not Narrow; Within-Gender Variation in the Gender-Specificity of Women's Sexual Response, *PLoS One*, 10 (12).

15 Paasonen, Susanna (2021): «We watch porn for the fucking, not for romantic tiptoeing»: extremity, fantasy and women's porn use, *Porn Studies*.

16 Meehan, Claire (2021): «Lesbian porn. Anything girl on girl»: young women's understanding of their engagement with lesbian porn, *Porn Studies*, 8 (1), S. 21–38.

17 Herz, Marion (2004): Die Aporien des Lesbenpornos oder: Was ist lesbische Sexualität?, in: Penkwitt, Meike (Hg.): *Entfesselung des Imaginären? Zur neuen Debatte um Pornografie*, Jos Fritz.

18 Zur Beliebtheit dieser Kategorie auf anderen Seiten, die schwule Männer adressieren, siehe Allhutter, Doris (2009): *Dispositive digitaler Pornografie: Zur Verflechtung von Ethik, Technologie und EU-Internetpolitik*. campus, S. 135 f.

19 Brennan, Joseph (2018): Gay Porn's Bareback Momentum, *Journal of Homosexuality*, 67 (6), S. 1–31.

20 Analyse der Porno-Datenbank Internet Adult Film Database zu finden bei Millward, Jon (2013): Deep Inside: A study of 10 000 Porn Stars, *Jon Millward*.

21 Vannier, Sarah A., et al. (2014): Schoolgirls and soccer moms: A content analysis of free ‹Teen› and ‹MILF› online pornography, *Journal of Sex Research*, 51 (3), S. 253–264.

22 Ogas, Ogi, & Gaddam, Sai (2012): *A Billion Wicked Thoughts: What the Internet Tells Us About Sexual Relationships*. Penguin, S. 29.

23 Blüml, Victor (2019): Ödipus 2.0 – Psychoanalytische Überlegungen zum Phänomen der MILF in der Internetpornografie, in: Blüml, Victor, et al.: *Die junge Psychoanalyse im Boudoir*. LIT, S. 147–162.

24 Friedman, May (2014): Beyond MILF: Exploring Sexuality and Feminism in Public Motherhood, *Atlantis*, 36 (3), S. 49–60.

25 Vannier, Sarah A., et al. (2014): Schoolgirls and soccer moms: A content analysis of free ‹Teen› and ‹MILF› online pornography, *Journal of Sex Research*, 51 (3), S. 253–264.

26 McKee, Alan, et al. (2008): *The Porn Report.* Melbourne UP, S. 64.

27 Ebd. Sample: 900 Szenen aus den 50 meistverkauften Pornofilmen Australiens.

28 Chivers, Meredith L., et al. (2004): A sex difference in the specificity of sexual arousal, *Psychological Science*, 15 (11), S. 736–744; Jenkins, Henry (2006): «Normal Female Interest in Men Bonking»: Selections from the Terra Nostra Underground and Strange Bedfellows, in: Jenkins, Henry (Hg.): *Fans, Bloggers, and Gamers: Exploring Participatory Culture*, S. 61–88; McCutcheon, Jessica M., & Bishop, CJ (2014): An erotic alternative? Women's perception of gay pornography, *Psychology & Sexuality* 6 (1), S. 75–92; Ramsay, Guy (2017): Straight women seeing gay porn: «He's too good looking!», *Porn Studies*, 4 (2), S. 157–175.

29 Neville, Lucy (2018): *Girls Who Like Boys Who Like Boys Women and Gay Male Pornography and Erotica*. Palgrave Macmillan.

30 Paasonen, Susanna (2021): «We watch porn for the fucking, not for romantic tiptoeing»: extremity, fantasy and women's porn use, *Porn Studies*.

31 Escoffier, Jeffrey (2003): Gay-for-Pay: Straight Men and the Making of Gay Pornography, *Qualitative Sociology*, 26 (4), S. 531–555.

32 Mowlabocus, Sharif, & Wood, Rachel (2015): Introduction: audiences and consumers of porn, *Porn Studies*, 2 (2–3), S. 118–122.

33 Siehe hierzu Angel, Katherine (2022): *Morgen wird Sex wieder gut*. Hanser, S. 102 ff.

34 Bivona, Jenny, & Critelli, Joseph (2009): The Nature of Women's Rape Fantasies: An Analysis of Prevalence, Frequency, and Contents, *JOURNAL OF SEX RESEARCH*, 46 (1), S. 33–45; Lehmiller, Justin (2018): *Tell me what you Want.* Hachette, S. 11; Ertel, Henner (1990): *Erotika und Pornografie: Repräsentative Befragung und psychophysiologische Langzeitstudie zu Konsum und Wirkung*. München, S. 365.

35 Bivona, Jenny, & Critelli, Joseph (2009): The Nature of Women's Rape Fantasies: An Analysis of Prevalence, Frequency, and Contents, *The Journal of Sex Research*, 46 (1), S. 33–45.

36 Siehe auch: Leitenberg, Harold, & Henning, Kris (1995): Sexual fantasy, *Psychological Bulletin*, 117, S. 469–496.

37 Moreault, Denise, & Follingstad, Diane (1978): Sexual fantasies of females as a function of sex guilt and experimental response cues, *Journal of Consulting and Clinical Psychology*, 46, S. 1385–1393.

38 Herz, Marion (2004): Die Aporien des Lesbenpornos; oder: Was ist lesbische Sexualität?, in: Penkwitt, Meike (Hg.): *Entfesselung des Imaginären? Zur neuen Debatte um Pornografie*, Jos Fritz, S. 276.

39 Miller, Dan J., & McBain, Kerry A. (2022): The Content of Contemporary, Mainstream Pornography, *American Journal of Sexuality Education*, 17 (2), S. 219–256.

40 Lehmiller, Justin (2018): *Tell me what you Want.* Hachette, S. 11.

41 Haversath, Julia, et al. (2017): Sexualverhalten in Deutschland – Ergebnisse einer repräsentativen Befragung, *Dtsch Arztebl Int*, 114, S. 545–50.

42 Dekker, Arne & Matthiesen, Silja (2015): Studentische Sexualität im Wandel: 1966 – 1981 – 1996 – 2012, *Z Sex Forsch*; 28(3), S. 245–271.

43 McBride, Kimberly R. (2017): Heterosexual Women's Anal Sex Attitudes and Motivations: A Focus Group Study», *The Journal of Sex Research*, 56 (100), S. 1–11.

44 Rückert, Corinna (2004): *Die neue Lust der Frauen.* Rowohlt, S. 181.

45 Park, Jonathan I., et al. (2022): The differentiation between consumers of hentai pornography and human pornography, *Sexologies*, 31 (3), S. 226–239.

46 McLelland, Mark (2006): A short history of «Hentai», *Intersections: Gender, History and Culture in the Asian Context*, 12.

47 Dahlqvist, Joel P., & Garth Vigilant, Lee (2004): Way Better Than Real: Manga Sex to Tentacle Hentai, in: Waskul, Dennis D. (Hg.): *Net.seXXX: Readings on sex, pornography, and the Internet.* Peter Lang, S. 91–103.

48 Brunner, Miriam (2009): *Manga – Die Faszination der Bilder.* Fink, S. 29.

49 Kohm, Katharina (2021): Der Krakenblick. Topographische Spurensuche am Beispiel erotischer Meereskreaturen in der Bildenden Kunst des Japonismus um 1900, in: Lennartz, Norbert, & Nesselhauf, Jonas (Hg.): *Ästhetik(en) der Pornographie*, S. 201–222.

50 Zur Geschichte der Zensur in Japan: da Silva, Joaquín: Obscenity and Article 175 of the Japanese Penal Code: A Short Introduction to Japanese Censorship.

51 Toshio Maeda im Interview mit Rebecca Silverman (2012), *animenews network.com.*

52 Schwarz, Thomas (2012): Hentai Porn und Manga Sex Movies, in: *Pornografisierung von Gesellschaft.* UVK, S. 152 f.

53 Ortega-Brena, Mariana (2009): Peek-a-boo, I See You: Watching Japanese Hard-core Animation, *Sexuality & Culture*, 13, S. 17–31.

54 Paasonen, Susanna (2019): Monstrous Resonances: Affect and Animated Pornography, in: van Alphen, Ernst, & Jirsa, Tomáš (Hg.): *How to Do Things with Affects*. Brill / Rodopi, S. 143–162.

55 Zilch, Leonie (2023, bisher unveröffentlicht): *Erregende Dokumente Pornografie und dokumentarische Autorität*. transcript.

56 Hardy, Simon (2008): The Pornography of Reality, *Sexualities: Studies in Culture and Society*, 11 (1–2), S. 60–64.

57 Hofer, Kristina P. (2012): «More than Porn?» Online-Amateurpornografien, in: Schuegraf, Martina, & Tillmann, Angela (Hg.): *Pornografisierung von Gesellschaft*, S. 199–209.

58 Döring, Nicola (2013): Sexuell explizite Medienangebote: Produktion, Inhalte, Nutzung und Wirkungen, in: Schweiger, Wolfgang, & Fahr, Andreas (Hg.): *Handbuch Medienwirkungsforschung*. Springer VS, S. 419–436.

59 Joos, Richard (2017): Wie funktioniert der Pornografiemarkt im Internet?, *Zeitschrift für Sexualforschung*, 30 (1), S. 58–73.

60 Miller-Young, Mireille (2010): Putting hypersexuality to work: Black women and Illicit Eroticism in pornography, *Sexualities*, 13(2), S. 219–235.

61 Hill Collins, Patricia (1990): *Black Feminist Thought: Knowledge, Consciousness, and the Politics of Empowerment.* Routledge, S. 136.

62 Shor, Eran, & Golriz, Golshan (2019): Gender, Race, and Aggression in Mainstream Pornography, *Arch Sex Behav*, 48, S. 739–751.

63 Bowers, Claude G. (1929): *The Tragic Era: The Revolution After Lincoln*. Houghton Mifflin.

64 Sander, Lalon, & Böcker, Anna (2016): Der «Focus» zu den Kölner Übergriffen: Titel der Schande, *taz.de.*

65 Williams, Linda (2004): Skin Flicks on the Racial Border: Pornography, Exploitation and Interracial Lust, in: Freiburger FrauenStudien, 15: *Entfesselung des Imaginären? Zur neuen Debatte um Pornografie*.

66 Seeßlen, Georg (1993): *Der pornographische Film*. Ullstein, S. 368.

67 Für eine rassismuskritische Analyse seines Films *Mandingo Massacre* siehe Samuels, Phillip (2019): *Making Mandingo: Racial Archetypes, Pornography, and Black Male Subjectivity.* University of Kansas.

68 Poulson-Bryant, Scott (2005): *Hung: A Meditation on the Measure of Black Men in America.* Doubleday.

69 Williams, Linda (2004): Skin Flicks on the Racial Border: Pornography, Exploitation and Interracial Lust, in: *Freiburger FrauenStudien* 15: *Entfesselung des Imaginären? Zur neuen Debatte um Pornografie*, S. 85.

70 West, Carolyn M. (1995): Mammy, Sapphire, and Jezebel: Historical images of Black women and their implications for psychotherapy, *Psychotherapy: Theory, Research, Practice, Training*, 32 (3), S. 458.

71 Hill Collins, Patricia (1990): *Black Feminist Thought: Knowledge, Consciousness, and the Politics of Empowerment.* Routledge, S. 81 ff.

72 hooks, bell: Heiße Mösen zu verkaufen. Der Kulturmarkt und seine Bilder von der Sexualität schwarzer Frauen, in: dies. (Hg.): *Black Looks. Popkultur – Medien – Rassismus*. Orlanda-Frauenverlag, S. 81–100.

73 Nash, Jennifer C. (2014): *The Black Body in Ecstasy: Reading Race, Reading Pornography*. Duke UP.

74 Miller-Young, Mireille (2014): A Taste for Brown Sugar: Black Women in Pornography. Duke UP, S. 106.

75 Allhutter, Doris (2009): *Dispositive digitaler Pornografie: Zur Verflechtung von Ethik, Technologie und EU-Internetpolitik*. campus, S. 128

76 Zhou, Yanyan, & Paul, Bryant (2016): Lotus blossom or dragon lady:

A content analysis of «Asian Women» online pornography, *Sexuality & Culture: An Interdisciplinary Quarterly*, 20 (4), S. 1083–1100.
77 Fung, Richard (1991): Looking for My Penis: The Eroticized Asian in Gay Video Porn, in: Coloma, Roland, & Pon, Gordon (Hg.): *Asian Canadian Studies Reader*, U of Toronto P.
78 Casaglia, Anna (2022): Pornography at the Border: Ethnosexual Borderscapes, Gendered Violence, and Embodied Control, *Geopolitics*, 27 (1), S. 185–205.
79 Kempen, Claude C. (2020): Phobie, Fantasie und Fetisch? Antimuslimischer Rassismus und Sexismus in pornografischen Filmen, *working papers*, 26.
80 Kingsley, Thomas (2022): Online searches for «Ukrainian refugee porn» and «Ukrainian rape» surge 300 % as Russian war rages, *independent.co.uk*.
81 TGEU (2023): Trans Murder Monitoring Project, *tgeu.org*.
82 Tierney, Allison (2017): This Leading Trans Porn Company Is Wiping Slurs from Its Site, *vice.com*.
83 Pezzutto, Sophie, & Comella, Lynn (2020): Trans Pornography – Mapping an Emerging Field, *TSQ Transgender Studies Quarterly*, 7 (2), S. 152–171.
84 Billard, Thomas J. (2019): (No) Shame in the Game: The Influence of Pornography Viewing on Attitudes toward Transgender People, *Communication Research Reports* 36 (1), S. 45–56.
85 Mauk, Daniel, et al. (2013): Exploring the Desires and Sexual Culture of Men Who Have Sex with Male-to-Female Transgender Women, *Arch Sex Behav*, 42, S. 793–803.
86 Pezzutto, Sophie, & Comella, Lynn (2020): Trans Pornography – Mapping an Emerging Field, *TSQ Transgender Studies Quarterly*, 7 (2), S. 152–171.
87 AVN (2012): Transsexual Reps, AVN Meet to Discuss Award Show Issues, *avn.com*.
88 Herman, Barbara (2015): Transgender Porn Is a Best-Seller, but Is It Good for Trans People?, *International Business Times*.
89 Kernes, Mark (2019): Sunday Is the Day to Recognize the World of Transgender, *avn.com*.
90 Pezzutto, Sophie, & Comella, Lynn (2020): Trans Pornography – Mapping an Emerging Field *TSQ Transgender Studies Quarterly*, 7 (2).
91 Lesben- und Schwulenverband (2021): Was denkt man in Deutschland über Lesben, Schwule, Bisexuelle, Trans- und intergeschlechtliche Menschen?, *lsvd.de*.
92 Escoffier, Jeffrey (2021): *Sex, Society, and the Making of Pornography*, Rutgers UP, S. 180.
93 Frings, Matthias (1986): Warum ich Porno prima finde, in: Grimme, Matthias T. J. (Hg.): *Käufliche Träume: Erfahrungen mit Pornografie*. Rowohlt.

94 Diese und alle nachfolgenden Zitate von ihm stammen aus: Freud, Sigmund (1991 [1933]): Vorlesung 31: Die Zerlegung der Psychischen Persönlichkeit, in: Neue Folge der Vorlesungen zur Einführung in die Psychoanalyse. S. 60–82.
95 Hedberg, Fredrika (2022): *Digital natives' experience of early and continuous exposure to pornography*, Master's Thesis Sociology. Lund University.
96 Döring, Nicola (2022): Sex, Jugend und Pornografie, *KJug*, 67 (3), S. 96.
97 Koch, Gertrud, et al. (2016): Netzhautsex – Sehen als Akt, in: Koch, Getrud, et al.: *Zwischen Raubtier und Chamäleon.* Brill, S. 245–255.

VII. Pornos neu denken – Liebeserklärung an die Lust & die Ambivalenz

1 Foucault, Michel (1977): *Der Wille zum Wissen. Sexualität und Wahrheit* 1. Suhrkamp.
2 Kipnis, Laura (1999): *Bound and Gagged. Pornography and the Politics of Fantasy in America*. Duke UP, S. viii))

© Anna Peschke

MADITA OEMING, geboren 1986, ist unabhängige Pornowissenschaftlerin. Sie forscht, lehrt, referiert, diskutiert und publiziert aus kulturwissenschaftlicher Perspektive zum Thema Pornografie. Als sexpositive Feministin und Lustaktivistin versteht sie sich als Brückenbauerin zwischen Academia, Pornoindustrie und breiter Öffentlichkeit. Durch ihre unerschrockene Wissenschaftskommunikation hat sie sich in der deutschen Medienlandschaft als Pornoexpertin etabliert. Ihr gesamtgesellschaftlicher Bildungsauftrag: Wissen statt Stigma.